핏빛 조선 4대 사화 첫 번째

戊午士禍

무 오 사 화

하우름

핏빛 조선 4대 사화 첫 번째 무오사화

초판 1쇄 인쇄 | 2010년 12월 7일
초판 1쇄 발행 | 2010년 12월 14일
초판 2쇄 발행 | 2014년 1월 27일

지 은 이 | 한국인물사연구원
펴 낸 이 | 최수자

주   간 | 고수형
디 자 인 | 디자인곤지
인   쇄 | 청림문화사
제   본 | 문종문화사

펴 낸 곳 | 도서출판 타오름
주   소 | 서울시 은평구 녹번동 38-12 2층 (122-827)
전   화 | 02) 383-4929
팩   스 | 02) 3157-4929
전자우편 | taoreum@naver.com

값 19,800원
ISBN 978-89-94125-10-7 04900
        978-89-94125-09-1 (세트)

이 도서의 국립중앙도서관 출판시도서목록(CIP)은 e-CIP 홈페이지(http://www.nl.go.kr/ecip)
에서 이용하실 수 있습니다.(CIP제어번호: CIP2010004346)

핏빛 조선 4대 사화 첫 번째

무 오 사 화

조선 시대 당쟁이 갖는 의미와 연산군의 행적 변천사
무오사화 인명사전 속 그들의 활약과 상세한 일화 수록

| 한국인물사연구원 저 |

타오름

조의제문에서 발단한 무오사화

김종직金宗直의 제자 김일손金馹孫은 사관으로 있으면서 스승 김종직이 지은 〈조의제문弔義帝文〉을 사초史草에 기록하였다. 〈조의제문〉은 김종직이 1457년(세조 3) 밀성密城에서 경산京山으로 가는 도중 답계역踏溪驛에서 자면서 꾼 꿈의 내용을 기록한 것이라 한다. 꿈속에서 김종직은 초楚나라의 의제義帝(회왕懷王)를 만나게 되었는데 깨어난 김종직은 의제를 죽인 항우項羽에 비유해 단종端宗을 죽인 세조世祖(수양首陽 대군)를 은근히 비난한 글을 짓게 된다.

1498년(연산 4) 『성종실록』 편찬 당시 당상관이었던 이극돈李克墩은 김일손이 기록한 사초에 실린 김종직의 〈조의제문〉을 발견하였다. 그는 이 글은 세조의 찬위 과정을 헐뜯은 것이라 하여 총재관 어세겸魚世謙 그리고 김종직과 서로 감정이 좋지 않던 유자광柳子光에게 고하였다. 유자광은 다시 세조의 총신 노사신盧思愼에게 알렸고 그들은 대역무도大逆無道한 행위를 한 자들이라 하여 연산군燕山君에게 고하게 된다.

평소 선비들에게 본보기를 보여 주려 벼르던 연산군은 유자광으로 하여금 김일손 등을 추국하도록 명하였고 이로 인해 많은 유신儒臣들은 죽임을 당하고, 김종직은 부관참시에 이르게 된다. 후일 어세겸은 〈조의제문〉에 관한 사실을 알면서도 바로 고하지 않았다는 이유로 파면당하였고, 초반 세조의 총신이었던 이유로 미온적으로 동조하였던 노사신은 유자광 등이 사화를 확대하려는 것을 반대하며 사림파의 피해를 줄이기 위해 노력하였다.

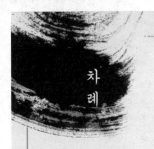

차
례

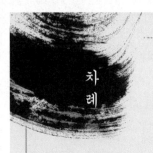

차
례

올해 2010년은 한일병합조약을 강제로 맺으며 국권피탈을 당했
던 때로부터 100주년이 지난 해이다. 이와 함께 기억에서 점차 희
미해지는 동족상잔의 혈전을 벌였던 한국전쟁이 일어난 지 어언 회
갑을 맞는 해이기도 하다.

이제 풍요와 눈부신 발전 속에서 기억하기 힘든 과거는 멀어진
듯 여겨지기도 한다. 그러나 그 과정에서 버리지 말고 분명히 인식
해야 할 것이 있다. 그것은 선조들이 남겨 놓은 역사이다.

역사는 끊임없이 흘러 왔건만, 조명하건데 평화롭고 영화로움 보
다는 인고忍苦의 뼈를 깎는 비애悲哀로 얼룩져 있었음을 알 수 있
다. 무수한 고난과 역경을 헤치고 면면히 이어 내려온 누구도 거역
할 수 없는 크나큰 물줄기는 거울과도 같다. 그날의 사실들은 과거
에 머물며 사라지지 않고 오늘을 살아가는 후세인들에게 재조명되
어 많은 가르침을 주며 때로는 반성과 발전의 기회를 주기도 했다.

어떤 형상이 있는 한 그림자는 존재할 수밖에 없듯, 어제라는 고
난의 바탕이 있었기에 화려하고 편리한 현재를 얻은 것은 명백한
사실이다.

그럼에도 역사의 흔적을 남겨 놓으려는 작업은 이 시대 다른 분

야가 활발하게 비추어지는 것과 대비해 상대적으로 매우 작아 보인다. 그래도 필자는 이 민족 역사의 기록을 남기는 일은 중단하거나 외면할 수 없는 사명이라고 생각하면서 한자 한 구절 한 구절을 돋보기에 의존해 본다. 필자가 이렇게 하는 이유에 대해 굳이 묻고 답하지 않아도 될 것이라 생각한다.

인간 사회의 변천에 관한 온 자취를 더듬어 청사靑史에 담는 의의는 흥망성쇠의 원인과 결과를 바르게 규명해 현세의 거울로 삼음으로써 역사 발전의 전기轉機를 마련할 뿐만 아니라 난신적자亂臣賊子가 두려워 할 줄 아는 춘추필법春秋筆法이라고도 하겠다.

그렇다고 해서 특정한 사람들의 행적에 흠집을 내려는 무필誣筆에는 그 어떤 가치를 느끼지 않고 있다. 역사의 의리義理를 밝히는 것은 우리가 어제의 토대를 발판 삼아 오늘의 눈부신 도약을 이루어 나가는 연유라 할 것이다. 오늘은 어제라는 원인, 그 뿌리가 있었기에 이루어진 것이 아니겠는가.

우리들의 후행들에게 이 역사를 자상仔詳하게 챙겨서 만대萬代에 바르게 전해 줄 의무가 있다고 하겠다. 고인古人의 말에

〈선인들의 공적과 흠결欠缺이 많은데 알지 못하면 부지不智한 탓

이요, 그 공적과 과실을 알면서도 전하지 아니함은 불인不仁한 소치이다.〉

라고 했다. 현재의 우리들도 마찬가지다.

자신의 잘못을 감추려다 감춰지지 않았다면 잘못을 뉘우치고 반성으로써 그 흠결을 지우는 것이 가장 지혜로운 처신이라 하겠다.

역사가 증명하고 실록이 대변하는 수양 대군의 반인륜적 왕위 탄생을 놓고 생긴 흙탕물은 너무나 많은 백성들에게 공포와 시련을 주었다. 또한 발전을 뒤로 돌린 악惡의 역사라 해도 남음이 있는 것으로 보여진다.

세상 사람들에게 가장 누리고 싶은 것이 무어냐 물어본다면 주저함 없이 화친和親, 화목和睦이라 대답할 것이다. 그 화친과 화목은 행복한 가정과 가치 있는 국가를 형성시킬 수 있다. 그러나 그것을 얻기란 참으로 어려운 일이다.

우선 다른 사람의 존재를 인정하고 존중하는 자세로 받아들여야 하는 것으로, 여기에는 선善의 본성을 마음의 중심中心에 놓고 살아가는 길만이 있을 뿐이다.

무함誣陷과 권모술수로 자신이 가야할 험한 길을 남에게 넘기고, 비통한 역사의 깊은 골을 남겼던 그들의 흔적은 513년의 세월이 흘렀음에도 여전히 사라지지 않고 있다.

연못의 아름다운 연꽃은 필히 초록색 잎사귀에서 그 아름다움을 자랑하고, 꽃밭에서 훨훨 날아다니는 나비도 그 색깔이 드러날 때 더욱 아름답게 보일 것이다. 비온 뒤의 무지개도 온갖 색을 받아들였기 때문에 그 아름다움을 선명하게 보여줄 수 있다.

끊임없이 변화하고 발전하는 역사의 숨 가쁜 흐름의 길을 게으름 없이 따라가야 한다는 굳은 마음은 오늘도 필자의 고단한 몸과 마음을 추스르게 한다. 그때 험악한 벼랑 끝까지 충신들을 몰고 가 희생시키고, 자신들의 힘과 혀를 앞세워 무엇이든 다 할 수 있었다 해도 역사의 기록만은 억만 겁의 세월이 가도 지울 수도 바꿀 수도 없다는 것을 기억해야 할 것이다.

2010년 11월
신선이 노닐던 동네 삼선동에서

사화士禍는 '사림士林의 화'의 준말로서, 조선 중기에 신진 사류들이 훈신과 척신들로부터 받은 정치적인 탄압을 일컫는다. 1498년(연산 4)의 무오사화戊午士禍, 1504년(연산 10)의 갑자사화甲子士禍, 1519년(중종 14)의 기묘사화己卯士禍, 1545년(명종 즉위)의 을사사화乙巳士禍가 그 대표적인 예이다. 사화는 일으킨 쪽인 훈척勳戚 계열에서는 난으로 규정하였으나, 당한 쪽인 사림 계열에서는 정인正人과 현사賢士들이 죄 없이 당한 화라고 주장하여 사림의 화라는 표현을 썼다. 그러던 끝에 사림파士林派가 정치적으로 우세해진 선조宣祖 초반 무렵부터 사화라는 표현이 직접 쓰이기 시작했다.

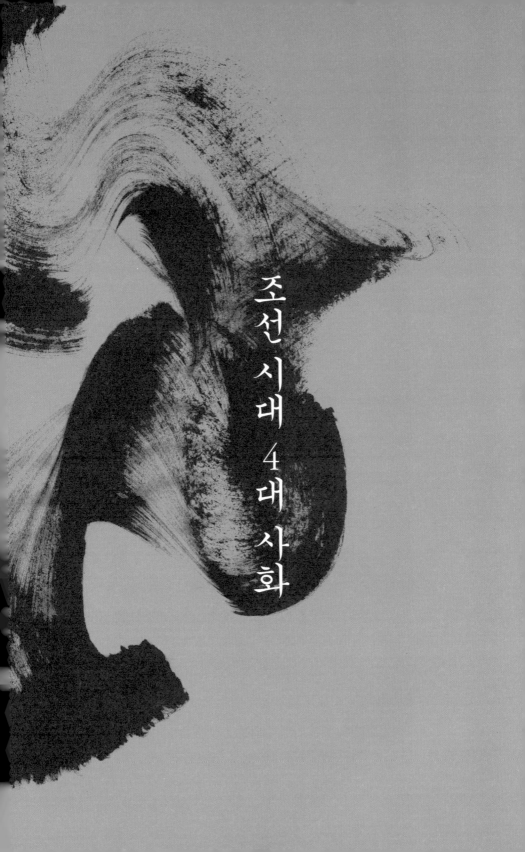

조선 시대 4대 사화

조선 시대 4대 사화

사화士禍는 '사림士林의 화'의 준말로서, 조선 중기에 신진 사류新進士類들이 훈신과 척신들로부터 받은 정치적인 탄압을 일컫는다. 1498년(연산 4)의 무오사화戊午士禍, 1504년(연산 10)의 갑자사화甲子士禍, 1519년(중종 14)의 기묘사화己卯士禍, 1545년(명종 즉위)의 을사사화乙巳士禍가 그 대표적인 예이다. 사화는 일으킨 쪽인 훈척勳戚 계열에서는 난으로 규정하였으나, 당한 쪽인 사림 계열에서는 정인正人과 현사賢士들이 죄 없이 당한 화라고 주장하여 사림의 화라는 표현을 썼다. 그러던 끝에 사림파士林派가 정치적으로 우세해진 선조宣祖 초반 무렵부터 사화라는 표현이 직접 쓰이기 시작했다.

근대 역사 인식의 초기 단계에서 사화는 대단히 부정적으로 평가되는 경향이 있었다. 일제 강점기 일본인 학자들은 식민주의적인 역사

인식의 차원에서 한민족의 부정적인 민족성의 하나로 당파성을 거론하였고, 이후 사화는 당쟁의 전주에 불과한 것으로 설명되었다. 그러나 이는 조선왕조 정치에 대한 편협한 이해에 불과하다 할 것이다. 최근에는 조선에 대한 연구가 여러 측면에서 활발하게 이루어지면서 사화에 대한 좁은 소견이 불식되는 발판이 마련되어 가고 있으나 사화를 당쟁으로 연결 짓는 경우는 여전히 많다. 그러나 사화는 단순한 권력 싸움에만 그쳤던 것이 아니라 당시의 사회, 경제적인 변동과 깊은 관련을 가지는 정치 현상이라 하겠다.

성종 대까지 걸쳐 완성된 조선왕조의 기틀

정계政界 활동을 올바르게 이해하기 위해서는 근원이 되는 그 시대의 배경부터 올바르게 이해해야 할 것이다. 이성계李成桂에 의해 나라를 연 조선왕조는 1398년(태조 7)과 1400년(정종 2) 2차에 걸친 왕자의 난으로 진통을 겪다가 태종太宗과 세종世宗 때를 맞아 문물제도가 크게 정비되고 국가 기반이 크게 안정되어 가기 시작했다.

그러나 불행하게도 세조世祖(수양首陽 대군)가 왕위를 찬탈하고 나서는 기이한 현상이 벌어졌다. 양반계급 사이에 여러 파벌이 생겨 반목하고 대립함으로써 차츰 정치 기강이 약해지고 불상사가 자주 일어나 조정을 극심한 혼란 속에 몰아넣었다. 이러한 현상은 예종睿宗과 성종成宗조에서는 쉬는 듯하다가 문란한 통치를 하던 연산군燕山君 때부터 두드러지게 나타났는데 그 시절에는 사람들이 처세하기가 매우 어려웠다고 한다.

세조는 왕위를 찬탈하고 어진 충신들을 많이 죽여 많은 백성들로부터 지탄의 대상이 되었다. 반면 그 치적은 매우 훌륭한 것이 많았고 조선왕조의 기반을 한층 더 굳건히 한 모순점을 보였다.

세조는 부왕 세종에 못지않게 아는 것이 많았고 독창력도 뛰어난 군주로서 신하들에게 학문을 권장하며 『국조보감國朝寶鑑』을 편찬토록 하였고 간경도감刊經都監을 두어 불서佛書를 한글로 번역해 간행하였다. 또 세조 자신이 인지의印地儀란 고저高低 측량기를 만들어 실제 시험하기도 했으며, 백성들에게 농업을 장려하고 궁중에 잠실蠶室을 두어 왕비와 세자빈으로 하여금 친히 양잠을 하도록 해 백성들에게 모범을 보였다.

한편 세조는 상평창常平倉을 설치하여 물가 안정에 힘쓰고 유엽전柳葉箭 모양의 전폐箭幣를 만들어 그 이름을 팔방통보八方通寶라 하였는데, 이 전폐는 평상시에는 화폐로 사용하다가 전시戰時에는 화살촉으로 사용하도록 고안해 만든 것이었다. 세조는 국방에 있어서는 전력을 다해 군사훈련과 무예 강습을 장려하며 밖으로는 북쪽 변방을 못살게 하는 여진족女眞族을 무찌르고 안으로는 함경도咸鏡道에서 일어난 이징옥李澄玉과 이시애李施愛의 반란을 깨끗이 평정시켰다.

특히 세조의 업적 중에서 주목되는 것은 『경국대전經國大典』의 편찬이다. 『경국대전』은 조선조의 기본 법전으로 조선조 기초의 완성을 뜻하는 것이라고 보아야 할 것이다. 왕위에 오른 세조는 당시까지의 모든 법을 전체적으로 조화시켜 영구히 보전할 법령을 이룩하기 위해 육전상정소六典詳定所를 설치하고 법전 편찬에 착수했다. 새로운 법령이 계속해서 쌓이거나, 법령들이 쌓인 전후로 모순점이나 미비한 결함이 발견될 때마다 속전을 간행해 왔던 고식적 법전 편찬 방법을 지양한 것이다.

세조는 이를 위해 최항崔恒, 노사신盧思愼 등에게 명해 『경국대전』을 편찬하도록 했다. 그리하여 1460년(세조 6) 7월에 먼저 재정과 경제의 기본이 되는 「호전戶典」과 「호전등록戶典謄錄」을 완성해 이를 『경국대전 호전』이라고 이름 지었다. 이듬해 7월에는 「형전刑典」을 완성해 공포하고 시행하였으며, 1466년(세조 12) 나머지 「이전吏典」, 「예전禮典」, 「병전兵典」, 「공전工典」을 완성하고, 「호전」과 「형전」도 전면적으로 검토하여 1468년 1월 1일부터 시행하기로 결정했다. 그러나 신중을 기하던 세조는 법전의 배포를 보류하였다.

그 뒤, 세조를 이어 장자 덕종德宗(추존 숭崇)이 일찍 세상을 뜨자 둘째 아들인 예종이 즉위했다. 예종도 육전상정소를 설치하여 1469년(예종 1) 9월에 법전을 매듭짓고 1470년 1월 1일부터 반포하기로 결정했으나, 예종은 재위 13개월 만에 갑자기 죽어 버렸다.

이어 세조의 손자이자 예종의 조카인 성종이 즉위하였는데 성종역시 즉위하자, 곧 『경국대전』 사업을 명하였다. 법령의 수정을 거쳐 드디어 1471년 1월 1일 시행한 것이 바로 『신묘대전辛卯大典』이다. 그런데 법전에 누락된 조문이 발견되자 다시 수정하여 1474년(성종 5) 2월 1일 시행하였는데, 이것이 『갑오대전甲午大典』이다. 당시 대전에 수록되지 않은 법령으로 시행할 필요성이 있는 72개의 조문은 따로 속록續錄을 만들어 함께 시행하였다.

1481년(성종 12) 9월에는 법령을 재검토할 필요가 있다는 논의가 있자 감교청勘校廳을 설치하고 대전과 속록을 수정해 1485년(성종 16) 1월 1일 시행하였다. 이것이 『을사대전乙巳大典』으로 이 법전을 최종 확정된 것으로 규정지었다. 오늘날 온전히 전해오는 『경국대전』은 『을사대전』이며, 그 전의 것은 하나도 전하지 않는다. 따라서 『경국대전經國大典』은 우리나라에서 최고로 오래된 법전으로서 『경제육전經濟六典』의 원전과 속전, 그리고 그 뒤의 법령을 종합해 만든 통치의 기본이 되는 통일 법전이라 하겠다.

글을 좋아하며 유학에 밝았던 성종은 즉위 초 궁중에 홍문관弘文館을 설치하여 나이 적은 총명한 문신들에게 휴가를 주어 독서에 전념케 하는 등 유자儒者와 문인文人을 우대하였다. 그리고 이들 중 서거정徐居正, 정효항鄭孝恒 등으로 하여금 『동국통감東國通鑑』을 만들게 하고 노사신, 양성지梁誠之에게는 『동국여지승람東國與地勝覽』을, 그리고 『동문선東文選』은 서거정, 『국조오례의國朝五禮儀』는 신숙주申叔舟, 강희맹姜希孟 등이 짓도록 하였다. 또한 활자를 개량하여 많은 서적을 인쇄, 출판하였고 『경국대전』을 반포

정효항 묘비.
경기도 파주시 금촌.
「이조판서 경주정공효항지묘. 배 정부인 파주염씨 부좌」

양성지 신도비각

하고 『경국대전』 반포 후의 법령을 모아 이극증李克增 등에게 『대전
속록大典續錄』을 편찬토록 하고 반포하였다.

　그리고 성종은 훈구 세력의 일방적인 성장을 막기 위해 김종직
등 새로운 인재를 등용하여 우대하였으며 국경 변방 두만강, 압록
강 방면에 준동하던 오랑캐를 정벌하였다.

　이렇게 하여 조선 초기의 제도 및 문물은 성종 대에 대체적으로
완성을 보게 되었다. 이렇게 조선왕조는 태종과 세종 때에 이룩한

기초 업적을 세조와
성종이 이어받아 완
성하였으며 나라의
문을 연 이래 역대 왕
들은 문치文治에 힘
을 써서 학문을 장려
하고 유림을 보호하

강구손의 아버지 강희맹 신도비각. 경기도 시흥시.

였기 때문에 많은 학자와 문인들이 배출되었고 학계는 자못 다채로웠다.

세조의 왕위 찬탈 뒤 생긴 네 파벌

그러나 세조 때부터 성종 대에 걸쳐 그들 사이에는 주의主義와 사상思想, 감정과 정실情實, 고향과 출신 관계 등으로 인해 여러 파벌이 생겼고, 그 가운데 서로 상통하는 파가 있는가 하면 반목하고 대립하는 파도 있게 되었다. 이들 파맥은 크게 넷으로 나눌 수 있다.

먼저 훈구파勳舊派는 세조 때의 공신功臣으로서 이들은 대개 관작官爵이 높고 많은 사유지와 노비를 소유하고 있었다. 학문적으로는 정치제도에 관한 경세학經世學을 주로 하되 典禮전례(예절법)와 문장과 시가를 중요시하던 사장詞章에도 능하였고 국가 편찬 사업에도 종사하여 많은 업적을 남기며 문운文運을 융성히 했다. 이들은 대개 한양 부근에 거주하였는데 훈구파의 대표적인 인물로는 정인지鄭麟趾, 최항, 신숙주, 이극돈李克墩, 양성지, 한명회韓明澮, 이석형李石亨, 권람權擥, 서거정, 강희맹 등을 꼽을 수 있다.

둘째로 절의파節義派가 있다. 절의파는 세조의 찬탈 행위를 불의不義한 일로 단정하고 훈구파를 간사하고 교활한 무리로 보았다. 그랬기에 그들은 불사이군不事二君의 뜻을 품고 세상에 두문불출하거나 방랑 생활로 일생을 보내던 이들이 많았다. 대표적인 인물로는 김문기金文起, 성삼문成三問, 박팽년朴彭年, 이개李塏, 하위지河緯

地, 유성원柳誠源, 유응부俞應孚의 사칠신死七臣과 김시습金時習, 원호元昊, 이맹전李孟專, 조여趙旅, 성담수成聃壽, 남효온南孝溫의 이른바 생육신生六臣이 해당된다고 하겠다. 생육신에는 남효온 대신 권절權節을 꼽기도 한다.

셋째로는 청담파淸談派이다. 이 청담파는 나라나 자신의 일에 뜻을 잃고 세상을 비웃으며 노자老子와 장자莊子의 가르침을 좋아하고 근원적 담론이나 풍류를 즐기던 일파이다.

이석형 묘비. 경기도 용인시 모현면 정몽주 묘소 10미터 거리에 있으며 이석형의 부인은 정몽주 증손녀이다. 「유명조선 좌리공신 행 판중추부사 연성부원군 증시 문강이공석형지묘. 증 정경부인 영일정씨지묘」

김문기 초상

김시습 영정(좌)과 부도(우).
충청남도 유형문화재 제64호(좌), 제25호(우).

김종직 동상

조위 초상

　이들은 스스로를 중국 진晉나라의 죽림칠현竹林七賢에 비유하며 한양 동대문 밖 죽림竹林에 모여 술을 마시고 시가詩歌를 즐기며 시사時事를 비평하는 등 자기도취에 빠지거나 스스로를 위안하며 삶을 살아갔다. 청담파로 생육신 중 한 사람인 남효온, 홍유손洪裕孫, 우선언禹善言, 조자지趙自知, 한경기韓景琦 등 7, 8명이 있었다. 이들 가운데는 사회적으로 출세가 제한된 향리 출신의 홍유손, 종실宗室 출신의 이정은李貞恩과 무풍군茂豊君 이총李摠 같은 사람도 있었으며 남효온은 폐출된 단종端宗의 모후母后 권씨의 복위를 소청하다가 벌을 받기도 했다.

　넷째로 사림파士林派이다. 사림파는 당시 경학經學(도학道學)과 사장으로 영남嶺南의 사종師宗인 김종직을 둘러싼 문인들이다. 이들이 중앙 정계에 진출하게 된 배경은 김종직이 성종에게 중용되면서 그의 문인을 끌어올림으로써 사림을 배경으로 신진 세력을 형성

하게 된 것이다. 사림파로는 김종직을 비롯하여 김굉필金宏弼, 정여
창鄭汝昌, 김극기金克己, 김일손金馹孫, 조위曺偉, 유호인俞好仁, 표
연말表沿末, 이종준李宗準 등이 있다. 그중 김종직은 고려高麗 말기
의 유신遺臣 길재吉再의 학통과 학풍을 이었는데 일찍이 단종의 폐
출과 죽임을 슬퍼하여 이를 초楚나라 의제義帝(회왕懷王)에 빗대어
조상하는 〈조의제문弔義帝文〉을 써서 후일 무오사화가 일어나게 하
는 불씨가 되었다.

이렇게 세조 때부터 성종 때에 걸쳐 학자와 문인들 사이에 네 파
벌이 형성되어 정계에 막대한 영향을 끼치며 양반계급의 분열을 가
져오게 했는데 그중에서도 가장 반목이 심한 집단은 기성세력인 훈
구파와 신진 세력인 사림파였다.

절의파와 청담파는 훈구파의 비판 세력이긴 했으나 사실상 정계
를 등져 그 세력이 미약하였고 훈구파와 사림파는 함께 중앙 정계
에 출입했는데 사림파는 대개 언관직言官職에 종사하면서 훈구파를
소인 도배小人徒輩라 하여 무시하였고 훈구파들은 고관대작으로서
사림파를 경박하고 야심적인 무리라고 하여 또한 무시하면서 양측
의 대립은 날로 심화되어 갔다.

훈구파와 사림파의 극단적 대립

그러다 사림파를 옹호하던 성종이 죽고 연산군이 즉위하자마자
훈구파의 사림파에 대한 감정은 폭발하여 1498년(연산 4) 무오사화

의 결정적 계기가 되었다. 김일손이 사관史官으로 있을 때 그의 스승 김종직이 지은 〈조의제문〉을 사초史草에 실은 일이 있었는데 1498년 『성종실록』을 편찬할 때 이것이 발각되자 훈구파는 연산군을 충동하여 김일손 등 사림파 거의 전원을 죄인으로 몰아 죽이거나 귀양을 보내 버렸다. 그리고 이미 죽은 김종직의 무덤을 파서 시체의 목을 베고 그의 문집은 태워버렸다. 〈조의제문〉은 단종을 초나라 항우項羽에게 죽임을 당한 초나라 의제에 빗대 그 죽음을 슬퍼하고 세조를 진秦나라 시황제始皇帝에 빗대 비난하는 글이었다.

그리고 사림파가 화를 당한 것을 일명 사화史禍라 적는 것은 그 발단이 사초로 인해 일어난 사화이기 때문이다.

그러나 무오사화로 사림파를 제거한 훈구파의 전도가 순탄한 것은 아니었다. 연산군은 무오사화 이후 사치와 향락에 취해 재정의 낭비와 폐단이 심하였고 연산군은 어려운 재정 문제를 해소하기 위해 훈구 공신들의 토지와 노비를 몰수하려는 계획도 세웠다.

훈구 세력은 이를 적극 반대하며 궁중의 용도와 절약을 간언하자 연산군은 조신朝臣이 붕당을 이루어 임금을 고립시키고 있다며 그들의 간섭을 뿌리 뽑을 기회를 노리기 시작했다.

상황이 이렇게 되자 훈구파 중 사림파의 잔재 세력을 일소시키고 정권을 잡으려는 무리가 나타났는데 이들이 바로 궁중과 깊은 인연을 맺고 있던 임사홍任士洪과 연산군의 처남 신수근愼守勤 등 궁중의 기존 세력가들이었다. 이들은 연산군의 생모 윤씨의 폐출과 사사 사건을 들추어 연산군의 마음을 뒤흔들어 놓았고, 이로 인해 훈

연산군 금표비. 경기도 고양시.
「금표 내 범입자 논기훼제 서율처참」

구파와 사림파의 잔존 세력을 죽이거나 귀양을 보내고 파직시켰다. 이 사건이 1504년(연산 10)에 일어난 갑자사화이다.

연산군은 성장기에는 영민하고 총명한 판단력을 대신들에게서 인정받았지만 왕위에 오른 뒤에는 포악한 성격이 드러났으며, 학문과 문사를 싫어했다. 갑자사화 이후 연산군의 일상생활은 더욱 방탕해져 성균관成均館을 연회 장소로 삼는가 하면 원각사圓覺寺를 기생들과 악기의 높은 소리로 채워 쉼 없이 잔치를 즐겼다. 그것도 모자라 도성 주위 30리 이내의 민가를 철거하고 금표석禁標石을 세

성균관 명륜당. 서울시 종로구 명륜동.

운 뒤 사냥을 위한 장소로 삼는가 하면 각 도道에 채홍사採紅使 등을 보내 기녀와 미녀는 말할 것 없고 비구니나 유부녀까지도 무자비하게 뽑아 자신에게 바치도록 했다. 그렇게 온갖 횡포를 부리던 연산군은 재위 12년 만인 1506년 훈구 세력에 의해 폐출되고 동생 진성晉城 대군이 중종中宗으로 즉위하게 되었다. 이것을 역사는 중종반정中宗反正이라 일컫는다.

거듭되는 사화 속 조선 사회의 변동

사화가 거듭 일어난 15세기 말엽 휴경 없이 계속해 경작이 가능한 농업 기술이 실현되었고, 이는 경제적인 변동까지도 함께 가져왔다. 농업 부문의 이와 같은 성과를 발판으로 이후 16세기 사이에는 천방川防(보洑) 관개 기술이 새로 보급되고, 서남 연안 지역에서는 간석지 개발이 언전堰田이란 이름으로 활발하게 진행되어 경제력이 크게 향상되기 시작했다.

이렇게 향상된 농업 경제력은 상업 부문에도 영향을 끼쳐 5일장의 전신에 해당하는 지방의 농촌 장시가 장문, 향시의 이름으로 대두되었다. 수공업에 있어서도 면포 생산력이 급증하면서 국내 유통을 원활하게 하고, 대외적으로도 중요한 수출 상품이 되어 동아시아 교역의 발전에도 새로운 활약상을 보이며 일익을 담당했다.

중국과의 교역에서는 견직물이나 그 원사를 은으로 결제해 수입하였으며, 일본에 대해서는 면포를 직접 수출하거나 중국산 견직원사를 중개 무역하며 은을 벌어들였다. 대외 무역에 있어 은의 수요가 높아지자 은광의 개발도 활발하게 진행되었다.

사화는 농업을 기반으로 한 경제적인 변동이 급변하는 가운데 사회질서의 문제를 놓고 일어난 정치적인 마찰이었다. 집권적인 위치에 있던 훈신이나 척신 계열은 권력을 사적으로 남용하는 경향이 어느 때보다도 심하였으며, 사림파는 이를 비리로 규정하고 신랄하게 비판함으로써 정치적인 보복을 받았던 것이다.

사림파의 위와 같은 비난은 훈신이나 척신의 행위가 분명한 비리라는 것 외에도 중소지주 출신이란 그들 자신의 사회적 기반과도 깊은 관련이 있다. 사림파는 유교적인 이념에 입각하면서도 사회적인 안정을 특별히 강조하였으며 향사례鄕射禮, 향음주례鄕飮酒禮, 향약鄕約 등 구체적인 대책 또한 제시하였다. 사림파의 향사례, 향음주례를 보급하려는 기도는 경제 변동으로 이미 동요의 기미를 보인 사회질서를 유교적 윤리 체계로 갱신하려는 것이었다.

그러나 권력의 중심에 있는 훈신과 척신들의 사익 추구는 현직의 지방관들로 연결되어 각 지방 사회에서 구조적으로 자행되었다. 수탈에 견디기 어려운 농민들이 권세가의 대농장에 일꾼으로 들어가는 경우가 현저해지면서 국가적인 인력의 손해뿐 아니라 경제력의 원천이 위축되고, 궁극적으로는 사림파의 기반까지 위협받는 형세였다.

조선의 어떤 제도들은 현대 국가의 제도들보다 뛰어났는데, 그중 하나가 바로 간관諫官 제도다. 조선의 법전인 「경국대전」에 따르면 간관의 임무는 간쟁과 논박으로 되어 있다. 간쟁이란 임금의 언행이나 시정에 잘못이 있을 경우 이를 바로잡기 위한 것이고, 논박은 인사 문제 등 일반 정치에 대해 시비를 논하는 것이다. 즉, 조선은 국왕이나 정치의 잘못에 대해 시비하는 관직을 두었던 것이다. 이를 통해 국왕은 사대부들의 여론을 듣고 집권자의 잘못을 자정自淨하는 역할을 하였다.

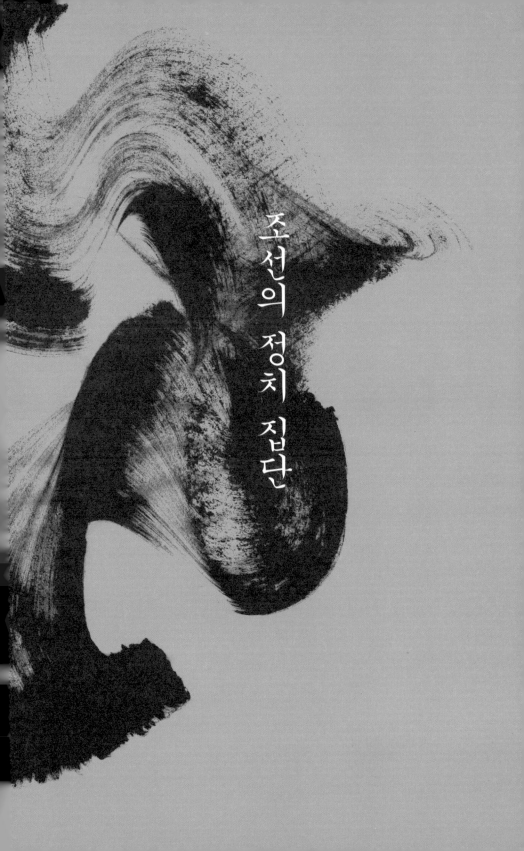

조선의 정치 집단

조선의 정치 집단

정치를 바로잡았던 조선의 간관 제도

조선 시대의 상소는 일반 사대부가 자신의 의견을 국왕에게 전할 수 있는 일반화된 방법이었다. 상소는 벼슬아치는 물론 벼슬 없는 백두의 유생들도 올릴 수 있었는데 봉장封章, 주소奏疏, 진소陳疏, 장소章疏 등으로도 불렸다.

언로가 막히면 나라가 망한다는 것이 유교 정치의 이상이었기에 조선은 상소의 내용이 강경해도 처벌하지 않거나 관대하게 처리했다. 그러나 물론 때로는 이런 원칙이 무시되고 상소 내용이 문제되어 처벌받는 경우도 있었다. 국왕이나 대신들을 심하게 공격하는 상소는 때에 따라 귀양을 가거나 목숨까지 잃게 마련이었다.

조선의 어떤 제도들은 현대 국가의 제도들보다 뛰어났는데, 그중 하나가 바로 간관諫官 제도다. 조선의 법전인『경국대전』에 따르면 간관의 임무는 간쟁과 논박으로 되어 있다. 간쟁이란 임금의 언행이나 시정에 잘못이 있을 경우 이를 바로잡기 위한 것이고, 논박은 인사 문제 등 일반 정치에 대해 시비를 논하는 것이다. 즉, 조선은 국왕이나 정치의 잘못에 대해 시비하는 관직을 두었던 것이다. 이를 통해 국왕은 사대부들의 여론을 듣고 집권자의 잘못을 자정自淨하는 역할을 하였다.

그런데 조선의 간관은 대관臺官과 뗄 수 없는 밀접한 관계에 있었다. 간관은 사간원의 관원을 뜻하며, 이 간관과 대관을 합쳐 대간臺諫이라고 부르는데 때로는 이들을 양사兩司라고 불렀다. 또한 간쟁의 역할도 맡고 있던 홍문관을 합쳐 삼사三司라고 부르기도 했다. 이들 삼사는 조선의 언론기관으로서, 이들은 사대부들의 여론을 전달하는 역할을 했다.

그런데 사헌부司憲府의 관원을 뜻하는 대관과 사간원과 홍문관의 관원을 뜻하는 간관의 역할은 조금 달랐다. 사헌부의 대관은 벼슬아치들의 비행을 적발하고 탄핵하는 것이 기본 임무로 오늘날의 검찰이나 감사원과 같았다. 『경국대전』은 사헌부를 정치의 시비에 대한 언론 활동, 백관에 대한 규찰, 풍속을 바로잡는 일, 원통하고 억울한 일을 펴주는 일, 외람되고 거짓된 행위를 금하는 일을 하는 기관으로 기록하고 있다. 간관은 간쟁과 논박을 하고, 대관은 백관에 대한 규찰까지 겸하는 집행 기구의 성격이 강했던 것이다.

품계가 낮아도 특별한 대접을 받은 대간들

사헌부의 수장인 대사헌은 종2품이었고 실질적으로 업무를 주도하는 집의는 종3품, 장령은 정4품, 지평은 정5품이었다. 사간원의 수장인 대사간大司諫은 종3품 당상관이었고 사간은 종3품, 헌납은 정5품이었다. 품계로 따지면 그다지 높다고 할 수는 없으나 대관은 그 이상의 의미가 있었다.

조선 시대에는 관리가 서로 마주칠 경우 상관은 하관의 인사를 받아도 답례하지 않도록 되어 있었다. 그러나 비록 당상관이라 할지라도 대간의 인사를 받으면 정중히 답례해야 했다. 이것이 『경국대전』에 명문화된 규정이라는 점에서 대간이 어느 정도의 대접을 받았는지 알 수 있다. 오늘날 일반 국민 상당수가 검찰을 불신하는 이유는 정치인이나 고위 관료들에게 결탁해 올바른 결정을 내리지 못하고 내부의 비리 또한 심각한데다가 일반 국민들에게는 배타적이고 고압적이기 때문이다.

그러나 조선의 대간은 달랐다. 조선의 대간은 위로는 영의정을

사헌부 터.
서울시 종로구 광화문 앞.

한명회 묘비. 충남 천안시. 비문의 글자는 97자로, 조선조에서 가장 많은 글자의 비문이다. 「수충위사 협찬정란 동덕좌익보사 병기정란 익대순성 명양 경제 홍화좌리공신 대광보국숭록대부 의정부 영의정 겸영경연 춘추관 홍문관 예고관 관상감사 세자사 강원도 황해 평안 함길도 도체찰사 판 병조사 상당부원군 증시 충성한공지묘」.

비롯해 지존인 국왕에게까지 서슴없이 간쟁했다. 대간의 생명은 직언直言이었다. 대간들은 직언을 자신들의 존재 이유로 삼았기에 간쟁을 서슴지 않았다. 국왕의 친·인척이나 실세라 하더라도 대간들에게는 예외가 될 수 없었다. 왕권에 버금가는 권력을 누리던 권신 한명회가 성종 재위 때에만 무려 107회에 달하는 탄핵을 받은 것이나, 연산군 당시의 권신 임사홍이 이보다 많은 140회의 탄핵을 받은 것은 조선 시대 대간의 기상을 단적으로 말해 준다.

국왕에게도 간쟁을 서슴지 않는 대간들이 대신들의 눈치를 볼 리 없었다. 오늘날 많은 사람들이 조선의 대간들처럼 강직한 인물이 없음을 한탄하나, 국왕이나 권력자를 향해 간쟁하고 탄핵하는 것은 사실상 쉬운 일이 아니었다. 대부분의 집권자는 동서고금을 막론하고 비판적인 목소리를 싫어하게 마련이기 때문이다. 이런 절대 군주에게 간쟁해야 하는 대간들이 고초를 겪었을 것임은 쉽게 예상할 수 있다.

1393년(태조 2) 내시 이만李萬이 세자빈 유柳씨와 간통한 사건이 일어났다. 이 엄청난 사건에 대해 대간에서는 이는 개인사가 아니라 국가적인 사건이므로 진상을 규명해야 한다고 요구하였고, 이성계는 수십 명의 대간들을 하옥하고 유배를 보내 버렸다. 그러나 조선의 대간들은 이런 고초를 겪으면서도 창업 군주에게까지 간쟁을 마다하지 않았다.

두 차례에 걸친 왕자의 난 끝에 즉위한 태종의 경우는 한층 더했다. 즉위 원년인 1401년 사간원에서 궁실宮室을 짓기 위한 토목공사를 중지하라고 소청하자 태종은 좌사간 윤사수尹思修 등을 순군巡軍에 하옥해 버렸다. 1408년(태종 8)에는 모반죄로 체포되어 능지처참의 판정을 받은 목인해睦仁海의 처형 연기를 주청했다는 이유로 대사헌 맹사성孟思誠을 비롯한 간관을 순금사巡禁司에 하옥한 후 장杖 1백 대의 형벌을 내리기도 했다.

대간의 역할이 국왕에 대한 간쟁이 아니라 관원들의 부정부패를 막는 데 있다고 생각한 태종은 1418년(태종 18) 신하들에게 이렇게

맹사성 집터.
서울시 삼청동 골목.

말하였다.

"정권이 모두 대간에게 돌아가는 것은 마땅치 않으나 대간에게 권력이 없는 것도 역시 마땅치 않다. 지금 이런 세상을 당하여 대간이 권력이 없으면 탐포貪暴한 자들을 제어할 수 없다."

세종도 대간들의 언론을 억압하다

그러나 태종의 이런 생각과 달리 조선의 대간들은 자신들의 임무가 관리들의 규찰에만 있는 것이 아니라 국왕에 대한 간쟁의 역할도 있다고 믿었기에 간쟁의 임무를 포기하지 않았다.

세종은 흔히 백성들의 여론을 잘 수렴한 임금으로 알려져 있지만 사실은 그 역시 대간들의 언론을 억압하는 데서는 태조나 태종 못지않은 임금이었다. 대간들에 대한 세종의 억압이 얼마나 심했던지 『세종실록』 15년 조인 1433년의 기록을 보면 다음과 같은 의금부 옥졸들의 말이 있다.

"대간들이 오늘은 헌사憲司(사헌부)에 앉아 있으나 내일이면 반드시 하옥되어 나의 제어를 받을 것이다."

해동海東의 성군聖君으로 불리는 세종마저 이럴 정도였으니 사람이 직언에 귀를 연다는 것이 얼마나 어려운 일인지 짐작케 한다. 그러나 대간들은 이와 같은 목숨에 처해서도 국왕에 대한 간쟁을 그치지 않았고, 언론을 심하게 억압한 결과 많은 부작용이 드러나자 세종은 1442년(세종 24) 이렇게 말하기도 했다.

"나는 초기에 언관이 비록 작은 잘못을 범하였어도 철저히 죄를 주었다. 이로써 언관이 모두 오래지 않아 갈리었으니 이 어찌 옳은 일이겠는가. 근년 이래로는 작은 잘못은 용서하였다."

세종은 스스로 언론에 대한 억압이 지나침을 느끼고 후기에는 언관의 간쟁을 허용했던 것이다. 이는 그만큼 세종의 왕권이 안정되었음을 뜻하는 것이기도 하지만, 중요한 점은 국왕이 언론을 그토록 억압해도 언관들은 굽힘없이 간쟁을 계속했다는 것이다. 언로는 집권자가 허용하는 만큼 누리는 것이 아니라 언관들이 확보하는 영역만큼 누리는 것이기 때문이다.

이는 오늘날도 역시 마찬가지일 것이다. 조선의 대간들은 그 자신이 공정을 기하기 위해, 그리고 청렴과 강직성을 유지하기 위해 뼈를 깎는 노력을 했다. 조정에서 회의가 끝나 물러날 때도 대간은 다른 관리들이 모두 나갈 때까지 기다렸다가 나갔다. 다른 관리들과 뒤섞이지 않기 위해서였다. 이런 철저한 자기 관리가 있었기에 국왕에게까지 서슴없이 간쟁할 수 있었던 것이다.

언관의 직언이 강직함으로 평가받는 이유는 그것이 공론公論이기 때문이다. 조선 시대 왕도정치의 이상은 여론을 하늘의 뜻으로 믿고 서슴없이 간쟁했던 것이다. 그러나 조선 후기 당쟁이 격화되면서 언론도 더 이상 공론이 아니라 당론黨論을 여론이란 이름으로 호도하는 상황이 되었다.

조선 초기의 대간들은 국왕과 대신들을 상대로 굽히지 않고 간쟁하고 탄핵했다. 세종이 재임 후반에 대간들의 언론을 받아들이는 태도를 취한 것은 대간들의 간쟁이 비록 듣기는 싫어도 사리사욕이 배제된 공론이라는 사실을 인정했기 때문이다.

그러나 조선 후기에는 달랐다. 효종孝宗이 재위 10년 만인 1659년 급서하자 인조仁祖의 계비繼妃인 자의慈懿 대비의 복제 문제가 대두되는데 이것이 바로 제1차 예송禮訟논쟁이다. 송시열宋時烈을 비롯한 서인西人들은 효종이 장자가 아니라 소현昭顯 세자의 동생이므로 자의 대비가 차자의 복인 1년 복을 입어야 한다고 주장했다. 1년 복설의 배후에는 복잡하고 중요한 이론들이 내재되어 있었지만 처음 1년 복을 주장할 때만 해도 이것이 문제가 될 줄은 몰랐다.

그런데 정권에서 소외된 남인南人 윤선도尹善道가 송시열의 1년 복설이 효종의 정통성을 부인한 것이라며 3년 복설을 주장하는 내용의 상소를 올림으로써 서인과 남인 사이의 민감한 당쟁으로 바뀌었다. 윤선도의 주장에 일리가 없는 것은 아니지만 윤선도의 이론 또한 천하의 공론이라기보다 정권에서 소외된 남인들의 당파적 주장이란 한계가 있었다.

서인들은 남인들이 3년 복설을 거듭 제기하는 속뜻이 단지 복제를 바로 잡자는 데 있는 것이 아니라, 예론을 빙자해 서인들을 역적으로 몰

고산 윤선도 초상

아 실각시키고 정권을 장악하려는 의도임을 알고 강경하게 대응했다. 이처럼 예송논쟁이 당쟁으로 전화되면서 윤선도는 삼수三水로 귀양을 가기에 이른다.

당쟁이 성행한 이후 당론을 공론으로 빙자해 상소하는 것이 조선의 큰 병폐가 되었다. 사림의 분당 직전에 이런 당쟁의 병폐를 예언한 인물이 있었는데, 선조宣祖 당시 영의정이던 동고東皐 이준경李浚慶이었다. 사림파가 동인東人과 서인으로 갈리기 직전인 1571년(선조 4) 이준경은 유차遺箚(죽음에 임해 올리는 약식 상소문)를 올려 이렇게 주장했다.

〈지금 벼슬아치들이 이런저런 명목으로 붕당을 만들고 있습니다. 이는 대단히 큰 문제로써 나중에 반드시 나라의 고치기 어려운 환란이 될 것입니다.〉

이준경의 이 유차는 당시 사대부의 중심이었던 율곡栗谷 이이李珥를 지목한 말로 받아들여졌고, 이이 또한 그렇게 생각해 글을 올려 변명했다.

〈조정이 맑고 밝은데 어찌 붕당이 있겠습니까? 이는 임금과 신하를 갈라놓으려는 것입니다. 사람이 죽음에 임해서는 그 말이 착한 법인데 이준경은 죽음에 이르러 그 말이 악합니다.〉

이이를 따르는 사림파가 장악한 삼사는 거듭 이준경의 벼슬을 추탈하고자 탄핵했으나 유성룡柳成龍의 반대로 무산되었다. 그 4년 후인 1575년(선조 8)에 비로소 을해당론乙亥黨論으로 사림이 동인과 서인으로 갈리자 사람들은 이준경의 혜안에 새삼 탄복했고, 이

이는 이를 부끄러워하면서 당론을 조정하는 것을 평생의 과업으로 삼았다. 이는 이이가 자신의 잘못을 인정할 줄 아는 대학자이자 대정치가였기 때문이었다. 그러나 더 이상 이런 큰 인물은 등장하기가 쉽지 않아 조선 조정은 당론을 조절하기보다 당쟁을 부추기는 방향으로 흘러갔다.

유성룡 초상

붕당을 예고하는 이준경

1572년(선조 5) 7월 7일, 영중추부사 이준경이 죽었다. 이준경은 윤원형尹元衡을 몰아낸 뒤 영의정이 되었고, 명종明宗의 고명을 받들어 선조를 즉위시키는데 큰 힘이 되었다. 그는 중종에서 선조까지 네 임금을 섬긴 명망 높은 조정의 원로였으나 사림의 말을 잘 듣지 않는다는 이유로 후배 사람들로부터는 비난을 받고 있었다.

사림이 중심이 되는 세상이 도래하였으나 그 속에서는 이준경을 비롯해 명종조에 벼슬하던 사림과 그 뒤에 새로이 정계에 진출한 사림 사이의 알력이 표면화되기 시작했다. 선배 사림들은 이준경을 필두로 심통원沈通源, 민기閔箕, 홍섬洪暹, 홍담洪曇, 송순宋純, 김개金鎧 등이었고, 후배 사림으로는 이황李滉, 노수신盧守愼, 유희춘柳希春, 김난상金鸞祥, 이이, 정철鄭澈, 기대승奇大升, 심의겸沈義

송강 정철 사당. 충북 진천군.

謙, 이후백李後白, 유성룡, 오건吳健 김우옹金宇顒 등이 있었다. 후배 사림들은 선배 사림들을 못마땅하게 여겼고, 사사건건 대립하였다.

이에 이준경은 죽기 전에 왕에게 차자箚子를 올려 붕당의 조짐을 시사하고 그 해결책을 강구할 것을 강력하게 요청했다.

〈붕당의 사사로움을 깨뜨려야 합니다. 지금 세상 사람들은 잘못이 없고 일에 허물이 없는 이라도 자신들과 한마디 말이라도 합하지 아니하면 배척해 용납하지 않습니다. (자신들은) 행실을 닦지 않고 글 읽기에 힘쓰지 않으면서도 거리낌 없이 큰소리치고 당파를 지으면서 그것이 높은 것이라고 허풍을 키우고 있습니다. 따라서 이들이 군자이면 함께 두어 의심하지 마시고, 소인이거든 버려 두어 저희끼리 흘러가게 하심이 좋을 것입니다. 이제야말로 전하께서 공평하게 듣고 공평하게 보아 주시어, 힘써 이 폐단을 없이하기에 힘써야 할 때입니다. 그렇지 않으면 나라를 구하기 힘들 것입니다.〉

이 차자가 올라오자, 선조는 즉시 대신들을 불러들여 물었다.

"조정에서 누가 붕당을 짓는가? 바깥 의논이 구구한데, 만일 붕당의 징조가 있으면 조정이 반드시 문란해질 것이오."

이와 같은 선조의 말을 들은 대신들은 모호한 말로 변명할 뿐이었고 사헌부, 사간원, 홍문관 등 삼사에서는 이준경이 사림에게 화를 미치게 하니 관직을 몰수해야 한다고 주장하였다. 그러나 수찬 유성룡은 이를 반박했다.

"대신이 죽을 때에 말씀 올린 것에 부당함이 있으면 변명할 것이지 죄주자고까지 청하는 것은 조정에서 대신을 대접하는 체모가 아니니 여러분은 너무 심한 짓을 하지 마시오."

중국과 우리나라에서는 '붕당'을 원칙적으로 금하고 있었다. 이는 명나라 법전인 『대명률』에도 엄연히 명시되어 있었고, 조선 역시 이를 그대로 답습하였고 이를 어길 때에는 죽음을 면하지 못했다. 조광조趙光祖가 화를 당한 것도 표면적으로는 붕당을 지었다는 데 있었기 때문에 이준경의 차자는 조정을 크게 긴장시켰다.

신구 세력 사이의 대립과 분열도 문제였지만, 이준경이 근본적으로 우려한 것은 특정 세력을 중심으로 붕당이 결성되는 사태였다. 그 특정 세력이란 바로 인

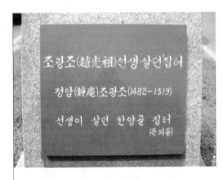

조광조 집터. 서울시 종로구.

순인順 왕후의 동생으로서 척신을 대표하던 심의겸과 사림의 중망을 받고 있던 이이였다. 그러나 심의겸은 이준경이 근거도 없이 붕당이란 말을 지어내 임금의 마음을 현혹시키고 있다고 반박했다. 후배 사림인 이이도 처음에는 이준경을 어진 정승으로 존경했으나 그 또한 이준경에 대해 강도 높은 비판을 가했다.

"이준경이 머리를 감추고 형상을 숨겨 귀신처럼 지껄였다. 이준경의 말은 시기와 질투, 그리고 음해의 표본이다."

그러나 이준경은 도학道學을 하는 선비를 좋아하지 않았고, 그 자신이 체제 유지적인 성향을 갖고 있었기 때문에 개혁 지향적인 후배 사림들과는 화합될 수 없었다. 이준경이 결정적으로 후배 사림들에게서 인심을 잃게 된 계기는 이황을 '산금야수山禽野獸'에 비유한 일에서 비롯되었다. 말 그대로 날짐승이나 들짐승처럼 길들이기 어렵다는 뜻으로, 퇴계退溪 이황이 나오기 어려워하고 물러나기 잘하는 것을 풍자한 말이었다.

이준경의 차자는 붕당을 타파하자는 뜻에서 나왔으나 이이가 심하게 공박한 까닭은 이준경의 말로 인해 임금이 사림을 지나치게 의심하지 않을까 우려한 때문이었다. 또다시 사림들에게 화가 미치지 않도록 미연에 방지하기 위해

│ 새로 발견된 이황 초상

서라도 이준경을 공격할 필요가 있었던
것이다.

　삼사에서도 들고 일어나 이준경을 처벌
하자고 청했다. 물론 이준경을 두둔하는
대신들도 있어, 좌의정 홍섬은 이준경의
강직함과 식견을 칭찬하며 그의 차자가
나라를 근심하는 마음에서 나왔을 것이라
고 변명해 주었다. 후배 사림들이 이준경
을 혹독하게 비난한 반면, 대체로 선배 사
림들은 이준경을 비호하는 쪽이었고 선조
역시 끝내 이준경을 죄주지는 않았다.

어진 재상 홍섬 묘비.
경기도 화성시 서신면 흥법리.
「대광보국숭록대부 의정부
영의정 겸영경연 홍문관 예문관
춘추관 관상감사 증시 ○○홍공지묘.
정경부인 청주한씨 부좌」

동서 분당의 기폭제 심의겸과 김효원

　그러나 이준경의 유언은 이이의 말처럼 결코 음해의 표본이 아니
라, 오히려 선견지명이라 해야 옳았다. 이준경의 예견대로 사림들
은 1575년(선조 8)에 이르러 마침내 동인과 서인으로 갈라졌기 때
문이다. 이를 을해붕당乙亥朋黨이라고 한다. 이준경이 붕당의 조짐
을 예고해 조정에 파문을 일으킨 지 3년만의 일이었다.

　동서 분당의 기폭제는 이조정랑 자리를 둘러싼 심의겸과 김효원
金孝元의 알력에서 비롯되었다. 문무관의 인사 행정을 담당했던 이
조와 병조의 정랑과 좌랑을 통칭하여 전랑이라고 하는데, 문관을

중시하던 조선 시대에는 당연히 이조의 정랑(정5품)과 좌랑(정6품) 쪽이 더 중시되었다. 특히 이조정랑은 품계는 그리 높지 않았지만 청환淸宦과 요직要職 중 으뜸가는 직책이었다. 이조정랑은 문관의 인사와 관련해 정승과 판서를 제재할 수 있는 권한이 있었다. 또 언론 삼사인 사헌부, 사간원, 홍문관의 청·요직을 추천하고 재야인사에 대한 추천권을 가지는 등 여러 가지 특권이 있었다. 이처럼 인사권과 언론권이 집중된 직책이기 때문에 전랑직 중 특히 정랑을 누가 차지하고 있는가에 따라 권력의 향배가 결정될 수 있었고, 따라서 그 자리를 놓고 쟁탈전이 치열할 수밖에 없었다.

당시 이조정랑 오건은 자신의 후임으로 김효원을 추천했다. 그런데 김효원에 대해 심의겸이 이의를 제기하고 나왔다. 당시 재상층을 위시해 구세력을 대표하던 인물이 심의겸이고, 김효원은 새로 부상하는 신진 세력의 구심점이었다. 심의겸이 김효원의 통청을 막은 근본적인 이유는 바로 김효원을 중심으로 한 신진 세력이 언관으로서의 권리를 갖게 될 가능성을 차단하기 위해서였다.

심의겸은 표면적으로는 김효원이 일찍이 명종조의 권신인 문객門客이었다는 점을 들어 반대했다. 그 당시 김효원은 과거에 급제하기 전이었으나 문장으로 이름이 꽤 이름이 나 있었다. 그러나 심의겸은 문학 하는 선비로서 권세 있는 집의 자제들과 함께 거처하는 김효원을 내심 비루하게 여기고 있었다. 그 후 김효원은 알성시謁聖試에 장원으로 합격해 능력 있는 인물로 이름이 점점 높아졌고, 몸가짐이 청백하고 맡은 일도 잘 처리하여 신진 사류의 모범이 되었다.

윤원형과 뒤편 정난정 묘소. 경기도 파주시.

윤원형 서첩 정난정 묘비.
「초계정씨난정지묘」

김효원이 윤원형의 집에 한때 머물렀던 것은 사실이며, 또 일설에는 그의 장인 정승계鄭承季가 윤원형의 첩 정난정鄭蘭貞의 아버지 청계군淸溪君 정윤겸鄭允謙의 조카였기 때문에 공부를 위해 그곳에 기숙한 것이라고도 한다. 심의겸 일파를 제외한 대부분의 사림들은 김효원의 결백을 인정해 이조정랑 임용에 하등의 결격 사유가 없다고 생각했고, 김효원은 심의겸의 방해 공작에도 불구하고 1574년(선조 7) 이조정랑에 올랐다.

이조정랑이 된 김효원은 청렴한 선비들을 많이 진출시키고 일 처리도 깔끔해 신진 사류의 중심이 되었다. 한편 김효원은 마음속으로 심의겸을 대수롭지 않게 여겼고, 심의겸을 정치 일선에서 가장 먼저 배제해야 할 척신과 다름없다고 생각했다.

심의겸은 영의정을 지낸 심연원의 손자이며 명종의 비 정순貞純왕후의 동생이었으며, 명종조의 권신 이량李樑이 그의 외삼촌이었다. 그런 심의겸이 비록 이량에 맞서 사림들을 적극 보호해 신망을 얻었지만 척신이라는 인상은 결코 탈피할 수 없었다. 천신만고 끝에 이조정랑의 자리에 오른 김효원은 심의겸을 두고

"미련하고 성질이 거치니 크게 등용할 수 없다."

는 인신 공격적 발언까지도 서슴지 않았고, 둘 사이 반목의 골은 깊어졌다.

그 즈음 심의겸의 동생 심충겸沈忠謙이 문과에 장원급제를 한 이후 김효원의 후임으로 이조정랑 자리에 추천되자 김효원은 다음과 같은 말로 비난했다.

"전랑이 외척 집안의 물건인가? 어째서 심씨 문중에서 반드시 차지해야 한단 말인가?"

이 말을 들은 심의겸 또한

"외척이 원흉의 문객보다는 낫지 않은가."

라고 비아냥거렸으며, 이조전랑 자리를 놓고 또다시 파란이 일기 시작했다.

김효원은 이중호李仲虎의 아들 이발李潑을 자신의 후임으로 추천해 버렸고, 이에 심의겸 일파는 김효원이 심의겸에게 원한을 품고 보복하려 한다며 김효원을 소인으로 지목했다. 반면 김효원 일파는 심의겸이 김효원을 해치려 한다고 몰아붙였다.

그리하여 사림은 심의겸과 김효원을 중심으로 선후배로 갈려 당파가 나뉘게 되었다. 이때 김효원의 집은 한양 동쪽의 건천방乾川坊에 있었고, 심의겸의 집은 서쪽인 정릉동貞陵洞(구 러시아 공사관 자리)에 있었기 때문에 김효원을 따르는 이들에게는 동인, 심의겸을

이광정 묘비. 경기도 파주시 조리면.
「충근정량효절협책호성공신 보국숭록대부 연원부원군 겸 이조판서 지춘추관사 판의금부사 오위도총부도총관 이공휘광정지묘.
증 정경부인 청송심씨 정경부인 양천허씨 부좌」

따르는 이들에게는 서인이란 명칭이 붙게 된 것이다.

동인들은 대체로 이황과 조식의 문인들로서 나이가 젊고 학행과 절개가 있는 인물들이 많았다. 동인의 영수로 추대된 허엽許曄은 선배 사림에 속하는 인물이었지만 유성룡, 우성전禹性傳, 김성일金誠一, 남이공南以恭, 김우옹, 이발, 이산해李山海, 송응개宋應漑, 허봉許篈, 이광정李光定, 이원익李元翼, 홍가신洪可臣, 이덕형李德馨 등 소장파 인사들이 동인의 주축을 이루고 있었다.

서인은 허엽과 대립하던 박순朴淳을 영수로 해서 결집되었는데, 허엽과 박순은 처음에는 함께 화담花潭 서경덕徐敬德의 제자였다가 이때 와서 갈라서게 되었다. 서인에는 이이와 성혼成渾의 제자들이 많았다. 정철鄭澈, 신응시申應時, 정엽鄭曄, 송익필宋翼弼, 조헌趙憲, 이귀李貴, 황정욱黃廷彧, 김계휘金繼輝, 홍성민洪聖民, 이해수李海壽, 윤두수尹斗壽, 윤근수尹根壽, 이산보李山甫 등이 서인의 주축이었다.

이해수 묘소. 경기도 양주시 남면에 아버지 영의정 이탁과 함께 위치.
「증 자헌대부 이조판서 겸 지경연 의금부 춘추관 성균관사 홍문관대제학 예문관대제학
세좌 좌빈객 통정대부 승정원 도승지 지제교 겸 경연 참찬관 춘추관 수찬관 예문관 직
제학 상의원정 약포 전의이공해수지묘. 정부인 동래정씨 부」

황희 후손 황정욱 신도비각.
경기도 파주시 탄현면 금승리.

분열에 대해 율곡 이이가 제시한 조정안

동인과 서인으로 분열이 가시화되자 율곡 이이는 극단적인 대립
을 막기 위해 조정안을 제시하기에 이른다. 이준경의 유언을 저주
와 음해의 표본으로 간주하긴 했지만 상황이 이렇게 되고 보니 이

이 역시 책임을 면할 길이 없었던 것이다. 이이는 우의정 노수신에게 다음과 같이 권하였다.

"심의겸과 김효원 두 사람은 모두 학문하는 선비들이니 흑과 백, 사邪와 정正으로 구분할 수 없소. 또 틈이 벌어졌지만 정말 서로 해치려는 것도 아니오. 다만 말세의 풍속이 시끄럽고 말이 많아 뜬소문으로 이간질을 해 조정이 조용하지 못하므로 두 사람을 외직으로 내보내어 뜬 의견을 진정시켜야 하겠으니, 대감이 경연에서 그 사유를 말씀드려야 하겠소."

선조는 이를 허락하였고 김효원은 경흥慶興 부사로 심의겸은 개성開城 유수로 임명하였다. 그러나 이것은 김효원의 입장에서 보면 심의겸에 비해 불리한 조치였다. 이이는 멀고 가까운 것이 차이가 있으니 김효원을 가까운 곳으로 옮겨 주자고 했고, 노수신도 김효원에게는 늙은 어머니가 있으니 멀리 보낼 수 없다고 했다. 그리하여 다시 김효원은 삼척三陟 부사로, 심의겸은 전주全州 부윤으로 발령받았다.

이 일로 동인은 이이가 서인을 편든다고 하고, 서인은 노수신이 동인을 편든다고 불평했다. 그러나 이이가 김효원을 외직으로 내보낸 것은 그를 따르는 사람이 많아 세력이 강성해질까 우려해서였다. 그런데 일단 김효원이 외직으로 쫓겨 가자, 서인들은 그의 잘못을 추궁하는 데 여념이 없었다. 이이가 이를 말리고 양편을 조정하려고 애썼지만 양편에서는 도리어 이이가 모호하고 분명하지 않다고 불평했다.

이이는 김효원을 명예를 아는 사람으로 보았고, 심의겸은 외척 중에 좀 나은 사람으로 보았다. 그런 한편으로 김효원에게는 선배들을 배척하고 억누르려 한 잘못이 있고, 심의겸은 이들을 포용하지 못한 잘못이 있다고 생각했다.

동인에는 청명한 젊은 선비들이 많았고, 서인에는 나이든 선배들 몇몇 외에 인망 있는 이들이 많았다. 때문에 당시는 동인이 성하고 서인이 약한 편으로 동인이 우세하게 되자, 별별 사람들이 다 동인에 붙어 동인이 옳다고 떠들어댔다.

이에 이이는 동인이 우세할 때에는 동인을 눌러야 서인과 세력 균형을 이룰 수 있다고 판단해 동인을 억제하려고 했다. 이때 서인은 김효원을 외직으로 보내자고 한 이이를 자기네 편이라고 생각했으나 김효원을 내보낸 후 서인이 심하게 동인을 공격하자 이이는 다시 이를 말렸다. 그러자 이번에는 서인이 이이를 원망하기 시작했고 이이는 더 이상 조정에 머물러 있어서는 안 되겠다는 결론을 내렸다. 이이는 송별하는 자리에 모인 이발, 송대립宋大立, 어운해魚雲海, 허상, 안민학安敏學 등에게 이렇게 말하였다.

"지금 내가 정론定論을 말하려 하니 제공들은 들어 보게. 권세 잡은 간신奸臣들이 조정을 흐리고 어지럽게 한 지가 오래되었는데, 그것을 꺾고 숙청하여 선비들이 공론을 펴게 한 것은 심의겸 등의 공이 아닌가? 김효원이 나랏일을 하려면 마땅히 거실巨室의 마음을 잃지 않아야 할 것이다. 그런데도 김효원이 전배前輩(선배)들을 배척하고 억제해 전배들로 하여금 분한 마음을 가지게 해, 사림이 날로 서로 대립하기에 이르렀다. 이에 공론이 김효원을 제재해 외직으로 나가게 했고, 이만하면 적당한데도 오히려 그를 심히 미워하고 공격했으니 이것은 전배의 죄이다. 지금부터라도 서로 의심해 간격을 두지 말고 마음을 터놓고 정리해 나간다면, 다시 무슨 일이 있겠는가? 그렇지 않으면 조정의 근심이 끊이지 않을 것이다."

철저한 양비론兩非論이자 양시론兩是論이었다. 이이는 힘닿는 데까지 동인과 서인의 다툼을 조정해 보려고 하였으나 그가 물러난 뒤 동인과 서인은 더 이상 조정할 수 없는 지경에 이르고 말았다.

직언으로 생사가 오간 사람들

조선 시대 대간들은 국왕에게 시중의 민심을 바르게 전하기 위해

김자점이 위전을 주조하면서 수하인들을 망보게 했다는 풀무골. 서울시 마포구.
김자점은 인조 반정공신으로 인조 후궁 폐 조 귀인의 딸 효명 공주를 손부로 맞아 온갖 간교를 부리다 반역 인사가 되었다. 인조의 묘지(지석) 관계를 청나라에 밀고하기도 했으며 수양 대군 때 밀고자 김질의 후손이다.

목숨까지 걸었다. 사대부만이 정치의 주체였던 조선과 전 국민이 정치의 주체인 현재의 상황을 그대로 비교할 수는 없을 테지만 조선 시대 대간들의 모습에서 오늘날의 교훈을 찾아볼 수 있을 것이다.

1654년(효종 5) 황해도黃海道 관찰사 김홍욱金弘郁이 국왕의 구언求言에 응해 상소를 올렸다. 그는 이조좌랑 시절 권신 김자점金自點과 뜻이 맞지 않자 사직할 정도로 강직한 사대부였다. 김홍욱은 효종이 잇따른 재변에 널리 구언하자 상소로 답하였는데 결국 자신의 목숨을 빼앗겨야 했다. 그 상소에는 일종의 금기였던 강빈姜嬪의 옥사獄事를 거론해 문제가 되었던 것이다. 김홍욱의 상소를 본 효종은 경악했다. 강빈은 바로 8년 전 부왕 인조에 의해 사형당한 자신의 형수였고, 인조에 의해 독살당한 비운의 왕세자 소현 세자의 부인이었다. 인조는 소현 세자를 독살한 후 강빈까지 죽여 버렸던 것이다. 결국 강빈의 문제는 효종 자신의 정통성 문제에까지 닿아 있기 때문이었다.

강빈의 옥사를 당시에는 '강옥姜獄' 이라 불렀는데 사건 당시부터

인조의 맏아들 소현 세자 묘비.
경기도 고양시 서삼릉에 위치.

민회빈 강씨 묘소.
소현 세자의 배위이자
우의정 강석기의 딸.
경기도 광명시.

강빈이 억울하게 죽었다는 여론은 팽배했다. 그러나 세자와 세자빈이 죽어 나가는 상황이니 다들 입을 다물고 있었던 것이다. 이 사건을 김홍욱의 주장대로 재심해 강빈이 무죄임이 드러날 경우 살아 있는 아들의 문제는 어쩔수 없이 불거지게 되어 있었다.

강빈이 억울하게 죽었다는 것이 인정될 경우, 그에게 씌워졌던 역적이란 누명이 벗겨지는 것은 물론 당시 살아있던 소현 세자의 아들이 왕위를 이어야 하는 것이 아니냐는 여론이 조성될 수 있었다. 때문에 효종은 강경하게 대응했고 김홍욱을 체포해 국문했다. 그러나 김홍욱은 모진 고문 속에서도 굴복하지 않고 대신과 삼사를 향해 부르짖었다.

"어찌하여 말하지 않는가! 어찌하여 말하지 않는가! 옛날부터 말한 자를 죽이고도 망하지 않은 나라가 있었습니까? 신은 관용봉關龍逄, 비간比干*과 더불어 지하에서 함께 놀겠습니다. 내가 죽거든

* 비간比干 : 관용봉關龍逄은 하夏나라 걸왕桀王의 무도함을 간하다 피살된 인물이고, 비간比干 역시 은殷나라 주왕紂王의 무도함을 간하다 살해된 인물이다.

내 눈을 빼내어 도성 문에 걸어 두면 국가가 망해 가는 것을 보겠습니다."

김홍욱은 결국 곤장을 맞다 죽었는데 『효종실록』의 사관은 이렇게 평하였다.

〈(김홍욱이 강옥의) 의심스러운 단서를 소장으로 올려 그 원통함을 풀어 주려 한 지 오래였는데 이때에 와서 분부에 따라 진언했다가 마침내 억울하게 죽음을 당하니 듣고 슬퍼하지 않는 이가 없었다.〉

김홍욱이 효종에게 올린 상소는 응지應旨 상소였다. 조선은 천재지변이 발생하면 백성들의 억울한 원한 때문에 하늘이 노한 것으로 받아들였기에, 그 억울함을 풀어주기 위해 임금은 자주 신하들에게 구언하였다. 구언에 응해 올리는 상소가 응지 상소로서 이때는 그 내용이 아무리 강경해도 처벌하지 않는 것이 관례였다.

그런데 김홍욱은 바로 그 응지상소를 올렸음에도 목숨을 잃은 것이다. 효종이

"모든 일을 숨김없이 다 말하라. 말이 비록 거칠거나 참람하더라도 나는 죄를 주지 않을 것이다."

라고 구언해 놓고 김홍욱을 처벌하는 것에 대해 여론이 들끓었으나 효종이 워낙 강경해 구할 도리가 없었다. 김홍욱이 장사杖死한 뒤로 다시는 강빈의 말을 입밖에 꺼내는 사람은 없었다.

그러나 5년 후인 1659년(효종 10) 이조판서 송시열은 이른바 기해독대己亥獨對 때 다시 이 문제를 꺼냈다. 임금과 단 둘이 있는 자리에서 송시열은

"강빈의 옥사 때문에 사람들의 마음에 불평이 있는 것을 어떻게 생각하십니까?"
라고 정면에서 물은 것이다.

효종은 금기 사항을 면전에서 다시 꺼내는 송시열의 태도가 큰 불만이었지만, 이때는 5년 전처럼 과격한 처벌을 할 수 없었고, 자신의 입장에 대해 변명하는 수밖에 없었다. 이처럼 언로는 제도로서만 보장되는 것이 아니라 때로는 지존至尊인 임금에게까지 목숨을 건 투쟁을 통해서 누릴 수 있는 것이었다.

당명을 좇는 신하들

정조正祖가 즉위한 후 남인 채제공蔡濟恭을 우의정에 발탁하는 등 남인들을 우대하는 조짐을 보이자 이에 고무된 영남의 남인들은 상소문과 자신들이 이인좌李麟佐에게 동조하지 않았다는 내용을 담

채제공 신도비각. 경기도 용인시.

은 「무신창의록戊申倡義錄」을 갖고 대궐로 올라갔으나 노론이 장악한 승정원은 상소 봉입 자체를 거부했다.

남인들은 1788년(정조 12) 8월부터 세 달 이상 대궐문 앞에 꿇어엎드렸으나 노론이 장악한 승정원은 끝내 이들의 여론을 무시했다. 이들은 그해 11월 5일 정조가 효창묘孝彰廟에 행행幸行하는 틈을 타 신문新門 밖에서 대전별감을 통해 겨우 상언할 수 있었다. 이런 우여곡절 끝에 상소문과 「무신창의록」을 읽은 정조는 이렇게 말했다.

"그대들이 여러 달 동안 대궐문 앞에 꿇어앉아 있었음에도 불구하고 봉소를 거절한 승정원에 책임을 묻겠다. 영남이 이인좌의 난에 일부 가담한 것은 몇몇 흉도들만의 소행인데 이로 인해 영남 일도一道를 어찌 다 버릴 수 있겠는가? 영남을 이인좌 난의 소굴이라 한다면 서울에도 역적이 많이 나왔으니 서울을 모두 반역의 소굴로 삼아야 하겠는가?"

정조가 「무신창의록」의 간행을 명하자 노론이 장악한 대신들은 물론 시신侍臣들인 승지, 사관들까지 항명하는 태도를 보였다. 이에 정조는 화가 나서 외쳤다.

"오늘날 조정에 임금이 있는가, 신하가 있는가? 윤리와 강상이 있는가, 국법과 기강이 있는가?"

당쟁이 격화되면서 신하들은 임금의 신하가 아니라 당수의 신하였고, 왕명이 아니라 당명을 좇는 당인들이었으며 국론보다 당론을 더 우위에 두게 되었다.

왕권까지 당쟁의 대상으로 삼게 된 조선 후기

조선 후기에 이르면 당쟁이 왕위 계승 문제에까지 개입하는 등 말기적 증상을 드러내게 된다.

거유巨儒 송시열이 83세의 나이로 사형당하게 된 배경도 왕위 계승 문제에 개입한 때문이었다. 숙종肅宗은 재위 15년 만에 희빈禧嬪 장張씨에게서 고대하던 왕자가 탄생하자 이 갓난아이를 원자元子로 책봉하고 종묘宗廟에 고묘告廟까지 마쳤다. 그런데 송시열은 이것이 부당하다는 상소를 올리다 끝내 사약을 마시게 되었다.

송시열이 죽음을 무릅쓰고 원자의 책봉을 반대하는 상소를 올린 이유는 희빈 장씨가 자신과 반대 당파인 남인 출신이기 때문이었다. 남인 집안 여인의 몸에서 난 왕자가 왕위에 오르게 둘 수 없다는 생각에서 극력 반대한 것이다.

그러나 희빈 장씨 소생의 아들은 끝내 즉위해 임금이 되었는데 그가 바로 경종景宗이다. 그러자 경종을 반대했던 노론에서는 경종의 이복동생인 연잉군延礽君(영조英祖)에게 정권을 주기 위해 경종

우암 송시열 묘소.
충북 괴산군 청천면.
「유명조선 좌의정 문정공
우암송선생묘.
정경부인 이씨 부좌」

에게 왕세제 책봉을 윽박질러 왕세제가 되게 하고 대리청정까지 시켰다. 이렇게까지 왕권을 빼앗으려 했던 노론은 소론의 강경파였던 김일경金一鏡의 반격에 밀려 실권하게 된다.

1721년(경종 1) 천재지변이 거듭되어 임금이 구언하자 김일경은

"삼강三綱 중 군위신강君爲臣綱이 으뜸이며 오륜의 첫머리는 군신유의君臣有義입니다."

라며 세제의 대리청정을 주장한 노론 4대신을 역적으로 몰면서 모두 법으로 처단하자고 주장하였다. 결국 영의정 김창집金昌集, 영중추부사 이이명李命 등 노론 4대신은 사형당하게 되었다.

당론이 격화되면서 신하들이 넘봐서는 안 되는 왕권까지 당쟁의 대상으로 삼았고, 그 결과가 노론 4대신의 죽음이라는 비극으로 나타났던 것이다. 결국 경종 독살설 끝에 영조가 집권한 뒤 이번에는 김일경이 사형당하고 말았는데, 이 역시 원칙을 잃은 당쟁의 비극이었다. 당쟁이 격화되면서 언관들도 공론이 아니라 당론을 주장하게 되었고 조선의 사대부 그 누구도 더 이상 언관들이 공정하다고 믿지 않게 되었다.

당쟁은 끝내 반대당의 언로 자체를 봉쇄하는 전제정치로 흐르게 되었다. 1728년(영조 4) 소론의 강경파 이인좌가 일부 남인과 함께 경종을

김창집 묘비. 경기도 여주시.

독살한 원수를 갚는다는 명분으로 일으킨 이인좌의 난 이후 남인들의 고장인 영남 사람들은 과거 응시 자체가 봉쇄되는 사태까지 되었다.

1498년(연산 4) 김일손 등 신진 사류가 유자광土柳子光을 중심으로 한 훈구파勳舊派에 의해 화를
입은 것을 무오사화라 일컫는다. 이는 사대사화四大士禍 중 첫 번째로 일어났던 사화이다.

그러나 더 근본적인 원인은 향촌 사회의 질서 확립 문제를 둘러싼 이해관계의 상충이었다. 신구
대립인 신진 사류와 훈구파의 갈등이 사상적·정치적인 이념의 차이나 감정적인 반목이 전부가
아니라, 현실적인 사회 모순의 필연적인 귀결이었다는 것이다.

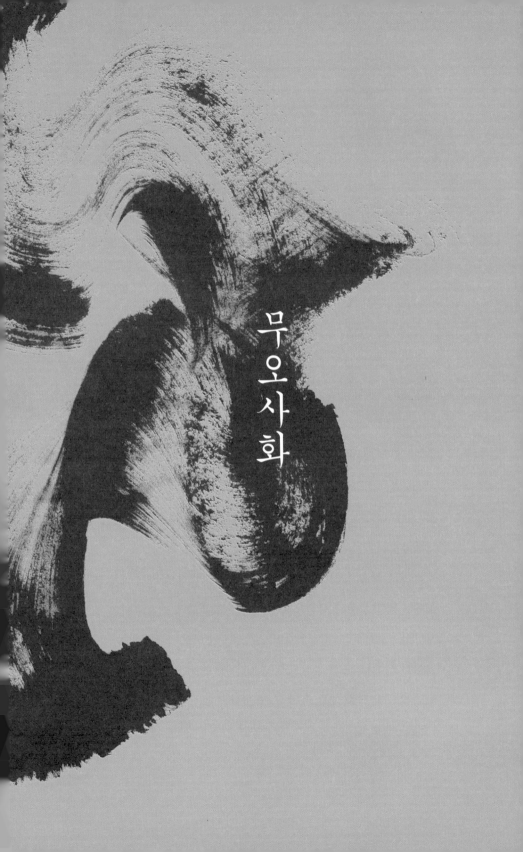

무오사화

무오사화

모순을 해결하기 위한 충돌

1498년(연산 4) 김일손 등 신진 사류가 유자광柳子光을 중심으로 한 훈구파勳舊派에 의해 화를 입은 것을 무오사화라 일컫는다. 이는 사대사화四大士禍 중 첫 번째로 일어났던 사화이다.

그러나 더 근본적인 원인은 향촌 사회의 질서 확립 문제를 둘러싼 이해관계의 상충이었다. 신구 대립인 신진 사류와 훈구파의 갈등이 사상적·정치적인 이념의 차이나 감정적인 반목이 전부가 아니라, 현실적인 사회 모순의 필연적인 귀결이었다는 것이다. 세종世宗 대 이후 사전私田의 증가에 따른 토지 사유화의 진행은 과전법의 모순을 드러냈으며, 관인官人 지배층의 토지 겸병은 일반 서민의 경제 상황

탁영 김일손 글씨

유자광 묘와 문관석. 전북 남원시 주천면 은송리.

을 압박하고, 나아가 신진 사류까지 위협하게 되었다.

기성세력인 훈구파는 인척과 정실 등에 따른 벌족을 형성하고, 정권을 휘두르며 신진 사류의 진출을 음양으로 배제하고 있었다.

따라서 이러한 현실 사회의 모순에 직면하여 그 부조리를 개혁하려는 사림파와 옛 질서를 고수하려는 훈구파 사이의 충돌은 필연적인 귀결이었다. 성종成宗이 김종직 일파의 신진 사류 인사를 등용하여 유교적인 왕도정치를 펴려 한 것도 실질적으로는 사회적 모순과 불합리성을 제거해야만 한다는 시대적 요청을 느끼고 있었던 것이다.

성종 즉위 후 특채로 중앙 관계에 진출한 김종직과 그 문인들은 1484년(성종 15) 무렵부터 『주례周禮』의 향사례와 향음주례의 시행 보급을 목적으로 세조 대에 혁파된 유향소留鄕所 제도를 부활할 것을 건의했다. 이 제도를 부활하여 그 시행의 중심기구로 삼고자 했던 것이다.

유향소 제의는 훈구 대신 계열의 반대로 5년 가까이 지연되다가 1488년(성종 19)에야 비로소 채택되었다. 그렇지만 사림파의 기반이 강한 몇 지역 외 대부분 지역의 유향소에서는 향사례, 향음주례는 실행하지 않고 오히려 중앙 권신들의 지방 사회 수탈의 하부 조직으로 악용되는 경우가 대개였다. 현직 지방관을 위압적으로 사주해 해당 지역 내의 결탁적인 토호들이 유향소를 장악하도록 만들어 기존의 경재소京在所 제도로 조정하였던 것이다.

유향소 복립 운동이 이와 같이 본래 의도와는 전혀 다른 결과를 가져오게 되자 사림파는 지방에서는 사마소司馬所란 독립 기구를 만들어 대항하는 한편, 중앙에서는 권신들의 비리를 맹렬히 비판하였다.

무오사화는 이러한 상황을 배경으로 김일손의 스승인 김종직이 쓴 〈조의제문〉을 사초에 올린 것이 직접적인 계기가 되어 발단하였다. 궁지에 몰린 훈신과 척신은 김종직의 〈의제를 조상하는 글〉을 빌미로 역공을 가하게 되었던 것이다. 또한 훈구파 이극돈이 세조

이극돈 묘소(좌)와 묘비(우). 경기도 성남시 하대원동.
「숭록대부 의정부 좌찬성 좌리공신 광원군 시 익평 사봉선생 광주이공극돈지묘.
배 정경부인 안동권씨 부좌」

의 비 정희貞熹 왕후의 국상 때 전라全羅 감사로 있으면서 장흥長興 기생과 어울렸다는 불미스러운 사실을 실록에 올린 것 또한 신진 사류에 대한 참혹한 박해를 빚어낸 결과가 되었다.

서얼 유자광의 현실에 대한 불만

대신들 사이에 두드러진 반목과 대립을 가진 것은 앞서 밝혔듯 기성세력인 훈구파와 신진 세력인 사림파였다. 훈구파는 대개 세조 때부터의 총신寵臣과 공신功臣, 어용학자로서 관작官爵이 높은 신하들이었다. 말하자면 이들은 조정의 굳은 기반을 가진 세력이었고 사림파는 문장과 경술經術로 이름난 영남의 점필재佔畢齋 김종직의 문하에 모였던 문인들이었다. 이들의 후예가 연산군 때까지 이어져 반목과 갈등을 일으킨 것이다.

까닭은 이러했다. 영남의 사림파가 서울에 와서 벼슬하기는 선왕인 성종 때부터였다. 영남파의 중심인물인 김종직은 성종의 두터운 신임을 받았고, 그런 연유로 그의 문인들까지도 벼슬자리에 많이 오르게 되었다.

대의명분大義名分을 존중하는 김종직과 신진 사류들은 단종을 살해하고 즉위한 세조를 탐탁하게 여기지 않고 정인지 등 세조의 공신들을 폄하하였다. 그리고 대간臺諫의 직책을 이용해 세조의 잘못을 지적하고 세조의 공신을 제거하고자 계속 상소하여 그들을 자극하였다. 또한 훈구파는 훈구파 대로 야생의 사림파를 경박한 무리

남이 집터. 서울시 종로구.

라고 은근히 질시해, 그들은 사사건건 서로의 의견에 대립하는 입장을 취했고 이런 가운데 반목은 더욱 극렬해졌다. 한편 유자광은 김종직이 자신을 남이南怡를 무고誣告로 죽인 자라 하여 멸시하고, 김종직이 함양咸陽 군수로 부임하여 자신의 시가 현판된 것을 철거하여 소각한 일로 김종직에게 원한을 품고 있었다. 또 김종직의 문하생 김일손도 춘추관의 사관으로서 훈구파 이극돈의 비행을 직필하여 서로 갈등이 있었다.

유자광은 부윤 유규柳規의 아들로 건장하고 재주와 용기, 수완이 뛰어난 사람이었다. 학문의 이치를 강론하는 데도 누구에게나 지지 않을 만한 깊이가 있었고 시문도 능했으며, 활도 잘 쏘고 말을 달리는 데도 남보다 앞서는 문무를 겸비한 인물이었다. 그러나 유자광은 서얼庶孼이었기 때문에 뛰어난 재주를 가지고 있으면서도 출세가 늦을 수밖에 없었다.

세조 때 북쪽 야인 정벌의 경우만 해도 그랬다. 이때 강순康純이

대장군이 되고, 남이가 우장군이 되고, 유자광이 종사관이 되어 야인을 정벌했는데 강순과 남이는 원훈元勳이 되었으나, 유자광은 차훈次勳에 그쳤다. 공적은 오히려 유자광 편이 강순과 남이를 능가했으나 그는 서출이었기 때문에 차훈으로 떨어진 것이다. 차훈에 이른 것도 세조의 특별한 호의에 의한 것이었다.

유자광의 현실에 대한 불만은 여기에서 비롯되었다. 강순은 군사에 대한 경험도 많고 나이도 자기보다 훨씬 많은 일흔 살의 원로이니 원훈이 된 것을 인정한다 해도, 남이는 자신보다 어리고 재주도 부족했다. 그럼에도 원훈이 되고, 약관 28살로 병조판서가 되어 대감이라는 칭호를 듣게 된 것이다. 그것은 남이가 태종의 외증손이자, 세조를 도와 혁명에 성공한 권람의 사위인 까닭에 그렇게 된 것이라 생각한 유자광의 불만은 커져갔다.

반면 남이는 병조판서가 되자 자신보다 활약이 뛰어났던 유자광을 무시하였고, 유자광은 결국 남이를 제거할 뜻을 품었다. 그러던 중 유자광은 남이가 야인을 정벌하고 돌아올 때 지은 호활한 시구로 화근의 꼬투리를 잡았다.

白頭山石磨刀盡 백두산석마도진
豆滿江水飮馬無 두만강수음마무
男兒二十未平國 남아이십미평국
後世誰稱大丈夫 후세수칭대장부

백두산 돌은 칼을 갈아서 없애고

두만강 물은 말에게 먹여 없애니

남아 이십에 나라를 평정치 못하면

누가 후세에 대장부라 이르리.

이 시를 변조한 유자광은 남이가 역모를 꾀했다고, 예종에게 고해바치기에 이른다. 또 남이가 대궐에 입직을 하고 있을 때 혜성이 나타나자, 유자광은 이것도 남이가 역모를 꾀하고 있기 때문에 이변이 일어난 것이라고 예종에게 모함하였다.

유자광의 고변을 받은 예종은 불안함에 그 말을 믿고 그대로 남이를 잡아 극형에 처하였고, 유자광은 역모를 고변하였다 하여 정난공신靖難功臣의 작위를 내리고 무령군武靈君에 봉하였다.

훈구파 유자광과 사림파 김종직의 갈등

이 일로 인해 사림파의 김종직은 유자광을 혐오하며 유자광이라면 마치 짐승을 보듯 했다. 둘의 사이가 더 틀어지는 일이 또 하나 있다.

성종 때 김종직이 현재 경상남도 함양군에 있던 안의安義 현감으로 내려가 있던 때였다. 하루는 김종직이 공사公事로 바쁜 틈을 타서 함양에 나갔다가 그곳의 학사루라는 정자에 올랐다.

풍경을 구경하던 김종직이 현판懸板을 하나 보게 되었는데 그 현

김종직 초상화

판은 유자광이 쓴 것으로 함양의 아름다운 경치를 본 감상을 목판에 써서 걸어 놓은 것이었다.

김종직이 여러 사람이 써서 붙인 현판을 두리번거리며 읽어 보다가 유자광의 이름에 시선이 멎자 큰 소리로 통인을 불렀다. 정각 앞마루에 써 붙인 유자광의 시를 그대로 두지 않은 것은 김종직에게는 당연한 일이었다.

"얘, 통인아. 저기 저 유자광이라고 쓴 현판이 있지 않느냐? 그 현판을 떼어 버려라. 감히 유자광 같은 소인배가 내가 지키고 있는 고을 문루門樓에 시를 지어 붙이다니? 이 고을의 산수를 모욕하는 것이다."

경남 함양읍 학사루

이 소식은 유자광의 귀에 들어갔고, 유자광은 매우 불쾌해하며 앙심을 품었다. 그러나 유자광에게는 그 원한을 풀 기회가 좀처럼 없었다. 김종직의 벼슬이 형조판서에 올라 성종의 총애를 한 몸에 받고 있었기에 잘못하다가는 자신이 목숨을 잃게 될지도 모를 일이었다.

오히려 김종직에게 자신의 앙심이 알려질까 염려한 유자광은 김종직의 문하에 자주 드나들며 그에게 공손히 대했다. 심지어 김종직을 해동海東의 한유韓愈라고 하며 치켜세우기까지 했다.

드디어 김종직이 죽고, 유자광의 눈에 늘 가시였던 그의 문인 일파들을 뿌리째 뽑으리라고 단단히 마음먹을 무렵에 사림파에서 훈구파의 미움을 살 또 한 가지 일이 생겼다.

훈구파의 이극돈이 전라 감사로 재임하던 때의 일이었다. 세조의 왕비 정희 왕후 윤씨가 세상을 떠났다. 그런데 이극돈은 국상國喪 중에 지방 장관으로 있으면서 향을 올리지 않았을 뿐만 아니라 장흥의 관기를 불러 술까지 마셨다. 이것을 사림파의 김일손이 사관으로 있으면서 사초史草에 기록한 것이다.

사초란 사관이 후세의 역사를 위해 따로 적어 두는 것이다. 이것은 뒷날에 『승정원일기承政院日記』, 『경연일기經筵日記』등 각 관청의 일기와 대조하여 역사의 기록을 만드는 자료가 되기 때문에 다른 사람이 함부로 볼 수 없었고, 임금조차도 자기 시대의 사초는 볼 수 없게 되어 있었다.

그러므로 사관은 오로지 사실대로 기초해야만 했다. 김일손이 이

극돈을

〈지방 장관으로서 장흥의 관기를 불러 연락宴樂을 행한 것은 풍교
風教에 어그러지는 일〉

이라고 기록한 것도 이런 의미에서였다.

그런데 공교롭게도 1498년 『성종실록』을 편찬할 때 당사자인 이
극돈이 사국당상史局堂上이 되어 김일손이 기록한 사초를 보게 된
것이다. 거기에는 자신의 비행이 씌어 있었다. 만일 이것을 다른 사
람이 보거나 그대로 둔다면 자신은 영원한 죄인으로 망신을 당할
것이 뻔했다. 그리하여 이극돈은 체면 불구하고 김일손을 찾아가
그 기록을 없애 줄 것을 간청했으나 김일손은 한마디로 그 청을 거
절하고는 오히려 이극돈을 책망하였다.

"그대도 사관이 아닌가? 사관으로서는 사실 그대로 쓰는 것이 직
분이오. 사관으로서야 아무리 자신의 죄가 초해졌다 하더라도 어떻
게 한번 사초에 씌어 있는 기록을 고쳐 달라고 하오? 그러한 말을
두 번 다시는 하지 마시오."

이극돈은 망신만 당하고 되돌아 온 셈이었다. 이극돈은 생각할수
록 분노가 치밀었고, 아무리 생각해도 자신를 모욕하고 궁지에 몰
아넣자는 뜻으로 밖에 해석이 안 되었다. 이같이 생각한 이극돈은
그때부터 김일손을 원망했고 어떤 일이 있어도 보복하리라고 마음
먹었다.

이런 이극돈과 유자광에게 드디어 기회가 왔다. 이극돈이 김일손
의 사초에서 〈조의제문〉을 발견한 것이다.

조의제문

〈조의제문〉은 서두에서 밝혔듯 진나라 때 항우에 의해 폐위당해 죽은 초나라 의제義帝를 조상하는 글로, 김종직은 단종이 폐위되어 사사당한 사건을 비유하여 은근히 단종을 조위한 것이다.

지금으로부터 2천4백여 년 전 중국의 전국시대戰國時代에 진秦, 초楚, 연燕, 제齊, 한韓, 위魏, 조趙 일곱 나라가 강토疆土를 넓히기 위한 전쟁을 끊임없이 했다. 그러다 진나라의 정政이 왕위에 오르면서 부국강병책을 펼쳐 육국六國을 차례로 없애고 천하를 통일하였으니 이가 바로 진시황제이다.

그런데 육국을 통일한 진시황은 이후 글 하는 선비들은 이러쿵저러쿵 말이 많다 하여 다 잡아 죽이고, 글을 없애기 위해 책을 숨긴 자가 있으면 죽인다 하여 모든 책을 거둬 불태워 버렸으며, 오랑캐의 침입을 막는다고 만리장성을 쌓고, 황제의 위엄을 보이기 위한 목적으로 아방궁阿房宮을 짓는 등 자신만을 위한 왕국을 건설하기 시작했다. 백성들은 4, 5년씩 부역을 나가야 했으므로 농사를 짓지 못해 먹을 식량은 귀해졌고, 또 사고로 열에 여덟은 다치기 일쑤였다. 점차 백성들의 원성이 높아지자 진시황은 오가작통법五家作統法을 만들어 조정에 반하지 못하도록 주민들이 서로를 감시하고 고발하도록 백성들을 법의 사슬로 묶어 놓았다.

진시황이 죽은 뒤에도 그의 능묘를 축조하는데 3년의 부역을 더 시키고 죽은 진시황의 시종을 들게 한다는 이유로 시녀 1천여 명을 생매장하였다. 이어 등극한 진시황의 막내아들 호해胡亥는 주색에 빠져 자신의 뜻을 잘 맞춰주는 환관 조고趙高에게 정사를 맡겨버렸고, 조고는 자신에게 거슬리는 자는 사정없이 죽여 버렸다. 조정에는 아첨꾼들만 모이고 지방관들 역시 자기 호강에만 힘쓰게 되니 백성들의 생활은 전국시대만도 못하게 되었다.

이에 사방의 제후 영웅들은 진의 전제 통치에 반기를 들고 다투어 일어났다. 그들은 진나라를 무너뜨리고 따로 통일된 나라를 세우려고 했는데 그중에서도 항우와 유방劉邦이 도드라졌다. 이들 두 사람은 마음을 합하여 초나라 왕으로 있던 회왕의 자손을 의황제義皇帝라 하여 받들고 그에게 충성을 다하기로 맹세했다.

회왕은 유방을 패공沛公, 항우를 노공魯公이라 부르며 두 장수의 성공을 격려하기 위해 누구든지 진나라 서울에 있는 관중에 먼저 들어가는 자를 진나라 왕으로 할 것이라는 언약을 내렸다. 동서의 두 길 중 동쪽은 거리는 가까우나 산이 있어 길이 험했고 서쪽은 거리는 머나 길이 평탄하였으므로 두 사람은 제비를 뽑아 길을 택하게 되어 항우는 동쪽, 유방은 서쪽으로 나눠 진나라로 진격하였다.

항우와 유방은 회왕의 말을 믿고 관중에 먼저 들어가려고 사력을 다해 분투했다. 먼저 관중으로 들어간 사람은 유방이었다. 유방은 힘은 약했지만 마음이 너그럽고 인자해 부하 장졸들을 친형제와 같이 사랑했기에 따르는 이들이 많았다. 또 성城을 점령하면 먹을 것을 굶주린 백성들에게 나눠 주고 진나라 군사에게도 집에 가고 싶은 자는 가고 자신을 따를 사람은 따르라 하며 진나라의 부조리한 법을 없애니 백성들은 크게 환영했다. 이 말이 퍼지자 유방이 가는 곳마다 진나라 군사들은 몰래 빠져나와 항복하기 시작했고 유방은 큰 힘을 들이지 않고도 진나라에 입성해 진 황제의 항복을 받았다.

반면 성품이 잔인하고 조급한 항우는 왕이 될 욕심으로 사정없이 성을 공격하고 점령한 뒤에는 군사들은 물론 백성들까지도 반항하였다 하여 죽였다. 진나라 백성들은 어차피 죽을 바엔 끝까지 싸우다 죽을 결심으로 항거하니 항우의 행군은 지체되었고, 그가 진나라 서울에 도착했을 때는 이미 유방이 점령한 뒤였다.

이를 분하게 여긴 항우는 유방에게서 관중에 먼저 들어간 권리를 힘으로 양여받고 의제 앞에 나아가 진나라의 왕이 되기를 주장하였다. 그러나 의제는 항우의 주장을 거부하였고 분함을 참지 못한 항우는 의제를 죽여 강물에 던져버렸다.

김종직은 이와 같은 중국의 역사에 빗대어 아래의 〈조의제문〉을 지은 것이다.

〈정축년 1457년(세조 3) 10월 모일에 내가 밀양密陽에서 경산京山 (현 성주)으로 가다가 답계역踏溪驛에서 잤다. 그날 밤 꿈에 칠장복 七章服을 입은 키가 크고 인품이 있는 모습의 신인神人이 와서 "나는 초나라 회왕의 손자 심心인데 서초패왕西楚霸王(항우)에게 죽음을 당하여 빈강彬江(중국 남방에 있는 강)에 빠져 잠겨 있다"하고는 갑자기 사라져 버렸다. 나는 깜짝 놀라 잠을 깨어 생각하니 회왕은 남방 초나라 사람이고 나는 동이東夷(조선)의 사람이다. 땅이 서로 만 리나 떨어져 있고 시대가 또한 천여 년이나 지났는데 내 꿈에 나타나는 것은 무슨 징조일까. 또 역사를 상고하여 보아도 강물에 던졌다는 말은 없는데, 아마 초 패왕 항우가 사람을 시켜 비밀히 쳐 죽여 그 시체를 물에 던졌던 것인지 알 수 없는 일이다. …(중략)… 하늘이 사물과 법칙을 마련하여 사람에게 주었으니, 누가 그 사대四大와 오상五常*을 높일 줄 모르리오. 중화中華 사람에게만 넉넉하게 주고 동이 사람에게는 부족하게 준 것이 아니니, 어찌 옛적에만 있고 지금은 없으리오. 나는 동이 사람이고, 천년이나 뒤에 났는데도 삼가 초의 회왕을 슬퍼하노라. 옛날에 조룡祖龍(진시황)이 어금니와 뿔을 휘두르니 사해四海의 물결이 모두 피가 되었다. 비록 전어(전鱣), 상어(유鮪), 미꾸라지(추鰌), 고래(예鯨)인들 어찌 보존하리오. 그물에서 빠져 나오고자 하여 바쁘게 날뛰었다. 이때 6국의 후손들은 세력이 없어지고 딴 곳으로 피란하여 겨우 평민과 같이 지냈다. 항량項梁은 남국南國(초나라)의 무장武將 집안의 자손으로서 진승陳勝(진의 2세 황제 때 처음으로 반란을 일으킨 사람)에 뒤이어 난을 일으켰다. 회왕을 찾아내어 백성의 여망에 따랐으므로 멸망했던 초나라를 다시 보존하게 되었다. 건부乾符(왕위를 말함)를 쥐고 천자가 되었으니, 세상에서 미씨羋氏(초나라 사람의 성)보다 높은 사람이 없었다. 장자長者(유방)를 함곡관函谷關(중국의 지방 이름)에 들어가게 하니, 또한 인의仁義를 볼 수 있겠다. 양처럼 성내고 이리처럼 탐욕하여 관군冠軍(송의宋義의 군사를 말함)을 함부로 죽였

---

* 사대四大 : 노자 도덕경의 말로 도道, 천天, 지地, 왕王의 네 가지를 뜻하는 말.
  오상五常 : 인의예지신仁義禮智信들의 다섯 가지.

는데도 어찌 회왕은 그 항우를 잡아 처형을 시키지 않았는가. 아아, 형제가 그렇지 못하였으니 나는 회왕을 더욱 두렵게 여긴다. 길러 놓은 자에게 도리어 해침을 당하였으니 과연 천운이 어긋났도다. 침郴의 산이 험하여 하늘에 닿으니 햇빛이 어둑어둑 저물려 한다. 침의 물이 밤낮으로 흐르니, 물결이 넘쳐서 돌아오지 않는다. 영원한 천지간에 한이 어찌 다하리오. 혼령이 지금도 정처 없이 헤매고 있구나. 나의 마음이 쇠와 돌을 뚫을 만하니 회왕이 갑자기 꿈에 나타났도다. 주자朱子의 필법을 따르려니 생각이 불안하고 조심된다. 술잔을 들어 땅에 부으면서, 영령英靈이 와서 흠향歆饗하기를 바라노라.〉

〈조의제문〉 중
〈나는 동방東方의 사람인데 만 리나 떨어져 있고 역대의 선후도 천 년이 넘는데도 불구하고 어찌하여 꿈에 나타나 보인다는 것이냐?
혹시 항우가 비밀히 죽여 시신을 강물에 던졌다는 것이 아니냐?〉
하는 문장은 어떻게 보면 의미심장한 글이었다.
이극돈은 이 글을 몇 번이나 읽으며 입맛을 다셨다. 그리고는 유자광을 찾아갔다. 이극돈에게서 자세한 내용을 들은 유자광은 역시 무릎을 치며 〈조의제문〉의 구절을 하나하나 음미하였다.
조룡祖龍이라 한 것은 진시황을 이르는 것으로 세조를 비유한 것이요, 회왕을 찾아내어 백성의 여망에 따랐다 하는 것은 의제를 단종에 비유한 것이요, 양처럼 성내고 이리처럼 탐욕하여 관군을 함

김종서 집터. 서울시 중구 순화동.

부로 죽였다는 구절은 세조가 김종서金宗瑞나 황보인皇甫仁을 죽인 것을 가리킨 것이며, 어찌 항우를 잡아 죽이지 않았느냐 하는 구절은 단종이 어찌 세조를 잡아 죽이지 않았느냐는 것이고, 길러 놓은 자에게 도리어 해침을 당했다는 구절은 단종이 세조를 잡아 죽이지 않았다가 도리어 세조에게 죽음을 당했다는 말로 충분히 의미가 통했다.

유자광은 소매를 걷어 붙이고는 세조의 신임을 받았던 윤필상尹弼商과 노사신, 한치형韓致亨 등과 모의하기 위해 집을 나섰다.

〈조의제문〉을 펼친 유자광은 윤필상에게 자신이 해석한 대로 일러주었고, 유자광의 모사에 넘어간 윤필상은 말하였다.

"그러니까 지금 남아서 정치를 하는 궁중 부중에 있는 사람들은 짐승 같은 무리이고, 단종 임금을 사모하는 백성들은 구름같이 많으나 곰 같은 위인들이 제사도 지내지 않는다 그 말이 아닙니까. 저런 대역무도한 놈들."

윤필상, 노사신, 한치형 모두 세조의 총애를 입었던 훈구파였고, 이들은 김종직이 세조를 비방한 것은 대역무도한 행위라고 상계하였다.

무오사화가 일어나기까지
연산군의 행적

타락한 군주 연산군과 그의 총희 장녹수

한편 1497년(연산 3) 12월 18일 밤 산실청에서는 원자 황이 탄생했다. 장녹수에게 빠져 있던 연산 군주는 그러나 원자의 탄생을 기뻐하지 않았다. 장녹수를 데리고 한창 취흥이 도도해 있던 왕은 중전 나인이 올리는 전갈을 듣자 먼저 벌컥 화부터 냈다. 자신이 하고 싶은 온갖 만행을 저지르며 사는 연산 군주이지만 자신의 삶을 불행하게 느끼고 있음을 반증하듯 말하였다.

"그 원자가 나중에 자라면 세자로 책봉이 되고 또 내가 용상을 내놓으면 그 용상에 올라야 하니 팔자 사나운 어린애가 아니겠느냐? 수십 명 대간들이 떼를 지어서 술을 마시면 술을 마신다, 계집을 가

연산군 묘소. 서울시 도봉구 방학동.

까이하면 계집을 가까이 한다, 사사건건 트집이니 트집만 잡힐 슬
픈 어린아이 하나가 태어난 것이지 어찌 경사라 하겠느냐?"

연산 군주는 김 상궁의 전갈을 외면하며 상궁을 물리치고는 대비
전에는 들르지도 아니하였다.

당시 장녹수張綠水는 제안家婢 대군의 애첩으로 제안 대군은 연
산 군주의 당숙에 해당되었다. 그러나 그런 것은 연산 군주에게 전
혀 문제 되지 않는 일로 자신이 원하는 바는 무엇이든 이루고 마는
그였기에 장녹수 하나쯤 자신의 후궁으로 들이는 것은 문제도 아니
었다.

장녹수는 연산 군주의 간장을 녹이듯 유혹하였고, 연산 군주는
그 다음날 해가 중천에 뜰 때까지도 기침하지 않았다. 경연에서는
또다시 소동이 일어났다.

"아니, 오늘도 경연에 아니 나오신단 말씀이오? 어느 임금이 경연을 이렇게 자주 궐하시는 임금님이 계셨단 말씀이오?"

대신들은 내시를 시켜 다시 연산 군주가 경연 조강朝講에 들도록 호령하였다. 연산 군주가 장녹수에게 빠져 그렇다는 사실을 알고 있는 내시는 가운데서 어쩔 줄 몰라 하다가 할 수 없이 다시 연산 군주의 침전으로 향했다. 그러나 돌아오는 것은 선잠에서 깨어난 연산 군주의 벽력같은 고함 소리 뿐이었다.

연산 군주의 관자놀이는 불끈 솟아올라 당장에라도 내관을 끌어내어 목 베일 듯한 기세였다. 꽃과 같은 장녹수와 꿀 같은 재미를 보고 있는 좋은 아침을 신하들이 망치려는 것이다. 이에 합세해 장녹수는 촉촉이 감겨 오는 목소리와 원망 섞인 눈매로 연산 군주를 곱게 흘겨보며 붙잡았다. 연산 군주는 볼수록 예쁜 장녹수를 바라보며 내관에게 말하였다.

"가서 이렇게 말을 일러라. 임금은 나라를 다스리는 만인지상이지 글공부나 하는 썩은 선비가 아니며, 조정에서의 정사는 오후에나 나가 살펴 볼 터라고 말이니라."

결국 내관을 통해 사정을 안 경연관들은 입이 딱 벌어져 할 말을 잊었다. 그도 그럴 것이 연산 군주가 함께 있는 여인은 바로 당숙 제안 대군의 애첩이기 때문이었다.

대신들은 제각기 한마디씩 탄식하였다.

"유유낙낙 전교만을 모실 일이 아니라 목숨을 걸고 성상을 바르게 보필하는 것이 신하된 도리인즉, 간쟁을 벌입시다."

하며 성급히 서두르는 경연관도 있었다. 이제 또 한차례 소요가 일어날 조짐이었다. 이런 조정 대신들의 떠들썩한 분위기를 누르며 윤필상이 제지하고 나섰다. 연산 군주의 일은 분명 과한 것이나 지금까딱 잘못하면 성상의 노여움을 사서 나라에 큰 변고가 생길 것을 염려한 것이다. 윤필상은 임금의 성품을 잘 아는지라 일단은 격앙된 중론을 뒤로 물러서게 해야 했고, 우선 시임時任과 원임原任 대신들이 조당朝堂에 모이면 그때 가서 앞뒤 대책을 수립하자는 의견을 내었다. 경연관들은 불만이었으나 결국은 그의 의견에 따랐다.

연산 군주의 행위는 별반 달라지는 것이 없었고 어느 덧 해가 바뀌었다. 무오년戊午年인 1498년(연산 4) 새해로 접어든 얼마 동안은 궁중에 이렇다 할 만한 일은 일어나지 않았다.

연산 군주는 장녹수의 사랑에 빠져 있었고, 원자는 아무 탈 없이 무럭무럭 자랐다. 1월에는 이계동李季仝을 병조판서에, 김응기金應箕를 호조참판에 홍한洪瀚을 이조참판, 권경우權景祐를 대사헌, 유순정柳順汀을 헌납獻納, 유빈柳濱을 홍문관 부제학, 표연말을 겸동지 성균관사로 임명하는 등 몇 건의 인사 발령을 했고 두드러진 사건은 없었다.

또 2월에는 공조참의에 정숙지鄭叔墀, 최진崔璡을 장예원掌隷院

홍한 묘비. 경기도 화성시 서신면.
「증 가선대부 이조참판 행 통정대부
이조참 홍공한지묘.
배 정부인 창녕성씨 부좌」

판결사, 김수동金壽童을 좌승지, 이승건李承建을 우승지, 성세명成世明과 양희지楊熙止를 좌우 부승지로 삼았고, 3월에는 이창신李昌臣을 예조참의로, 안호安瑚를 형조참의로 하였다. 4월에는 노공필盧公弼을 형조판서로, 권경우를 호조참판, 강귀손姜龜孫을 병조참판, 신준申浚을 대사헌으로 임명하고 5월에는 민수복閔壽福을 사간원 사간에, 유정수柳庭秀를 사헌부 장령에, 병조참판 강귀손을 사헌부 대사헌에 임명하였다.

그날 밤 연산 군주는 장녹수를 데리고 크게 취한 채 대궐로 환어했다. 이같이 해서 뒷날 연산 군주의 총애를 한 몸에 받게 된 요희妖姬 장녹수는 입궐을 하게 되었다.

첫날부터 연산 군주의 승은을 받은 장녹수는 그 뒤 줄곧 왕의 관심을 한 몸에 차지했고, 곧 숙원淑媛에 봉해졌다. 숙원은 비록 종사품의 내명부內命婦지만 꽤 높은 첨정僉正이나 서윤庶尹에 해당하는 벼슬이었다. 장녹수는 연산 군주를 모시는 데에 있어 천품을 발휘했고 연산 군주는 그저 언제나 장녹수의 옆에 있는 것이 기뻤다. 장녹수는 노래도 잘할 뿐만 아니라 춤도 잘 추었고, 가야금과 해금의 솜씨도 뛰어났기에 연산 군주는 그것을 보고 듣는 것으로 세월을 묻었다.

장녹수는 연산 군주보다 두서너 살 위였지만 항상 이팔의 소녀처럼 앳되어 보였다. 맑고 깨끗한 음성은 말할 것도 없었고, 자색은 타고난 요염 그대로였다. 노여워해도 예뻤고, 울어도 예뻤고, 잠을 잘 때에도 예뻤고, 더욱이 말할 때에는 한없이 예뻤다. 타고난 아름다운 용모는 화장을 하면 오히려 어색해 보이기까지 했다. 그 위에 미태眉態와 행동거지 또한 놀라왔다.

연산 군주는 이제 장녹수의 옆을 떠나서는 살 수 없을 만큼 사랑의 포로가 되고 말았다. 연산 군주는 장녹수가 노래를 부르고 춤을 출 때마다 상을 하사했는데 비단은 물론 금, 은, 비취 등의 패물이며 양식, 노비奴婢와 전택田宅까지 내렸다. 장녹수에게 상을 내려 그녀가 기뻐하는 모습을 바라보는 것이 연산 군주의 큰 즐거움이었다. 연산 군주는 아무리 노했다가도 장녹수만 보면 웃었다.

그러나 경연은 제대로 하지도 않고 여자에게 빠져 있는 연산 군주의 모습에, 내전에서 외롭게 지내는 중전의 한숨은 깊어만 갔다. 왕비 신씨가 옳은 말을 하면 연산 군주는 말하기를

"아니, 가만 보니 혹 중전이 녹수를 시샘하여 하는 말 아니오? 내 어머니가 정 귀인을 시샘하다가 사약까지 받으셨다더니, 중전도 꼭 내 어머니같이 말이오."

하니 중전은 말문이 막혀 버리고 말았다.

장녹수의 행동 하나하나는 연산 군주에게 영향을 미쳤고 그것은 또 백성들에게까지 연쇄적인 파급을 가져왔다. 약삭빠른 자들은 벼슬을 얻기 위해 장녹수에게 재물을 바쳤고, 형을 받고 죽기만을 기다리는 자도 장녹수에게 빌었다. 그녀의 말은 죽은 사람도 살릴 수 있었고, 산 사람을 죽일 수도 있었다. 가히 한 나라의 운명을 좌우할 수 있을 만큼 큰 세력을 가졌다고 해도 과언이 아니었다.

그렇기 때문에 당시 사람들은 아들을 낳는 것보다 오히려 딸 낳

기를 빌며 〈장사천하부모심長使天下父母心 부중생남중생여不重生
男重生女〉라는 시까지 지어 읊었다.

사옥에서 발단한 모략

이렇게 장녹수에게 빠져 있는 연산 군주에게 영돈령부사 윤필상
과 무령군 유자광, 실록청 당상관 이극돈이 입시하였다는 전갈이
전해졌다. 나라에 큰일이 생겼다는 말에 연산 군주는 역적모의라도
있었던 건 아닌가 하며 대신들을 만나러 나섰다.

한편 이 사이 노사신, 한치형과 의논을 마친 유자광과 윤필상은
차비문差備門 밖으로 나가 도승지 신수근을 불러내어 상주할 의논
을 했다. 신수근은 유자광의 귓속말을 듣자 희색이 만면했다.

신수근은 영의정 신승선愼承善의 아들이자 왕비의 오빠로서 음
관蔭官으로 벼슬에 임명되어 있었다. 그런데 신수근이 승지로 될 때
에 대간과 시종신侍從臣들이 신수근이 승지로 되는 것은 외척이 권
력을 잡을 발단이라고 하며 힘써 간한 일이 있었다.

신수근은 이때부터 대간이나 시중신들을 미워했다. 그들은 또한
대개 김종직의 문인門人이었기에 이제 그 일파를 일망타진할 좋은
기회가 온 것이다. 신수근은 속히 왕에게 상주하도록 주선했다.

연산 군주는 유자광이 자세히 아뢰는 말을 듣자 그대로 있지 않
았다. 그렇지 않아도 유학자들에게 이를 갈던 왕이었다. 연산 군주
는 사림파의 간언諫言과 권학勸學에 증오를 느끼고 학자와 문인들

을 경원敬遠하였을 뿐 아니라 반대로 자신의 방종과 사치 행각을 추종하는 자를 마음에 들어 했다.

"저런, 능지처참할 김종직이 놈! 과인의 증조할아버지인 세조 대왕을 초패왕 항우에 비유해? 폐일언하고 김종직의 수제자 김일손을 잡아 대령하오. 친국을 행하겠소."

연산 군주는 즉석에서 영을 내렸고 의금부에서는 그날로 금위병禁衛兵을 풀어 궁문 안팎을 엄히 경계하고 경력經歷 홍사호洪士灝와 도사都事 신극성申克成을 경상도慶尚道 청도淸道로 보내 김일손을 잡아 대령토록 했다.

이조정랑이었던 김일손은 중풍으로 향리인 청도에 내려가 요양을 하고 있던 중이었다. 김일손은 급작스럽게 오랏줄에 꽁꽁 묶여 한양으로 끌려갔고 담담히 발걸음을 옮기던 그는 백성들 앞에 이르자 조용히 걸음을 멈추고는 말하였다.

"여러분, 안녕히 계십시오. 보잘 것 없는 나를 아껴서 이와 같이 전송을 하여 주는 정은 죽어 지하에 가도 잊을 수가 없을 것이오. 성현聖賢들의 가르침을 명심하여 부디 더 착하고 어진 백성들이 되어 주시오."

김일손은 수로왕首露王의 후예 김해金海 김金씨로서 대대로 청도에서 살았다. 부친이 용마의 꿈을 꾸고 세 아들을 낳았기 때문에 그의 이름을 일손이라고 지었다 한다. 그의 호는 탁영자濯纓子, 자는 계운季雲으로서 김일손은 석학碩學 김종직의 수제자였다. 1456년 (세조 2) 생원生員에 장원한 그는 같은 해 갑과甲科에 급제하여 벼슬이 이조정랑에 이르렀다.

김일손은 대쪽 같은 성미로 인근 지방 백성들의 신망을 받을 만큼 절개가 곧았고 그릇과 도량이 컸으며 문장이 또한 넓고 깊었다. 그러나 성품이 너무 강직하고 스스로 높음을 자처하여 간혹 남의 미움을 사는 일이 있었다는 점이 한 가지 흠이었다.

김일손이 정광필鄭光弼과 함께 양남어사도兩南御史道의 어명을 받고 용인龍仁에 이르려 객관에서 잘 때의 일이다. 그는 강개慷慨하여 시사를 논하는데 과격한 말이 많았고, 정광필이 그렇게 말하는 것이 아니라 말리자 벌떡 일어나 말하기를

"어찌 그처럼 우유하고 기절이 없는 썩은 선비 노릇을 하는 것인가."

하고 분개하였다. 그러나 그런 다혈질적인 면은 반면 청천백일과 같은 그의 기상을 드러냈고 김일손이 지닌 세상에서의 드문 재주와 넓고 깊은 문장은 여러 사람의 숭앙을 받았다.

이런 김일손은 그동안 중풍에 걸려 향리인 청도에 내려와 있다가 불의의 변을 당한 것으로 자신이 왜 금부에 잡혀가는지 전혀 영문을 알 수 없었다. 그의 가족과 청도의 백성들도 이유를 모르는 것은 마찬가지로 놀라고 답답하여 소리내어 울기만 할 뿐이었다. 그러나 김일손은 담담히 그들을 타일렀다.

"나라님은 하늘과 같은 분이시니 오라 하시면 대령을 하는 것이요, 가라 하시면 물러가는 것일 뿐 그 이상 무엇이 있겠소? 이 지상명령에는 불평도 있을 수 없고 반항 또한 있을 수 없는 법이오. 이유

는 나도 알 수가 없으니 여러분들이 청도 고을을 잘 지키어 요순 천지처럼 훌륭한 고을로 만들어 주시오."

중풍으로 인하여 보행마저 자유롭지 못한 김일손이었으나 별안간 금부도사가 달려와 독수리가 닭을 채가듯 붙잡으므로 그냥 끌려갈 뿐이었다. 1464년(세조 10) 태어난 김일손의 나이는 이때 서른다섯 살에 불과했다.

연산 군주는 혹시 중도에서 김일손을 놓치지 않을까, 혹은 김일손을 후대할까 염려하며 액정서掖庭署에 기별하여 감독을 엄히 하는 동시에 별감 세 사람을 세 곳으로 보내 한양으로 붙들려 오는 과정을 하나하나 빼놓지 않고 보고하도록 했다.

문초의 시작

곧이어 연산 군주는 김일손의 사초를 모두 대궐 안으로 가져오도록 했고 실록청 당상 이극돈은 김일손의 사초 중에서 〈조의제문〉과 왕실에 관계되는 부분을 골라 연산 군주에게 올렸다.

1498년(연산 4) 7월 12일 김일손 일행이 한양에 도착하자 연산 군주는 시위군侍衛軍을 시켜 건양문建陽門 밖에서부터 연영문延英門 등을 지키며 사람들의 출입을 일체 금하고 경계를 삼엄히 했다.

의금부 경력 홍사호와 도사 신극성이 오랏줄로 꽁꽁 묶은 김일손을 수문당修文堂에 설치된 국청 안의 어전에 꿇어앉히자 연산 군주의 친국이 바로 시작되었다. 이 자리에는 실록청 당상관 이극돈을 비롯하여 추관推官들이 떼를 이뤄 창끝처럼 배석했다. 노사신, 윤필상, 한치형, 유자광, 신수근과 주서注書 이희순李希舜이 국문에 참여했다. 삼엄하고 살기가 등등한 아래 연산 군주는 뜰아래 엎드린 김일손에게 국문을 시작했다.

"듣자니 너 김일손은 과인의 증조부 세조 임금을 비방한 〈조의제문〉을 네 스승이 쓴 글이라 하여 사초에 기록하였다 하는데 어찌해서 그리했느냐?"

서슬이 시퍼렇게 호령하는 연산 군주의 말을 들은 김일손은 그제야 자기가 잡혀온 이유를 알았다. 이극돈이 사초를 가지고 왕에게 고자질을 한 것이라는 것도 깨달았다. 그러나 김일손은 사관으로서 당연히 할 일을 했고, 기록할 것을 기록했다고 생각했기 때문에 조금도 기휘忌諱하지 않았다. ,

"예, 초하였습니다. 역사를 기록할 때에 전왕의 사실도 기입하는 것은 옛날부터 있어온 관례이옵니다."

고개를 들며 말하는 김일손에게 연산 군주는

"솔직하여 좋구나. 실록이라 함은 추호도 어김이 있어서는 아니 될 국가의 막중한 문적文籍이다. 그러하거늘 너는 어찌하여 사사로이 네 스승을 위하여 붓끝을 놀려 댔느냐? 그 이유를 듣자."

하였다. 김일손은 숨김없이 직고할 것을 다짐하였다.

"전하께서는 흉악한 간신들의 무고를 들으시고 신의 스승 김종직을 벌하려 하십니다만 신이 어찌 춘추관 사관으로서 추호인들 사사로운 정을 개재하여 붓끝을 함부로 농할 리가 있었겠사옵니까? 〈조의제문〉을 기록한 사실은 있지만 하등 세조 대왕을 비방한 사실은 없사오니 너그러이 통촉하옵소서.”

그 순간 유자광의 얼굴빛이 창백해졌다. 만일 김일손이 끝내 죄를 부인하고 무죄로 방면된다면 유자광 자신이 무고의 죄로 몰릴 일이었다. 유자광은 눈을 부릅뜨며 김일손을 향해 증거가 확실히 드러난 일을 왜 피하려 드느냐며 소리쳤다.

그러나 김일손은 그에게는 대꾸도 하지 않고는 왕을 우러러보며 유자광을 규탄하였다.

“전하. 이제 신에게 호령을 한 무령군 유자광 대감은 소인배 중에도 소인이며 간흉 중에서도 간흉인 것을 온 세상이 다 아옵니다. 그는 일찍이 병조판서 남이의 시를 임의로 날조하여 불귀의 객이 되게 했고, 이제 와서는 함양에 있는 현판 하나의 일로 하여 신의 스승 김종직은 물론이요 그 문하생인 신 등 일동을 모함하려는 것입니다.”

김일손은 죽을 때 죽더라도 당당히 죽어야 한다고 생각했다. 결코 형벌이나 죽음이 두려워 스승을 욕되게 하고 유자광 따위의 모함에 승복하고 죽어서는 안 된다고 마음을 굳게 다잡았다.

역시 자신들의 목숨이 달린 훈구파들은 배석해 있던 자리에서 일제히 들고 일어나 김일손의 말을 반박했다. 실록청 당상 이극돈이 입을 열었다.

“전하께서는 살아나려고 발버둥치는 역적의 죄상을 쾌히 밝히시옵소서. 저 김일손은 일찍이 전라 감사로 있던 신을 비방하여 없던 사실까지 날조했던 간악한 자이옵니다.”

적반하장이었다. 누가 누구를 얽어 날조했단 말인가. 김일손은 이극돈을 쳐다보며 국상이 났을 때 한양으로 향을 보내지 않고 관기를 말에 태워 유흥 삼매에 빠져 있던 사실을 앙칼지게 꾸짖었다.

그러나 연산 군주는 이러한 김일손의 당당한 거동이 더 노여웠다. 죄인이면 적어도 어전에서는 언성도 죽여야 마땅한 일이 아닌가.

진실은 의미 없는 일

"이제 보니 너 김일손은 흉악하기 그지없는 자로구나. 여러 잔말은 부질없다. 세조 대왕을 비방하고 노산군魯山君(단종)을 의제에 비유해 조상하고 은밀히 역적모의를 획책했다는 증거가 있느니라."

연산 군주는 김일손의 변명을 더 들으려고도 하지 않고 형국을 가하라고 영을 내렸다. 연산 군주가 원하는 것은 자신이 원하는 바른 말이었다. 무서운 형국이 시작되었다. 중풍인데다가 천 리 길을 끌려와 거의 반신을 못 쓰게 된 김일손의 몸에 사정없는 매가 파고들며 그의 비명이 국청 안 용마루까지 치솟아 퍼졌다. 그러나 김일손은 스승을 욕되게 하는 일을 하지 않았다.

연산 군주는 그럴수록 펄펄 뛰었고, 용안에는 잔인한 빛마저 감돌았다. 또다시 잔인한 형국이 김일손의 몸에 가해졌으나 김일손은 끝내 입을 열지 않았다. 형국은 죽을 만큼 고통스러웠지만 김일손은 그 괴로움에 사실 아닌 일을 사실이라고 승복하지 않았다. 김일손은 서너 차례 넋을 잃어 거의 시체가 된 뒤에야 옥방으로 하옥되었다.

연산 군주는 그 뒤 권 귀인의 사건까지 국문했다. 김일손은 사관으로 있으면서 세조가 그 아들 예종의 후궁 권씨를 귀애貴愛하여 불러 보려고 했으나 권씨가 듣지 않았다 하는 사실을 사초에 기록하였는데 이것이 발각된 것이다. 일은 점점 더 크게 벌어졌다. 문초는 더욱 엄해지고 연루자는 꼬리를 물고 잡혀 들어오게 되었다.

일이 이쯤 되자 성균관 유생들이며 예문관, 홍문관, 사간원, 사헌부의 관원들이 상소문을 연달아 올렸다.

〈… 무릇 사람 된 자는 배워서 도덕을 깨쳐야 하고 도덕을 깨쳐 나라의 녹을 먹게 된 사람은 바른말과 바른 언론으로써 국왕을 보필하는 게 신하된 본분이요, 충신의 마땅한 절의입니다. …〉

"옳지, 상소문만 올리면 다인 줄 아는 모양이구나. 이 썩은 선비놈들. 이제야말로 톡톡히 임금 무서운 줄을 알려 주리라. 불문곡직하고 여기 상소문에 이름을 적은 썩은 선비 놈들을 모조리 잡아 하옥시켜라."

연산 군주는 상소문을 받아 들자 치를 떨었다. 상소문은 당연한 말을 올린 것이었으나 연산 군주에게는 가당치 않은 말이었다.

간언은 연산군의 마음을 돌리지 못하고

연산 군주 즉위 4년의 무오사화戊午士禍가 발생하는 시점이었다. 임금의 친국을 안 왕비 신씨는 몸이 달았다. 연산 군주가 내전에 들자 신씨는 먼저 선비들의 투옥에 대해서 말을 꺼냈다.

"마마, 어찌하시려고 여러 선비들을 악형으로 다스리십니까? 무섭습니다. 선비들은 나라의 기둥입니다. 어지신 세종 할아버님은 집현전의 선비들을 다정한 친구로서 예우하셨고, 선왕마마께서도 학자들을 명유로 대접하셨다 들었습니다. 그런데 마마께서는 나라의 명망 있는 선비들을 모조리 죽이시겠다니요?"

중전의 걱정스러운 간언이 이어지자 연산 군주는 그만 화를 내고 말았다. 왕비 신씨는 연산 군주가 그럴수록 뒷일이 걱정스러웠다. 선비들을 함부로 다스려 잘되었다는 역사를 들어 보지 못했기 때문이었다.

이때 왕비 신씨의 아버지 부원군 대감이 입시하였다는 전갈이 들었다. 가슴이 떨려 어찌할 바를 모르던 왕비는 친아버지인 영의정 신승선이 입시하자 백만 응원군을 만난 듯 희색이 만면했다. 아버지의 입시로 피비린내 나는 크나큰 사건이 멎을지도 모른다는 희망이 생긴 것이다.

포악하기 그지없는 연산 군주도 장인 신승선에게만은 언제나 고분고분 친절했다. 예상대로 신승선은 자신이 연산 군주를 찾은 뜻을 밝히기 시작했다.

"전하, 어찌하시려고 사림의 선비들을 모조리 하옥하셨습니까? 그들 말은 모조리 우국충정憂國衷情에서 하는 간쟁이옵니다. 어찌하여 죄인이라고 결정을 지으십니까?"

그러나 연산 군주는 이미 정해놓은 결정을 번복할 마음이 조금도 없었다.

"아니, 장인. 김종직은 세조 임금을 역적이라고 욕질하였고, 그 제자 김일손은 스승 김종직이 지은 〈조의제문〉이라는 불충함이 막 심한 글을 충성스런 의분이 담겨진 글이라고 『왕조실록』에 기록하였습니다. 그런데 어찌 그들 역적 놈들이 우국충정이라 그 말씀입니까?"

또한 연산 군주는 더구나 글 깨나 읽었다는 썩은 선비들은 모조리 김종직의 문하생들로 김일손과 다를 바가 전혀 없으니 사림의 선비들을 모조리 하옥한 것은 당연한 일이라는 입장이었다.

연산 군주는 관련된 유림은 모조리 치죄하겠다는 확고부동한 결심을 이미 내려놓은 뒤였다.

"신하 놈들이 짜고 덤비면 임금 하나쯤 허수아비처럼 무능하게 만들 수 있다는 저들의 버릇을 이번에 아주 단단히 고쳐 놓으려는 것입니다."

라고 말하는 연산 군주의 결의는 흔들릴 것 같지 않았다.

신승선은 나랏일이 점점 얽혀 가는 것이 걱정이 되었고 왕비 신씨의 희망은 점점 사라져갔다. 그러나 신승선은 마지막까지 포기하지 않고 간언을 해 보았다.

"전하, 그리하셔서는 나라의 앞일이 칠흑으로 변하옵니다. 조정에는 수많은 높고 낮은 관원들이 있지 아니합니까. 그 가운데에는 옳고 그른 여러 신하들이 함께 섞여 있는 법이온데 어찌 어의御意에 들지 않는 신하라 하여 모조리 벌을 주어 내쫓을 수 있겠습니까? 전하께서는 이사李斯의 축객서逐客書*를 잊으셨습니까? 많고 많은 실 개천이 모여 하나의 내를 이루는 것이옵고 흙과 모래, 나뭇등걸과 바위가 모두 어울려 태산이 이루어지는 것이옵니다."

신승선은 입에 침이 마르도록 간해 올렸으나 연산 군주는 그래서 어쨌다는 건가 하는 표정을 지을 뿐이었고 왕비는 안절부절 못하여 애가 탔다. 연산 군주는 바위처럼 꿈쩍도 하지 않았다.

"이번 일만은 나도 고집을 굽히지 않으렵니다. 두고 보면 내 심정 을 알 것이오."

궁중을 뒤흔드는 절규 소리

그날 밤이었다.

"아악!"

하는 난데없는 비명 소리가 여기저기서 났다. 맨 처음에는 경복궁 의 후문인 신무문神武門에서 들려오는 듯하더니 자정께가 되자 사 방에서 화답을 하면서 들려왔다. 정체를 알 수 없는 괴상한 울음소 리는 한동안 그치지를 않았고 궁중 안은 온통 발칵 뒤집혔다.

"선대왕 마마 때는 폐비 윤씨의 혼백이 나타나서 내시를 잡아먹 었다더니, 귀신 우는 소리가 아닙니까?"

"귀신? 아이고, 무서워라. 그렇다면 사내 귀신인 모양이오. 울음

---

* 축객서逐客書: 진시황 10년인 기원전 237년 다른 지방 출신의 제후를 모조리 몰아내려 하자 이를 간한 이사李斯의 글. 원 제목은 「상진황축객서上秦皇逐客書」이다.

소리가 사내 울음소리가 아니오?"

원한에 사무친 듯 절규하는 소리는 궁중을 뒤흔들었고 신하들은 위와 같은 소리를 하며 벌벌 떨 뿐이었다. 궁중에서 귀신 울음소리가 들끓는다는 소리는 곧 연산 군주와 왕비에게도 전해졌다. 왕비는 그날따라 궁전에서 침수한 연산 군주를 흔들어 깨웠으나 이미 깨어 있던 연산 군주는

경복궁 북문 신무문.

"어느 놈이 장난을 하는 모양이구만. 과인이 그처럼 호락호락 넘어 갈 것 같소?"

하며 코웃음을 쳤다. 그러나 왕비는 겁에 질려 불안해했다.

"마마, 원자는 이제 겨우 돌이 지났습니다. 아까 낮에 아버님이 주청한 대로 옥중에 있는 선비들을 방면하시고 김일손도 불문에 붙이옵소서. 더군다나 김일손은 중풍까지 걸린 딱한 처지라 아니하옵니까?"

"당치도 않은 소리 치우시오. 신하가 임금을 업신여기고 떼를 지어 덤벼도 내버려 두라 그 말이오? 술을 마시면 마신다고 간섭이요, 후궁을 가까이 하면 후궁을 가까이 한다 간섭이요, 심지어는 과인의 어머니 묘소까지를 마음대로 못하게 하니 이런 불충한 신하 놈들이 어디 있단 말이오? 이번 기회에 모조리 버릇을 고쳐 주겠소."

폐비 윤씨의 부모 위비로 윤씨는 윤기무와 고령 신씨 사이에 서 태어났다.
「증 영의정 함암부원군 윤공기무지위.
배 증 정경부인 양성이씨 지위 배 장흥부부인 고령신씨지위」

왕비의 간곡한 간언이었으나 이번에도 연산 군주는 들은 체도 아니하였다.

시끄럽던 궁중 안은 왕명이 한번 전해지자 일순에 조용해졌다. 자칫 떠들었다가는 귀신 소리의 정체로 몰리게 되니 입을 다물지 않을 수 없었던 것이다. 그 괴상한 울음소리는 무슨 소리였을까? 그러나 그 소리의 정체는 끝내 밝혀지지 않았다.

연산군을 충동질하는 임사홍과 외할머니 신씨

연산 군주는 날이 밝자 바로 전 도승지 임사홍任士洪을 불러들였다. 연산 군주의 비위를 살살 맞추며 평탄한 생활을 이어가던 임사홍은 연산 군주의 부름을 받고 한달음에 달려와 어전에 부복했다. 연산 군주는 임사홍만 보면 웃음이 절로 나왔다. 임사홍과는 뜻이 맞았기 때문이다. 예종睿宗의 딸 현숙顯肅 공주는 임사홍의 며느리로 임사홍과 연산 군주는 인척이었다.

임사홍의 입에서는 자신이 뜻하는 얘기가 나올 것을 아는 연산 군주가 부러 물었다.

"이보오, 사장査丈. 홍문관, 예문관, 성균관과 사헌부의 여러 언관 선비 놈들이 김일손을 죽여서는 안 된다며 떠들고 일어났으니 이번 일은 어찌 처사해야겠소, 답답하구려. 어디 속 시원히 얘기나 해 보시오."

임사홍 묘비. 경기도 여주군.

이같이 하문하는 연산 군주에게 임사홍이 천천히 말문을 열었다.

"예로부터 임금이 강하시면 신하는 약한 법이요, 신하가 강하면 임금의 세력이 약한 법입니다. 문종文宗 대왕이나 단종 대왕께서 약하셨으니 황보인이나 김종서 같은 강한 신하가 있었고, 태종 대왕과 같이 강하신 임금이 계셨으니 영의정 심온 같은 이도 목을 쳐서 조정을 꿈쩍도 못하게 어거한 것입니다."

연산 군주가 그야 그렇지요 하는 표정으로 고개를 끄덕대자 임사홍은 연산 군주가 원하는 대답을 꺼내 놓았다. 그는 청량리 밖에 있는 어머니 윤尹씨의 묘소를 추존하여 능으로 봉한 일도, 그리고 역적 김종직 일당을 도륙하여 왕실 조상에 설욕을 하는 일도 후세 사가들은 크게 추앙을 하여 마지않을 것이라 말하며 연산 군주를 흡족하게 했다. 임사홍은 죽일 놈은 죽이고, 귀양을 보낼 놈은 귀양을 보내 역적의 무리를 처분하는 것은 전하의 어의에 달려있는 일이라며 연산 군주를 충동할 수 있는 데까지 충동하며 덧붙였다.

"뿐만 아니라 이 나라 삼천리가 산천山川부터 하해河海, 초목금수에 이르기까지 그 어느 것 하나가 전하의 것이 아닌 일이 있사옵니까? 선비 놈들이 대관절 무엇이기에 감히 전하의 의향을 가로막습니까?"

임사홍의 말에 연산 군주는 기쁨을 감추지 못하고 크게 웃음을 지었다.

"과연 임사홍 도승지의 말을 들으면 가슴 속이 후련하여지오. 과인이 바로 옥사를 처결하여 이제까지 쌓인 울분을 시원히 풀어야겠소."

하며 연산 군주는 곧 무감을 소집하는 왕명을 내렸다. 그 임금에 그 신하이니, 연산 군주와 임사홍은 마음이 여합부절如合符節로 꼭 맞아 들어갔다.

이럴 즈음 부부인 신씨가 내전으로 들어왔다. 그녀는 폐비 신씨의 어머니로 연산 군주에게는 외할머니가 되었다. 연산 군주가 부부인 신씨를 반색하며 맞이하자 그녀는 눈물을 앞세우며 품속에서 한 장의 벽서壁書를 꺼내들었다. 그것은 널찍한 종이에 언문으로 쓴 것으로 시중에 나붙어 있는 벽서를 부부인 신씨가 가져다 올린 것이다.

〈널리 알리는 글. 금상 연산 임금은 다음과 같은 실덕失德이 있느니라. 첫째, 선왕 마마 성종 임금께서 행하신 폐서인 윤씨의 처분을 삼년상도 넘기지 않고 복위를 시켰으니 천하에 대불효요. 다음으로 궁중에 제일가는 어른인 인수 대비 마마를 이웃집 늙은이같이 학대하고, 바른말을 하는 선비는 옥에 가두어 두나니, 이런 일은 열성조에 없는 해괴한 처사이니라.〉

벽서는 이렇게 시작되었다. 연산 군주의 관자놀이가 불끈 솟았다. 연산 군주는 신음 소리를 내며 계속해서 읽어 내려갔다.

〈여러 백성들은 마땅히 사직을 위하여 선비들을 감옥에서 방면할 것과 나라님이 더 방일한 일을 자행하시지 아니하시도록 만인소萬人疏를 꾸며 대궐에 올려야 할 것이니라. 이것은 민심이 천심이니 하늘의 뜻이니라.〉

읽기를 마친 연산 군주는 벽서를 구겨 내던졌다. 연산 군주의 어수御手가 부들부들 떨렸고 눈에서는 푸른 불이 번득였다. 그런 연산 군주에게 외할머니 부부인 신씨가 기름을 붓는 말을 하였다.

이세좌 묘비. 병조판서 이윤경과 영의정 이준경이 그의 손자이다. 충북 괴산군.
「유명조선국 증 대광보국숭록대부 의정부 좌의정 겸영경연 춘추관사 행 숭정대부 판중추부사 광양군 이공세좌지묘」

"벽서를 읽으셔서 아시겠습니다마는 원통하게 세상을 뜨셔서 눈도 감지 못하시는 우리 마마를 복위시켜 드린 일이 천하에 불효라니요? 도대체 원수는 언제 갚아 주시려고 두고만 보시는 것이옵니까? 엊그제같이 사약을 들고 우리 집을 찾던 이세좌李世佐는 오히려 이조판서가 되어 떵떵거리면서 살고 피를 동이로 쏟으면서 눈을 감으신 우리 마마에게는 무덤이나 조금 돌봐 주시는 것이 고작인데 그게 천하에 대불효이옵니까?"

연산 군주의 눈에서 파랗게 번득이던 불이 마침내 이글이글 타오르기 시작했다.

속속 잡혀오는 사림파 선비들

때는 바로 7월 중순. 날씨는 삼복더위라 찌는 듯이 무더웠다. 그러나 연산 군주의 핏발선 눈빛은 삼복염천보다도 더욱 무섭게 작열하고 있었다. 곪을 대로 곪은 종기에 부부인 신씨가 침을 들이댔기 때문이었다.

연산 군주의 전교에 좌우 포도대장이 허둥지둥 달려와 대전 뜰 앞에 꿇어 엎드리자 왕은 다음과 같은 영을 내렸다.

"불문곡직 죽은 김종직의 제자들을 모조리 잡아들이시오, 즉각 거행하오."

연산 군주의 속에 내재했던 분노와 복수심이 드디어 폭발하는 순간이었다. 서릿바람이 궁중 부중은 물론 온 장안을 휩쓸기 시작했다.

맨 먼저 성균관 제학 허반許磐이 꽁꽁 묶여 들어왔고 그 다음 윤효손尹孝孫, 박경朴耕, 성중엄成重淹, 임희재任熙載, 강혼姜渾을 비롯해 직간접으로 김종직과 관련이 있는 선비 1백여 명이 하옥되었

윤효손 추모 재실. 전남 구례군 산동면 이평리에 있으며 향사일은 음력 10월 10일이다.

다. 잡혀 오는 성균관과 홍문관의 선비들 집에서는 때 아닌 소동이 일어났고 옥방에서도 마찬가지였다. 자신들은 죄가 없으므로 어명으로 설사 죽는다 하더라도 옥방에는 들어갈 수 없다며 버티기 일쑤였다. 그중에서도 특히 이조정랑 권경유權景裕 같은 선비는 꼬장꼬장하여 굽히지를 아니했다.

"맹자孟子는 제나라 선왕宣王에게 이렇게 말을 했소. 좌우가 다 죽여야 한다 해도 듣지를 아니하고 대부가 다 죽여야 한대도 듣지를 아니하며 백성들이 다 죽여야 한다고 말한 연후에야 죄인을 죽이는 것이 왕도라 했소. 우리가 무슨 죄요? 스승 김종직의 문하생이라는 것이 무슨 죄요? 아무리 지엄하신 분부라 할지라도 하늘이 굽어보고 계시는 것을 몰라서 이러는 게요?"

권경유는 군관들을 호령하며 항거했으나 억센 군사들 앞에서는 어찌할 도리가 없었다. 이같이 하여 김일손은 물론이요, 연명소連名疏를 올린 선비 30여 명에 김종직의 제자 1백여 명까지 모두 좌우

포청에 잡히니 옥방은 때 아닌 선비 죄수들로 초만원을 이루었다.

중전의 노력은 힘이 없고

왕비 신씨는 연산 군주가 서슬이 퍼렇게 김일손 이하 수많은 선비들을 잡아들이자 근심이 되어 자신의 오빠인 도승지 신수근을 입시하도록 했다. 왕비는 신수근이 문안 사배를 올리자마자 책망을 먼저 하였다.

"오라버니. 가슴이 타서 재가 되겠기에 내전으로 듭시라 일렀습니다. 도대체 오라버니는 뭣을 하고 계십니까? 측근에서 임금을 모시고만 있으면 제일이십니까? 김종직의 제자들을 구금하도록 어찌하여 보고만 계시는 겁니까?"

신수근은 연산 군주가 언문 벽서로 인해 더욱 진노하여 더 뭐라고 여쭐 수가 없는 상황이라 변명해 보았지만 이제껏 볼 수 없었던 왕비의 노여움이 무서워 더 이상 아무 말도 할 수 없었다.

이어 왕비는 김 상궁을 시켜 항간에 떠도는 비난을 신수근에게 전하도록 했다. 항간에서는 거창居昌 신씨 집안이 나라의 실권을 온통 잡고 있으면서도 나라가 망하는 꼴을 두고만 본다며 수군거린다는 것이었다. 김 상궁은 불과 며칠 사이에 그러한 소문이 온 장안 천지에 파다해졌다고도 전했다. 상궁의 말이 끝나자 왕비 신씨가 말하였다.

"보십시오. 아버님은 영의정이요, 오라버니는 도승지가 아니십니까? 한 분은 나라의 영상이요 한분은 왕의 명령을 출납하시는 도승지이옵니다. 그런데도 선비들을 모조리 잡아 가두어도 변변히 말씀조차 못 올리니 백성들이 그래서 하는 말 아닙니까? 어서 나가셔서 선비들을 모조리 방면하도록 말씀 못하십니까?"

신수근은 왕비에게 소명되어 꾸중만 실컷 듣고 물러나왔다. 누이동생이었으나 중전이었으니 발을 친 앞에서 깊숙이 부복하고 식은땀을 흘리며 질책을 당하다가 물러나온 것이었다.

대광보국숭록대부 신수근의 묘비로 상단이 파손되어 있다. 중종의 국구. 경기도 일영면.

신수근이 연산 군주를 만나고자 하였으나 때는 이미 늦었다. 연산 군주는 이미 편전에서 잡아들인 선비들의 형을 재가하고 있었다.

"김일손, 권오복權五福, 권경유는 대역 죄인이니 능지처참에 처하고 이목李穆, 허반, 강겸姜謙은 참형!"

연산 군주가 재가를 할 때마다 유자광

이목 묘비. 경기도 김포시. 「정간공 한재 이목지묘」

과 임사홍은 머리를 조아렸다. 재가를 보좌하는 신하는 유자광과 윤필상, 이극돈, 임사홍 등 4명이었다. 김종직의 이름이 호명되자 유자광이 품고를 올렸다.

"신 유자광 한 말씀이옵니다. 황공하옵게도 세조 임금을 일러 초패왕 항우 같은 임금이라 했으니 이 어찌 추호인들 용납할 죄인이옵니까. 사지를 잘라 종루鐘樓 거리에 시체를 내거는 것이 응분의 벌책인 줄 아옵니다."

연산 군주는 만족했고 김종직에게는 부관참시剖棺斬屍의 형이 내려졌다. 부관참시라는 것은 무덤을 파서 그 시체가 들어 있는 관을 깨고 시체의 허리를 베는 형으로서, 영령英靈에게 가하는 최대의 치욕이자 극형이었다.

연산 군주는 김종직이 이미 세상을 떠났기 때문에 이 같은 형을 내린 것이다. 유자광은 한술 더 떠 다음과 같이 말했다.

"비록 김종직이 죽었다 할지라도 김종직으로 하여금 오늘의 변고가 생겼으므로 무덤을 파서 남은 뼈를 물에 띄워 버리심이 가할 줄로 삼가 아룁니다."

곁에 있던 임사홍이 맞장구를 치며 김종직을 부관참시하고 새남

김종직 묘소. 경북 선산읍.

터로 끌어내 참수를 시키면 전하의 위강이 더욱 빛날 것이라며 비위를 맞추었다. 실로 몸서리 쳐지는 일이건만 왕을 싸고도는 총신들은 이런 말을 서슴없이 내뱉었다.

연산 군주는 이보다 앞서 유자광이 〈조의제문〉을 조목조목 주석한 대로 아래와 같은 교지를 내렸다.

〈우리 세조 대왕이 나라의 불안하고 위태한 시기를 당하여 간악한 신하가 반란을 도모하여 환란이 일어나려 할 때 그들 역적의 무리를 베어 종묘사직이 위태한 지경에 이른 것을 다시 편안케 하시어 오늘에 이른 것이다. 그러하매 공은 크고 업은 매우 높으시며 덕은 백왕百王에 뛰어나셨다 하거늘 뜻밖에 김종직이 그 제자들과 더불어 세조의 덕을 비방하고 김일손을 시켜 사초에 무함誣陷하여 쓰기까지 하였으니 이 어찌 짧은 시일에 그렇게 된 것이랴. 그들은 신하 노릇을 하지 않으려는 대역부도한 마음을 가지고 있으면서도 세조, 예종, 성종의 세 임금을 두루 섬겼다. 과인이 지금 생각해 보니 참혹하고 떨림을 금치 못하노라. 해당한 죄명을 의논하여 아뢰어라.〉

연산 군주의 노여움을 이용해 김종직의 문인 일파들을 모조리 잡아 죽일 계획에 있던 유자광은 의기양양했다. 그는 윤필상과 노사신 등을 돌아보며 일갈하였다.

이 사람들의 죄악은 결단코 용서할 수 없다고. 무릇 신하된 자신들로서는 한 임금 밑에서 정사를 함께 논할 수 없는 역적들이니, 그 무리들을 찾아내어 모두 죽여 없애야만 조정이 맑고 깨끗해질 것라고. 그렇게 하지 않는다면 나머지 무리들이 일어나 얼마 안가 다시 환란이 일어날 것이라고 말이다. 윤필상 이하 다른 사람들은 그 말에는 입을 다물고 다만 동조의 뜻을 밝혔다. 더욱이 유자광은 현판 사건까지 있었기 때문에 왕의 교지가 내리자 김일손 일파의 극형과 김종직의 부관참시를 적극 주장하였다. 연산 군주는 유자광의 상주가 있자 만족했다.

오직 노사신만이 옛날 당고黨錮의 고사를 인용하여 반대했을 뿐이다. 선비들을 미워하여 전부터 기회만 엿보던 연산 군주에게 마침내 그 기회가 온 것이다. 이리하여 사림과 유생들을 숙청하는 끔찍한 사화의 선풍이 휘몰아쳤다.

유교는 일찍이 송나라 때의 주희朱熹가 주장한 학문으로 정몽주鄭夢周, 이제현李齊賢, 이색李穡, 길재 등으로부터 김숙자金叔滋에게 전해지고 그의 아들 김종직에 이르러 크게 빛을 본 학문이었다. 지난날 크게 일어났던 간관들이며 추관들이 모두 이 김종직의 제자이기도 했다. 또한 그들은 모두 김종직을 숭앙하여 그의 일거일동에 영향을 받았으므로 김종직의 힘은 대단했다. 살아서는 물론이요, 죽은 뒤에도 김종직의 영향은 매우 컸다. 그렇기 때문에 왕도 무시하지 못하였고, 매우 귀찮게 생각하는 존재였다. 연산 군주는 이번 기회에 그 일당을 모조리 뿌리 뽑을 수 있게 된 것을 기뻐했다.

김종직의 아버지 김숙자의 낙봉서원

더해 가는 연산군의 탈선

눈엣가시였던 선비들을 처단할 계기가 생긴 연산 군주는 성난 사자와 같았다. 연산 군주는 죄인 결장에 옥새를 눌러 놓고 7월 17일 난역亂逆한 신하들을 치죄했다는 이유로써 종묘에 고하고 제사를 지냈다.

〈간사한 신하가 몰래 모반할 마음을 품고 옛일을 거짓으로 문자文字에 표현하며 흉악한 사람들이 당黨을 지어 세조의 덕을 거짓 꾸며 나무라니 부도不道한 죄악이 극도에 달하였사옵니다.〉

이같이 글을 올린 연산 군주는 또한 다음과 같은 글을 반포하였다.

〈간사한 신하 김종직은 나쁜 마음을 품고 몰래 그 무리들을 모아 음흉한 계획을 시행하려고 한 지가 오래되었다. 항적項籍(항우)이 의제를 죽인 이래 거짓 핑계하고 문자로 표현하여 선왕 세조를 헐뜯으니, 그 죄는 하늘에 닿을 만큼 악덕한 죄로써 용서할 수가 없는 것이다. 그러하매 김종직은 대역죄로 논단하여 관을 쪼개어 송장의 목을 베게 하는 것이며 그 무리 김일손, 권오복, 권경유는 간악한 덩어리로 뭉쳐서 서로 호응하고 도와 그 글 〈조의제문〉을 칭찬하기를 충성과 의분에서 나왔다고 사초에 기록하여 영원히 후세에까지 전하고자 했으니 그 죄가 김종직과 같다. 그러므로 아울러 능지처참하도록 한다. 김일손은 또 이목, 허반, 강겸 등과 더불어 선왕의 일을 거짓 꾸며 서로 전하여 말하고 사초에 썼으니 이목과 허반도 목을 베어 죽이는 형벌에 처하고, 강겸은 곤장 1백 대를 치고 가산을 적몰하여 먼 변방에 보내어 관노官奴를 만들게 하노라. 표연말, 홍

무풍군 이총 묘비. 경기도 고양시.
「조선국 증 명의대부 무풍군 겸 오위도총부 부총관
시 충민 행 창선대부 무풍부정 이공총지묘.
배 증 현부인 평양조씨 부 배 증 현부인 의령남씨 부」

초당 강경서 선생 묘소 입구를
가리키는 안내석.
경기도 파주시.

한, 정여창, 이총李摠 등은 난언亂言의 죄를 범했고, 강경서姜景叙,
이수공李守恭, 정희량鄭希良, 정승조鄭承祖 등은 난언을 알고도 고
하지 아니하였으니 아울러 곤장 1백 대를 쳐 3천 리 밖으로 귀양 보
내노라. 이종준, 최부崔溥, 이원李黿, 이주李胄, 김굉필, 박한주朴漢
柱, 임희재, 강백진康伯珍, 이계맹李繼孟, 강혼은 모두 김종직의 제
자로서 서로 붕당朋黨을 만들어 칭찬하고 혹은 나라의 정치를 비방
하여 세상의 일을 비평했으니 그대로 둘 수 없다. 임희재는 곤장 1백
대를 쳐서 천 리 밖으로 귀양을 보내고, 이 주는 곤장 1백 대를 쳐서
먼 변방에 부처付處시키고, 나머지 사람들은 모두 곤장 80대를 쳐
서 먼 지방에 귀양 보내되, 귀양 간 사람은 모두 산상山上의 봉화烽
火와 관청의 횃불을 관리하는 천한 역을 맡게 한다. 성중엄은 곤장
80대를 쳐서 귀양 보내고, 이의무李宜茂는 곤장 60대를 쳐서 내쫓

으며, 역사를 편수한 관원으로 김일손의 사초를 보고도 즉시 아뢰지 아니한 어세겸魚世謙, 이극돈, 유순柳洵, 윤효손, 김전金詮 등은 관직을 파면시키고 홍귀달洪貴達, 조익정趙益貞, 허침許琛, 안침安琛 등은 좌천시키노라. 그릇된 신하를 없이 하고 이미 대역부도한 죄를 처단하였으니, 우레 소리 섞인 비가 내림으로써 마땅히 정국이 혁신되는 은

간신 김안로의 숙부 김전 묘비. 경기도 고양시.

혜를 입게 될 것이니라.〉

좌의정 한치형 등은 어전에 나아가 죄인들의 치죄를 경하하였다. 그런 연후 연산 군주는 곧 형조에 기별을 하여 죄인들의 행형行刑을 속히 거행할 것을 명하였다. 행형 날짜는 점차 다가왔다. 몸서리치는 피바람이 부는 날이었다.

형의 집행과 힘을 얻는 유자광 일파

유자광이 일을 꾸며 왕에게 무고한 지 한 달도 못되는 7월 26일이었다. 연산 군주는 유자광의 상소에 의해 김일손 등을 7월 12일부터 26일까지 신문한 끝에 이 사건은 모두 김종직이 교사한 것이라 결론지었다. 이미 그렇게 결론지을 것을 정해 놓은 결과라 해야 옳을 것이다.

억센 장정들이 괭이를 들어 김종직의 무덤을 순식간에 파헤쳤다. 그 안에서 새까만 옻칠을 한 관 하나가 나오자 형리들은 즉시 김종직의 관에 톱을 대고 쓱쓱 썰기 시작했다. 잠시 뒤 형리들은 관 안에서 김종직의 시신을 꺼내 뼈를 추리고 맷돌에 갈아 강물에 띄웠다. 죽은 김종직은 이같이 해서 참혹한 부관참시의 형을 당하였다.

다음은 이어서 탁영자, 김일손을 비롯하여 권오복, 권경유의 사지가 토막이 났다. 능지처참의 형을 받은 김일손, 권오복, 권경유의 사지는 토막이 난 채 사람들의 통행이 많은 인경각 앞에 효수되었다. 그리고 이목, 허반, 강겸은 목을 베는 참형에 처해졌으며 표연말, 홍한, 정여창 등 나머지 1백여 명은 곤장 1백 대 혹은 80대를 맞고 3천 리 밖이나 1천 리 밖으로 각각 유배형이 가해졌다.

곤장을 맞고 유배되는 사람들은 가죽이 터지고 살이 찢어진 참혹한 형상으로 마지막 길이 될지도 모르는 유배를 떠나야 했다. 유배

한재 이목은 혼란의 정치를 피해 경기도 김포시 하성면에 은거하면서 정자에 '한재다정'이라는 현판을 걸었다.

를 떠나는 신하들은 슬피 울며

"바른 말을 여쭙는 신하들을 다 내쫓으시면 어느 신하를 데리고 정사를 행하실 것입니까."

하며 하소연했지만 소용없는 일이었다. 한번 내려진 왕명을 연산 군주가 스스로 거둘 일은 없었다.

이리하여 무수한 선비들이 모조리 된서리를 맞아 죽거나 아니면 내쫓기게 되었다. 밝은 세상에서는 조용히 꼬리를 도사리고 있다가 나라가 어지러워지면 간악한 무리가 그 기회를 노려 독한 씨를 뿌리는 것은 동서고금이 다 같은 예로 유자광과 그 일파 또한 바로 그러한 무리였다.

그러한 훈구파 유자광 무리와 합세해 처음부터 선비를 싫어하던 연산 군주가 마침내 김종직의 부관참시를 비롯해 1백여 명의 신하들을 죽이거나 유배하는 비극의 무오사화를 일으킨 것이다.

왕비 신씨는 김종직의 부관참시를 비롯해 수많은 선비들이 처형되었다는 소식을 듣자 놀라 가슴을 떨다가 내전을 찾아온 연산 군주를 보자 그만 눈물을 흘렸다. 연산 군주는 마땅치 않은 듯 노기 어린 용안으로 왕비를 건너다보았다. 왕비는 눈물을 수습하며 아뢰었다.

"죽은 사람도 죽은 사람이지만 그들 식솔들을 생각해 보십시오. 왕실을 얼마나 원망하고 있겠사옵니까? 자식 기르는 부모 마음은 다 한가지이니 그들도 자식들이 있을 것이요, 늙은 부모가 있을 것입니다."

왕비가 눈물을 흘리며 호소했으나 연산 군주는 도리어 냉소를 지었다.

"가의賈誼가 굴원屈原*을 생각해서 울었다더니 중전이 죄인을 생각하여 울고 있으니 하는 말이오."

라고 말하는 연산 군주의 표정에서는 오히려 그러한 왕비를 모멸하는 내색이 역력했다. 연산 군주는 만사가 귀찮았다. 이러한 속박에서 한시 바삐 벗어나고 싶었고, 왕비는 한숨으로 심정을 달랠 수밖에 없었다.

이 옥사로 많은 신진 사류가 희생되고 주모자인 이극돈까지도 파면되었으나, 유자광만은 위세가 당당하여 그의 뜻을 거역하는 자가 없었다. 특히 신진 사류는 많은 수가 직접 희생되었을 뿐만 아니라 그 사기도 크게 위축되었다.

그들은 이후로도 큰 사화를 여러 차례 더 겪게 되는데, 그럼에도 불구하고 사림은 서원과 향약을 기반으로 잠재적인 성장을 계속하여 다시 중앙 정계에 진출하고 선조 대에는 정계의 주류를 이루게 된다.

연산군과 장녹수의 태평스러운 사냥길 거둥

연산 군주는 이 무렵 다시 복직이 되어 판중추부사로 있는 임사

---

* 가의賈誼는 전한前漢 문제文帝 때의 학자이자 정치가였으며, 굴원屈原은 전국시대 초나라의 정치가이자 시인이었다.

홍을 궁으로 불러들였다. 바로 우울한 심사를 일전시킬 묘안을 상의하였고 임사홍은 그러한 연산 군주에게 사냥보다 더 좋은 방법은 없다고 진언하였다.

"예藝, 악樂, 사射, 어御, 서書, 수數를 육예六藝, 즉 여섯 가지 재주라 이르지 않습니까. 대간에서는 이제 전하께서 하시는 일을 가로막으려 들지 못할 것이오며, 백성들이 보기에도 사냥하시는 일은 호탕한 무예를 닦으시는 일이니 썩 공경해서 우러러 볼 것이옵니다."

이 말을 들은 연산 군주는 순간 반색을 하더니 다시 시큰둥한 표정이 되어 말을 꺼냈다.

"음……, 그거 그럴싸하기는 하지만 병사 놈들이나 데리고 가는 사냥이어서 재미가 없습디다."

연산 군주나 임사홍이나 민심의 여파는 관심 밖의 일로 임사홍의 대답이 더욱 가관이었다.

"장 숙원을 남장으로 차리게 하여 말 등에 함께 태우시고 행행하시오면 또 다른 재미가 있을 것이 아니겠사옵니까. 태조 대왕께서도 함흥에 거둥하실 때 젊은 여인네들에게 노상 남복을 차려 대동하고 다니시지를 아니하셨습니까."

하였고, 연산 군주는 벌써부터 흥미가 바싹 당기는 모양으로 호걸스럽게 웃어 젖혔다.

"하하하, 남녀가 함께 말을 타는 재미도 새로운 맛일 것이오. 또 사냥에서 잡은 짐승으로 술안주를 만들어 잔을 기울이는 맛 또한 각별할 게 아니겠소?"

연산 군주는 신이 나 어서 간결하게 행차를 꾸미도록 하였고 사냥 장소는 강줄기가 훤히 내다보이는 서강西江으로 결정하였다. 임사홍은 그곳에서 조금 북쪽으로 올라가면 봉원사가 있으니 사냥이 끝난 다음에는 그곳에서 잠시 쉬었다 와도 좋을 것이라 상언하였다.

이같이 해서 연산의 사냥길 거둥은 시작되었다. 한편에서는 충신 열사 등이 시체로 변하여 효수되거나 멀리 귀양을 떠나고 있는데 궁중에서는 전에 볼 수 없던 희한한 놀이가 진행되고 있었다.

연산 군주는 이제 거칠게 없어서인지 생기가 돌았다. 귀찮은 유학자들을 모두 처단한 오늘날 왕의 행동을 막을 사람은 아무도 없었던 것이다.

임사홍은 연산 군주의 사냥 행차를 부지런히 지휘하고 있었다. 그는 이번 사냥에는 병사 10여 명에 활 잘 쏘는 무감 3, 4명만 시종하도록 했다. 수효가 많으면 호젓한 맛이 없을 것이기 때문이었다. 임사홍의 설명을 들은 연산 군주는 만족해했다.

연산 군주는 대궐을 나설 때에는 장녹수와 각각 다른 말을 타고 나갔다가 문안을 벗어나면서 어승마를 장녹수와 함께 타고 가기 시작했다. 그렇게 해야 이목도 가려지고 또한 장 숙원을 꼭 안고 가는 큰 풍류를 즐길 수 있을 것이라는 임사홍의 말을 따른 것이다.

남장한 여인을 앞세운 이 괴상한 행차가 대궐 문을 벗어나 서강으로 향했다. 10여 필의 말이 요란한 말발굽 소리를 울리는 가운데 왕의 사냥 행차가 영추문迎秋門을 빠져 나와 서강으로 향하자 백성

영추문 천장

들은 이 괴상한 행렬을 보려고 떼를 지어 모여 들었다.

"저게 뭐요? 아니, 저건 선전관이 배행한 것을 보니 임금 행행이 아니오?"

"그러고 보니 변복을 하고 사냥을 나가시는 것 같구려."

"잘한다, 잘해! 나라의 충신은 모조리 몰아내고, 임사홍 같은 간신 놈들이나 가까이하시어 사냥이나 다녀?"

"얼씨구! 저것 보게 남복으로 차린 계집까지 데리고 가는구나."

"이러니 나라가 망합니다. 나라가 망해요."

"어이구! 하늘도 무심하시지, 어째 등극하신 지 몇 해도 안 되는데 나라가 이 꼴인고……."

백성들은 왕의 사냥길 거둥을 보고 제각기 탄식을 하여 마지않았으나 연산 군주는 태평스럽게 사냥터로 향하였다.

사냥터에는 노루와 여우와 꿩과 토끼들이 많았고 연산 군주는 흥이 나서 말을 몰았다. 무사들을 시켜 짐승을 몰게 하고는 남장을 한 장녹수와 함께 활시위를 당겨 쫓겨 도망쳐 오는 짐승을 쏘곤 했다.

연산 군주에게는 더 없이 흥겨운 놀이였다. 앞으로 뛰어오는 몇 마리의 노루 가운데서 한두 마리는 화살을 맞고 거꾸러졌다. 군사들이 연산 군주와 장녹수가 활을 쏠 때마다 환호를 올리니 연산 군주의 흥취는 더욱 더 높아만 갔다.

삼각산에서 호랑이가 나와 내시를 잡아먹는 일이 있을 정도였으므로 서강 일대에도 많은 짐승들이 들끓었다.

봉원사에서 마시는 곡주

연산 군주는 해가 서산으로 기울어질 무렵에는 제법 여러 마리의 짐승을 잡고 희색이 만면해서 봉원사로 내려갔다. 봉원사는 서강에서 북쪽으로 조금 떨어져 있는 아늑한 절이었다. 연산 군주가 봉원사로 거둥을 하자 너무나 의외의 일을 맞은 주지 학조學祖 스님이 얼른 땅에 엎드리며 연산 군주를 영접하였다.

"누추한 곳이오나 자리를 다시 깔고 향을 피워 지존 행행을 봉영하겠사옵니다."

연산 군주는 봉원사 주지의 문후 인사를 받자 선전관을 불러 세워 산짐승을 굽고 지져 술안주를 만들도록 명하였다. 선전관은 급히 물러가 여승들을 지휘하여 주안상을 마련하게 했다. 청정한 절에서 고기를 굽고 지지는 누린내가 진동을 하였고 엄숙해야 할 사찰에서 술잔치가 벌어지기 시작했다. 학조 스님은 비장해 두었던 법주法酒를 연산 군주에게 올렸다.

"전하, 그것은 술이 아니오라 곡차曲茶이옵니다."

곡차는 불가佛家에서 술을 뜻할 때 쓰는 말로 술을 좋아하던 진묵震黙 대사가 술이라 하기가 뭐해 차茶라 하고 마신 이래 사용되는 말이었다. 학조 스님은 연산 군주에게 절에서 술을 마신다 하면 법도에 어긋나는 것이라 곡차라 하는 것이라 말해 주었다.

연산 군주는 호기로웠다. 일일이 간하며 잔소리만 일삼는 유학자들을 보다가 이 학조 스님의 그럴 듯한 설명을 듣자 매우 흡족했기 때문이었다. 궁궐에서는 찾을 수 없는 술이라 연산 군주가 무슨 곡식으로 만든 차인지를 묻자 학조 스님이 답하였다.

"성상께서 물으시니 바른대로 여쭙겠사옵니다. 맨 처음에는 두꺼비를 잡아먹은 뱀을 잡아 병에 넣은 다음 진한 곡차를 병 가득히 부어 채워 만든 것이옵니다. 그리하면 음陰의 기운과 양陽의 기운이 서로 얽혀 영검한 효험이 나타나옵니다."

학조 스님의 말을 들은 연산 군주는 이는 『주역周易』 서문에도 부음負陰이 포양抱陽이라 하고 나오는 말이 아니냐며 반색하였다. 음은 양을 업고 양은 음을 안는다 하였으니 음양의 두 기운이 혼융混融이 되어 특효가 있는 술일 것이고 이는 연산 군주에게 가장 흥미로운 분야였다.

곡차에 대한 학조 스님의 설명은 이어졌다. 이렇게 담은 술을 깊숙한 산중 바위 아래에 3, 4년 잘 묻어 두었다가 꺼내면 천일주千日酒가 되는 것으로 날씨가 더울 때에 마시면 서늘한 곡차 기운이 더운 날씨를 잊게 하고, 날씨가 추울 때에 마시면 훈훈한 곡차 기운이 차가운 겨울을 잊게 하는 신통한 힘을 내는 곡차가 된다는 것이었다. 봉원사 주지 학조 스님은 왕이 비장의 술에 대하여 흥미를 갖자 사뭇 신이 나서 설명해 올렸다. 이런 학조 스님에게 연산 군주가 농을 걸었다.

"그래서 이 곡차를 혼자만 몰래몰래 마셨다 그 말인고?"

"아니옵니다. 그 어찌 몰래 혼자서만 마시겠사옵니까? 부처님은 중생 하나하나의 마음속에 계시는 것이니 석가여래의 높으신 계명을 염불하면서 돈독한 신심信心을 굳게 하면서 마시었사옵니다."

학조 스님은 이어 달마達磨 대사를 비유하며 연산 군주를 흡족하게 만들었다. 옛날의 고승高僧 달마 화상和尙 같은 분도 창녀와 잠자리를 같이 하였지만 후세에 파계승이라고 욕한 사람은 한 사람도 없지 않느냐는 것이었다.

여색을 밝히는 연산 군주에게는 기분 으쓱해지는 말이 아닐 수 없었다. 왕은 학조 스님의 능란한 말솜씨에 마음이 느긋해졌다. 이 학조 스님으로 말할 것 같으면 군장사奲長寺에서 설법을 하다가 영응永膺 대군의 부인 송宋씨와 불미한 일이 있다 하여 한때 온 장안을 시끄럽게 했던 인물이었다. 그는 인물과 풍채가 범연치 않았으며 능수능란한 말솜씨는 사람을 현혹하는 힘이 있었다.

세종 제8왕자 영응 대군 신도비각. 경기도 시흥시.

그렇기에 선왕 성종 때에 세종의 여덟 번째 아들인 영응 대군의 부인 송씨가 군장사에서 설법을 듣다가 시비侍婢들이 깊이 잠든 틈을 타서 이 학조 스님과 불미한 정을 통했다는 기록이 남아 있을 정도였다. 그러니 그의 입에서 나오는 음양의 풀이는 더욱 흥미 있을 수밖에 없었다.

연산 군주는 흥이 돋아 한껏 취하였다. 안주는 인근 산야에서 잡아 온 산짐승의 구운 고기요, 앞에는 요승妖僧 학조요, 천하절색인 장녹수가 또한 연산 군주의 곁에서 시중을 들고 있었으니 술맛 또한 각별했던 것이다.

더욱이 술은 곡차라고 이르는 사주蛇酒였으니 궁중에서 지금까지 마시던 술맛과는 다른 독특한 풍미가 있었다.

연산군에게 욕을 당하는 여승들

술이 거나해진 연산 군주가 경복궁으로 행차를 돌린 것은 이경二 更을 알리는 종소리가 울린 후였다. 궁으로 돌아오던 연산 군주는 갑자기 무엇을 생각했음인지 행차를 멈추게 하였고 곧 10여 필의 말이 콧소리를 요란하게 내며 달리던 길을 멈추었다.

연산 군주는 장녹수에게 곧 숙용淑容으로 승차시켜 줄 것이라며 먼저 환궁하도록 이르고 사냥 길에 배행했던 여러 군사에게도 따로 각각 상금을 내렸다. 또한 봉원사의 학조 대사에게도 상금을 내렸는데 그에게는 특별히 곡식 수십 석에다 따로 은자까지 내렸다. 처

정업원. 서울시 종로구 숭인동.

음에는 샐쭉했던 장녹수도 종3품으로 성균관 사성司成과 같은 정도
인 숙용으로 승차시켜 준다는 말에 어명을 고분고분 받들며 환궁하
였다.

모두들 물러가자 연산 군주는 선전관에게 창덕궁昌德宮 금호문金
虎門 앞에 있는 정업원淨業院으로 말을 몰도록 명하였다. 선전관은
자신도 모르게 두 눈이 휘둥그레졌다. 그곳은 여승들만이 있는 곳
이었기 때문이다. 그러나 연산 군주의 명에 거역했다가는 바로 죽
은 목숨인지라 선전관은 놀라면서도 말머리를 정업원으로 한달음
에 돌렸다. 연산 군주의 행차가 정업원 문턱에 이르자 선전관은 여
승들을 독촉해 불렀고 정업원 비구니들은 난데없는 임금의 거둥에
어찌할 바를 몰라했다.

한 나라의 임금으로는 참으로 놀라울 만한 일을 저지르려 하는
것으로 절에 들러 도연히 오른 취기에 연산 군주는 엉뚱히도 여승
들 생각이 난 것이다. 정업원은 세종이 경복궁에 있는 배불당內佛堂
을 옮겨 지은 어용御用의 절로서, 유학자들이 궁중에 불당佛堂을 두

는 것은 유교 사상에 어긋난 일이라 하여 간쟁을 벌이자 세종이 잠시 이곳으로 옮기게 한 것이었다.

뜻밖인 왕의 거둥에 정업원의 여승들은 허겁지겁 나와 부복 봉영奉迎을 했고 술에 취한 연산 군주는 그들을 다시 안으로 이끌었다. 이 숭엄한 불당에서 술에 취한 왕이 여승을 희롱하기 위해 행차한 것이다.

쪽을 찐 여인이야 어디를 가면 없겠는가마는 누비옷에 머리를 깎은 비구니를 데리고 즐길 생각이 들자 연산 군주는 자신의 기발한 생각에 흡족했다. 연산 군주는 술에 취해 연신 여승들을 둘러보며 예쁘장한 얼굴만을 찾았다.

엎드려 고개를 못 드는 여승들 앞으로 정업원의 주지승 묘향이 다가와 문안을 올렸다. 고개를 들도록 명하는 연산 군주의 말에 주지승은 황공해 떨면서 고개를 들었고 연산 군주는 등불을 가까이 대도록 하였다. 묘향 스님의 나이는 젊지 않았고 그런 앞에서 연산 군주가 외쳤다.

"늙은 계집이로구나. 얘들아, 얼굴 하나하나를 봐서 늙었거나 보기가 싫은 계집은 방망이로 때려서 내쫓도록 하여라."

연산 군주는 몽롱한 눈을 들어 이같이 명령을 하고는 젊고 예쁜 여승 7, 8명을 붙들어 오도록 했다. 방망이에 맞고 쫓겨 가는 여승들은 아우성을 쳤다. 이곳은 부처님을 모신 신성한 곳이며, 열성조의 여러 임금들이 참배하던 부처님이 계시는 내불당이라는 울부짖음은 연산 군주의 귀에는 들리지 않았다. 군사들 서너 명이 육모 방망이를 휘둘러 정업원의 못생기고 늙은 여승들을 마구 내쫓는 아닌 밤중에 대소동이 일어났다. 고함을 치며 나둥그러지고, 엎어져 이마가 터진 여승들도 여럿 있었으나 왕명이니 매를 맞은 여승들은 문밖으로 쫓겨나야 했다.

그리고 얼굴이 반반한 나머지 여승들은 절체절명의 왕명 앞에 시중을 들어야 했다. 연산 군주의 눈에는 그저 젊고 어여쁜 여승들의 환상만이 보일 뿐이었다. 연산 군주는 정욕으로 불타는 두 눈에 웃음을 띠며 다시 어명을 내렸다.

"이 여승들을 대웅전 너른 대청으로 데리고 가 모조리 옷을 벗겨라."

그날 밤, 여승들은 이 천하에 둘도 없는 임금에게 청정淸淨을 침범당하고 말았다.

인간 본성의 끝을 보여준 연산군

연산 군주가 자신의 지위를 잘 알고 자신을 조금만 더 다스렸더라면 억울하게 폐위된 어머니를 잃고 외롭게 성장한 일면 안쓰러운 왕으로 평가되었을지도 모른다. 그러나 왕위 계승 초기 상식적인 정국 운영은 잠시 뿐, 점점 자신의 본성을 드러내던 연산 군주는 무오사화를 기점으로 어느 누구도 말릴 수 없는 지경으로 치달았다.

인간으로서 누릴 수 있는 온갖 호사를 누리고 법과 도덕과는 무관하게 최대한 자신만의 본성을 누린 인물이 조선 역사상 전무후무한 연산 군주라는 왕이었다. 무고한 사람들을 잔인하게 죽인 것은 기본으로, 자신이 취하고 싶은 여인이라면 결혼을 한 사람이든 자신과 혈연관계에 있는지 여부는 조금도 문제되지 않았다.

그러니 민생을 돌보는 마음이랴 말해 무엇하겠는가.

1498년(연산 4) 무오년/戊午年 7월 이전까지의 연산군의 행적을 보면 무오사화 이후와는 확연히 다름을 알 수 있다. 연산군은 과격한 관리들에게 당부하기를 힘없는 백성들을 잘 보살펴 주고 고통을 줄여 주는 조정이 되어야 한다고 했으며, 연산군 자신이 솔선수범했음이 남겨져 있다. 또 초기에는 부조리한 일을 행하려 하는 경우에도 신하들과의 사이에서 지켜야 할 정도를 지키려 했고, 대간들 또한 두려움 없이 직언하는 모습을 볼 수 있다. 『연산군일기』의 기록을 통해 연산군이 어머니 윤씨의 죽음에 대해 알기 직전까지 어떤 왕이었는지를 살펴본다면 어머니의 죽음으로 인해 어린 연산군이 느꼈던 외로움과 겪었던 상처가 어느 정도였는지도 가늠이 될 것이다.

『연산군일기』를 따라가 보니 연산군의 행적을 남긴

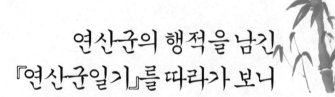

연산군의 행적을 남긴
『연산군일기』를 따라가 보니

　연산군의 일대기는 실록實錄이라 하지 않고 일기日記라 하여 격하시켰다. 『연산군일기』는 연산군 재위 12년간의 기록으로서, 임금으로부터 폐위되었으므로 서민들이 쓰고 있는 일기와 같이 하여, 실록을 일기라고 이름 붙인 것이다.

　1498년(연산 4) 무오년戊午年 7월 이전까지의 연산군의 행적을 보면 무오사화 이후와는 확연히 다름을 알 수 있다. 연산군은 과격한 관리들에게 당부하기를 힘없는 백성들을 잘 보살펴 주고 고통을 줄여 주는 조정이 되어야 한다고 했으며, 연산군 자신이 솔선수범했음이 남겨져 있다. 또 초기에는 부조리한 일을 행하려 하는 경우에도 신하들과의 사이에서 지켜야 할 정도를 지키려 했고, 대간들 또한 두려움 없이 직언하는 모습을 볼 수 있다. 『연산군일기』의 기록을 통해 연산군이 어머니 윤씨의 죽음에 대해 알기 직전까지 어떤 왕이었는지를 살펴본다면 어머니의 죽음으로 인해 어린 연산군이 느꼈던 외로움과 겪었던 상처가 어느 정도였는지도 가늠이 될 것이다.

1509년(중종 4)에는 수정청修正廳이 새로 생겨났는데, 이는 연산군 시대에 이루어진 일기 중 잘못 기록된 것을 바로 고쳐 쓰기 위해 설치하였다. 명칭은 『연산군일기』라고 하였으나 내용은 실록이나 다름없다. 『연산군일기』63권 46책은 직필直筆하다 억울하게 목숨과 바꾼 사관史官들이 있었기에 오늘날 『조선왕조실록』으로 전해 내려오는 것이다.

1498년(연산 4) 무오년 5월 23일 무오일의 행적

첫 번째 기사　　왕이 내시와 역사 맡은 관리를 시켜 옥에 가서 죄수들의 정상을 알아보고 빨리 처리하게 하는 동시에 최미동 등 13명을 특별히 석방하였다. 곧 지시하기를

"이 사람들은 아무리 호되게 신문한다 하더라도 결국 근거는 없을 것이니 턱없이 형장만 맞을 수 있다. 석방할 것이다. 그리고 장사치들에게 권유하여 물건을 거두어들인 수량을 물어서 보고할 것이다."
라고 하였다.

이보다 앞서 최미동을 비롯한 수도의 큰 장사치들이 황선남과 함

께 작은 장사치들을 꾀이고 새로 속한 장사치들을 들볶아서 턱없이 천을 거두어 가지고 불교 행사를 벌이려 하였다. 사헌부에서 잡아 가두고 신문하여 죄를 다스리려 하였는데 특별히 석방하게 하였다.

지평 안팽수가 아뢰기를

"이 무리들은 장사치들을 권유하기도 하고 새로 속한 장사들을 들볶기도 한 것만큼 참으로 죄가 경하지 않을 뿐더러 그중 7명은 옥 중에서 제 손으로 칼을 벗었습니다. 놓아 보내는 것은 타당치 않을 것 같습니다."

라고 하였다. 이에 왕이 지시하기를

"만일 임금으로 여긴다면 하는 말을 따라야 할 것이고 임금으로 여기지 않는다면 마음대로 할 것이다. 임금이 하는 말을 따르지 않는다면 아비도 모르고 임금도 모르는 오랑캐와 무엇이 다르겠는가."

라고 하였고 안팽수가 다시 아뢰기를

"이 무리들이 범한 죄는 매우 엄중한데 이제 특별히 석방하는 것은 아주 옳지 않습니다."

라고 하니 왕이 지시하기를

"옛날에 동탁이 권력을 잡고 제멋대로 권력을 휘두르자 양표는 말하기를 〈민심은 동요하기 쉽고 안정시키기는 어렵다〉라고 하였다. 지금 대단치 않은 일로 해서 오랫동안 옥에 가두어 둔다면 민심이 동요하지 않겠는가?"

라고 하였다.

집의 이유청 등이 합사僧司하여 아뢰기를

"지평이 제의한 것은 바로 본 사헌부의 의사입니다. 지시에 이르기를 〈아비도 모르고 임금도 모르는 오랑캐와 무엇이 다르겠는가〉라고 하였으며 또 동탁의 사실을 끌어다가 거절하니 신 등은 벼슬자리에 있기 거북합니다. 협의를 피할 것을 청합니다."

라고 하니 지시하기를

"이것은 나라의 운명과 관계되는 문제가 아닌 것만큼 석방한들 정사에 무슨 지장이 있겠는가. 나의 말이 옳은데도 불구하고 너희들은 도리어 혐의를 피할 것을 청해서야 되겠는가."

하였다. 유청 등이 다시 아뢰었다.

"신 등은 이 문제가 나라의 운명과 관계된다고 생각합니다. 부유한 장사치들이 큰 죄를 범하였는데도 놓아 보내고 다스리지 않는다면 형벌에 관한 정사가 문란해지고 형벌에 관한 정사가 문란해지면 나라가 위태롭게 되는 것입니다. 신 등은 법을 맡고 있으므로 언제나 법이 문란해질까봐 우려합니다. 만일 부유한 장사치들에 대해서는 다스리지 못하고 빈약한 사람들에 대해서만 법을 적용한다면 교활한 무리들은 징계할 수 없을 것이고 신 등도 사람들의 비웃음을 받게 될 것입니다. 설사 임금의 집안사람이나 재상인 경우일지라도 죄가 있으면 법조문대로 처결해야 할 것인데 더구나 이런 장사치들을 어떻게 법을 굽히어 용서할 수 있겠습니까."

왕이 지시하기를

"최미동 등의 문제에 대하여 내가 놓아주라고 지시하였는데 너희들이 따르지 않으니 훗날 경연에서 무슨 면목으로 나를 만나겠느냐.”
라고 하였다. 헌납 최형한이 아뢰었다.

"공로 있는 임금의 친척이나 대신이 죄를 졌더라도 특별히 용서
할 수 없는데 더구나 이런 장사치들을 어떻게 법을 굽히고 사사로
이 용서해 줄 수 있겠습니까. 이제 만일 다스리지 않는다면 장사치
들이 아마 말하기를 〈거리에 사는 사람들을 꾀여서 부처에게 공양
하고 중에게 밥을 먹인다 하더라도 나쁠 것이 없고 옥에서 탈주하
거나 칼을 벗겨도 나쁠 것이 없으며 사헌부에 갇혀 있다 하더라도
임금의 특전을 바랄 수 있다〉라고 하면서 못하는 짓이 없을 것입니
다.”

왕은 지시하기를

"나는 사람의 목숨이 끊어질까봐 석방하게 하였는데 너희들이 따
르지 않으니 너희들 하고 싶은 대로 하라.”
고 하였다. 유청 등이 다시 아뢰기를

"대간의 임무는 임금과 시비를 다투어 잘못되는 일이 없게 하는
것입니다. 전하가 만일 끝까지 승인하지 않겠으면 신 등의 직책을
교체시키기 바랍니다.”
라고 하였다. 왕이 지시하였다.

"대체로 죄를 지은 사람에 대하여 그가 처음으로 죄를 범한 경우
에는 용서하기도 하고 다시 범하게 되어서야 다스리는 것이다. 지
금 이들로 말하면 대단치 않은 죄로 더운 철에 오랫동안 옥에 갇혀
있기 때문에 내가 놓아 보내라고 지시하였는데 너희들이 따르지 않

으니 이는 동탁과 같은 싹이 자라난 것이다. 동탁은 당시 임금이 암둔하고 나약하여 나라를 맡아 감당해 낼 수 없다고 보았기 때문에 그렇게 한 것이다. 옛 말에 이르기를 〈옥이 비어 있으니 좋은 일이 아닌가〉고 하였다. 옛날의 어진 임금은 만일 죄인을 보면 수레에서 내려 자신을 책망하였으니 이 역시 훌륭한 일이다. 내가 놓아 보내라고 한 것이 어찌 다른 뜻이 있겠느냐. 너희들이 이른바 시비를 다툰다는 것은 무엇을 말하는 것이냐? 내가 만일 농사철에 토목공사를 일으킨다면 너희들이 다투어도 좋을 것이다. 그러나 이 문제에 대해서는 그렇게 해서는 안 된다."

유청 등이 다시 아뢰었다.

"신 등이 죄 있는 사람을 다스리려고 하는 것이 그래 동탁과 같은 싹이 자라난 것으로 된단 말입니까. 이른바 옥이 비어 있다는 것은 죄 있는 사람을 고의로 석방해서 그런 것이 아닙니다. 공로 있는 임금의 친척이나 대신인 경우에도 죄상이 드러나면 법을 굽히어 은혜를 베풀 수 없는 것인데 지금 저잣거리의 이런 장사치들이 죄를 범했음에도 불구하고 어떻게든지 놓아주려고 하니 외부 사람들이 의아쩍게 생각하지 않을 수 있겠습니까."

지시하기를

"너희들의 제의에서 의아쩍게 생각하지 않을 수 없다고 한 것은 내가 청탁을 받았다고 말하는 것 같다. 임금이 약하고 신하가 강한 것은 나라가 망할 징조이다. 그러나 내가 지고 말았으니 보증을 받고 석방한 다음에 신문하여 제 손으로 칼을 벗긴 죄를 다스릴 것이다."

라고 하였다. 유청 등이 다시 아뢰기를

"전하의 지시에서 〈임금이 약하고 신하가 강한 것은 나라가 망할 징조이다〉라고 하였는데 신 등은 격분을 억제할 수 없습니다. 최근에 와서 대간의 말을 따르지 않을 뿐만 아니라 실수하는 말이 매우 많습니다. 전하는 이제부터 다시는 그렇게 하지 말기를 바랍니다. 법조문에 따라 가두어 두고 신문할 것을 청합니다."

라고 하였다. 왕이 지시하기를

"너희들이 제가 옳다고 주장해 나서니 아무리 지시하여도 놓아 보내지 않을 것 같다. 빨리 법조문을 적용하여 보고 할 것이다."

라고 하였다.

두 번째 기사　예조 판서 박안성이 아뢰기를

"신이 전성사가 능에 바싹 가까이 있는 것을 보았으므로 전날에 헐어 버릴 수 없으면 먼 곳에 옮겨다 지어야겠다고 제의하였던 것입니다. 이제 듣건대 유생 조방인 등이 올린 상소문에 〈대신이 임금의 비위를 맞추어 잘못된 길로 인도한다〉라고 한 말이 있다고 하는데 이것은 아마 신을 가리켜서 한 말일 것입니다. 혐의를 피할 것을 청합니다."

라고 하였다. 왕이 지시하기를

"아무리 사람을 선발하여 대간으로 임명하더라도 말을 실수할 때가 있는데 더구나 책이나 읽는 유생들이 하는 말을 가지고 무슨 혐의쩍게 생각할 것이 있겠는가."

라고 하였다.

1498년 (연산 4) 무오년 5월 25일 경신일의 어전회의

유자광이 3년 만에 한 번씩 호적을 고쳐 만드는 규정을 수정하려고 글을 올렸는데 그 요지는 이러하였다.

〈호적법은 백성의 인구수와 노약자의 수를 알려는 것뿐입니다. 그런데 지금 3년에 한 번씩 호적을 고쳐 만든다면 앞으로 정해 놓은 해가 연이어 닥쳐와 끝없이 꼬리를 물게 되므로 백성들에게 미치는 폐단이 큽니다. 설사 6년 만에 한 번씩 호적을 고쳐 만들거나 9년 만에 한 번씩 고쳐 만든다 하더라도 백성의 인구수와 노약자의 수야 왜 알 수 없겠습니까.〉

지평 신복의가 말하기를

"재상 한 개인의 의견으로 옛 제도를 뜯어 고칠 수 없습니다."

라고 하니 왕이 의정부에서 의논해 보라고 하였다. 좌찬성 이극돈은 의견을 내놓기를

"대전大典의 규정은 물론 고칠 수 없습니다. 만일 전하가 그런 폐단이 있다는 것을 잘 안다면 혹 임시로 기한을 물리는 것쯤은 대전의 규정에도 어긋나지 않을 것이고 백성들에게 미치는 폐단도 일정하게 제거될 것입니다."

라고 하였다. 왕은 그 의견을 따랐다. 그 후에 호조판서 박숭질이

아뢰었다.

"요전에 이극돈이 호적을 고쳐 만드는 폐단과 관련하여 제의하면서 혹 임시로 기한을 물릴 수 있다는 의견을 말하였습니다. 신의 생각에는 올해가 바로 호적을 정기적으로 고쳐 만드는 해이므로 각 고을에서 벌써 거기에 쓸 여러 가지 물건들을 거두어 놓았는데 이제 만일 중지하고 다음번 정기적으로 고쳐 만드는 해로 연기한다면 이미 거둔 물건을 도로 내주기 어려운 형편이니 어떻게 처리하겠습니까? 그리고 유자광이 제의한 호적을 고쳐 만드는 것을 연기하는 문제와 제멋대로 물건을 거두어들이는 폐단에 대해서는 따로 규정을 세워서 금지하기를 바랍니다."

왕이 지시하기를

"올해에는 종전대로 호적을 고쳐 만들고 다음번 정기적으로 고쳐 만드는 해는 연기할 것이다. 그리고 폐단을 금지하는 규정은 제의대로 할 것이다."

라고 하였다.

1498년(연산 4) 무오년 6월 1일 병인일 어전회의

왕이 최미동의 죄를 감하여 수도에서 신역만 지우게 하라고 지시하였다. 대사헌 강귀손 등이 아뢰기를

"최미동은 범한 죄상에 대하여 형장 한 대도 맞지 않고 다 자백하였을 뿐 아니라 옥중에서 제멋대로 칼을 벗겼기 때문에 본 관청에

서는 법에 의하여 법조문을 적용하였음에도 불구하고 이제 죄를 경하게 주라고 지시하였습니다. 신 등이 문제를 세워 제의하였으나 도리어 지시하기를 〈나라가 너희들의 나라로 되었다〉라고 하였으니 신 등은 벼슬자리에 있기 거북하므로 사임할 것을 청합니다.”

라고 하였다. 왕이 지시하였다.

“최미동이 범한 세 가지 문제는 다 사소한 죄이다. 〈경 등의 나라〉라고 말한 것은 최미동의 죄에 대하여 내가 이미 등급을 낮추었음에도 불구하고 경 등은 법조문대로 죄를 주려고 하였기 때문이다. 앞서 동탁의 사실을 가지고 말한 것은 동탁이 자기 주견을 고집하고 제 주장만 옳다고 하면서 당시 임금을 암둔하고 나약하다고 보았으며 마침내 나라를 망하게 하였으므로 그렇게 말하였을 뿐이다. 빨리 나와서 일을 볼 것이다.”

강귀손 등이 다시 아뢰었다.

“성종조 때에 유종생이 거리에 방을 붙여 이덕량을 중상하였는데 그것은 이름을 밝히지 않은 글이어서 애당초 믿을 것이 못되었으나 성종께서는 큰 장사치가 나라의 규율을 무시한데 노하여 중형에 처하려고 하였습니다. 그러나 그때 대간과 홍문관 관리들이 믿을 것이 못된다고 하였기 때문에 강계에 보내서 신역만 지게 하였습니다. 이렇게 놓고 본다면 최미동의 죄는 더욱이 감해주거나 속죄시킬 수 없습니다. 그리고 동탁의 사실을 끌어다가 신 등과 비교하는데 신 등은 전하가 이 말은 매우 잘못하였다고 생각합니다. 훌륭한 시대에 어떻게 동탁의 사실과 같은 것이 있겠습니까.”

왕이 지시하기를

"최미동은 유종생과 같은 부류가 아니다. 그저 그가 큰 부자라는 것이 눈꼴사나워서 경 등이 죄를 더 지우려고 할 뿐이다. 먼저 왕조의 말기에는 안개가 사방에 자욱하여 20일 동안이나 그런 때도 있었고 지진이 있기도 하였는데 그것이 그래 좋은 일이겠는가."

라고 하였다. 강귀손 등이 다시 규탄하였다.

"종생은 한 재상을 중상하였는데도 성종께서 법조문에 없는 죄를 지은 것은 참으로 규율과 풍속을 중하게 여겼기 때문이었습니다. 지금 최미동은 부유한 장사치로서 나라의 법을 두려워하지 않는 만큼 응당 법조문을 가지고 죄를 다스려야 할 것입니다. 먼저 왕조 때에 안개가 자욱하거나 지진이 있는 변고는 임금이 약하고 신하가 강해서 그런 것이므로 그것을 오늘에 비교해서 말 할 수는 없는 것입니다. 형벌과 표창은 임금이 나라를 다스리는 중요한 수단이므로 신하는 응당 동요하지 말고 법을 집행하여야 하는 것입니다. 전하는 허심하게 제의를 받아들이기 바랍니다."

왕은 들어주지 않았다. 또 아뢰기를

"최미동은 임금의 친척도 아니고 큰 공로가 있는 관리도 아니며 한낱 미천한 사람인데 전하가 이렇듯 비호하니 임금의 잘못치고 이보다 더 큰 것이 어디 있겠습니까. 신 등은 바른말하는 것을 직책으로 삼는 만큼 설사 죽는 한이 있더라도 회피하지 않을 것입니다. 어떻게 무서운 위엄에 눌리어 말하지 않겠습니까."

라고 하였다. 왕이 직접 글로 써서 지시하였다.

〈경 등이 의견을 고집하면서 그쯤하고 말아도 될 일인데도 아직 결속을 짓지 못하고 여러 날 얽매이니 안으로는 대궐이 소란스럽고 밖으로는 간하는 말을 거절한다는 소문이 자자하다. 이것은 좋은 일이 아니다. 내가 왕위에 오른 뒤로 논박을 받지 않는 날이 없으니 밥맛이 없고 잠도 편안히 잘 수 없다. 마음이 이러하고 보니 병인들 왜 나지 않겠는가. 지금 제의한 문제에 대해서는 여러 사람들이 모두 한결같이 주장해 나서니 형세가 기울어져서 지탱하기 어렵게 되었다. 신하가 강한 기풍이 굳어진 반면에 임금과 신하가 서로 화합하는 미풍은 점점 없어져 간다. 그러므로 억지로 제의를 따를 수밖에 없으니 최미동에게 신역을 지울 것이다.〉

왕이 역사 맡은 관리를 보내서 죄수들을 살펴보게 한 것이 진심으로 죄수들을 생각해서 그렇게 한 것이겠는가. 최미동의 청탁이 들어왔으므로 죄수를 빨리 처결하게 하는 것은 통하여 놓아주려는 것이었다.

1498년(연산 4) 무오년 6월 3일 무진일

장물죄를 범하고 도망친 사람 곽치희의 아들 곽계형이 글을 올려 아버지의 억울한 사정을 호소하자 왕은 지시하였다.

"아버지를 위하는 아들의 마음으로서야 할 수 있는 일은 다 하여야 할 것이다. 그러나 이미 대장에 올랐으니 받아서 심리하지 말 것이다."

1498년(연산 4) 무오년 6월 5일 경오일

상호군 이화가 평시서 직장 양윤의 머리끄덩이를 잡아 쥐고 그의 이마를 치면서 말하기를

"너는 어떤 놈의 자식이기에 감히 나의 기생집에 왔느냐?"

라고 하니 양윤이 말하기를

"나는 바로 검상 장순손이다. 네가 어떻게 감히 이러느냐."

라고 하였다. 이화가 말하기를

"나는 바로 선전관 이지방이다. 검상이 무어기에 두려워하겠느냐."

라고 하면서 서로 치고 받고 하다가 한참만에야 그만두었다. 사헌부에서 소문을 듣고 잡아다가 신문하니 기생이 진상을 낱낱이 공술하였다. 양윤과 이화 등이 말을 올리기를

장순손 묘소. 경기도 파주시 봉일천.
「대광보국숭록대부 의정부 영의정 인동장공순손지묘. 배 정경부인 상산(상주)김씨지부」

"청컨대 의금부 옥에 나가 변론을 하겠습니다."

라고 하였다. 왕이 그 의견을 따랐다. 지평 안팽수가 아뢰기를

"본 사헌부에서 지금 신문이 끝나지 않았는데 이유 없이 다른 관청으로 옮겨가려는 것은 틀림없이 법 맡은 관청에서 끝까지 신문하여 진상을 알아내는 것을 싫어하여 죄를 모면하고 임금을 속이려고 이런 말을 올린 것입니다. 옮기지 말고 신문을 끝내도록 하기 바랍니다."

라고 하였다. 왕이 지시하기를

"의금부는 직접 지시를 받는 옥이다. 역시 거기도 법 맡은 관리가 있는데 다시 옮길 무슨 필요가 있는가."

라고 하였다.

1498년(연산 4) 무오년 6월 15일 경진일의 어전회의

원주原州의 백정白丁인 옥산이 김중부의 아내와 간통하고는 그를 데리고 도망갔다가 넉 달이 지나서야 돌아왔다. 옥산은 다시 김중부를 죽이고 그의 아내를 빼앗아 도망치려고 꾀하였는데 김중부가 그 음모를 알아차리고 밤을 타서 옥산의 집에 가서 그가 자는 것을 엿보고 쏘아 죽였다.

의정부에서 여러 차례 심리하고 보고하기를

〈법으로 따지면 사형 죄에 해당하지만 정상을 놓고 본다면 자신을 죽이려는데 대하여 선손을 써서 죽인 것만큼 응당 사형은 간해 주

어야 할 것입니다.〉

라고 하였다. 왕이 정승을 지낸 사람들과 6조의 참판 이상 관리들의
의논에 붙이도록 하였다. 노사신, 정문형 이세좌, 박안성, 박숭질,
조익정은 의견을 내놓기를

"의정부의 제의가 인정으로 보나 사리로 보나 부합됩니다. 사형
은 감해주는 것으로 논하는 것이 어떻겠습니까?"

라고 하였으며 노공필, 이계동, 권건, 김제신은 의견을 내놓기를

"김중부의 죄는 법조문에는 사형에 해당하지만 정상을 보아서는
용서하여야 할 것입니다."

라고 하였다. 홍귀달의 의견은 이러하였다.

"옥산이 김중부의 아내를 몰래 간통하고는 그를 데리고 몇 달 동
안 도망하여 있었을 뿐 아니라 그의 본 남편마저 죽이려 한 것은 너
무도 심한 짓입니다. 그러나 김중부가 관청에 고발하지 않고 제멋
대로 옥산을 쏘아 죽였으니 죄를 면할 수 없습니다. 그런데 김중부
가 옥산이 자신을 죽이려고 한다는 말을 듣고 화가 박두하게 되어
미연에 선손을 써서 제지하였으니 이것은 그저 자신에게 미치는 화
를 모면하기 위한 것뿐입니다. 한편으로는 정상을 보아 용서하고
다른 한편으로는 법을 보여주는 것이 어떻겠습니까?"

권경우의 의견은 이러하였다.

"장난하다가 죽였거나 실수해서 죽였거나 관계없이 법조문에 의
하면 다 사형에 처하게 되어 있는 것은 사람을 죽이는 것을 중하게
여겼기 때문입니다. 간통하는 현장에서 죽이지 못하였다면 아무리

간통한 사나이를 죽였다 하더라도 어떻게 죄가 없을 수 있겠습니까. 이제 만약 사형을 용서해 준다면 앞으로 반드시 그것을 구실로 해서 함부로 사람을 죽이는 자가 많을 것입니다. 신의 생각에는 법 조문대로 처리하는 것이 타당하다고 생각합니다."

왕은 지시하기를

"김중부의 정상으로 보아서는 동정할 여지가 있지만 사람을 제멋대로 죽인 죄는 면할 수 없을 것 같다. 권경우의 의견이 옳다. 이 의견을 앞서 의논한 재상들에게 보이고 다시 의논하여 보고할 것이다."

라고 하였다.

1498년(연산 4) 무오년 6월 16일 선사일의 기록

왕이 형조에서 죄인을 신문한 문건을 보고 지시하기를

"3일 동안에 강도 3명이 죽었다. 한두 차례 형장을 치면서 신문해서야 어떻게 죽기까지 하겠는가. 아마 지나치게 형장을 쳐서 그렇게 되었을 것이다. 사실을 알아볼 것이다."

라고 하였다. 형조 판서 노공필 등이 보고하기를

"신 등이 어떻게 지나치게 형장을 쳤겠습니까. 지금 한창 더운 철이기 때문에 그렇게 되었습니다."

라고 하였다.

또한 절의를 중요시 한 김종직은 사림의 조종이 되어 조선 시대 도학道學의 맥을 이어가는 중추적 구실을 하였다. 김종직은 영남 사류의 종주로서 자신의 제자인 김굉필, 정여창, 김일손, 유호인, 남효온, 조위, 이맹전, 이종준 등 수백 명에게 지대한 영향을 주었다. 특히, 김종직의 도학을 정통으로 이어받은 김굉필은 조광조와 같은 걸출한 인물을 배출시켜 그 학통을 그대로 계승시켰다.

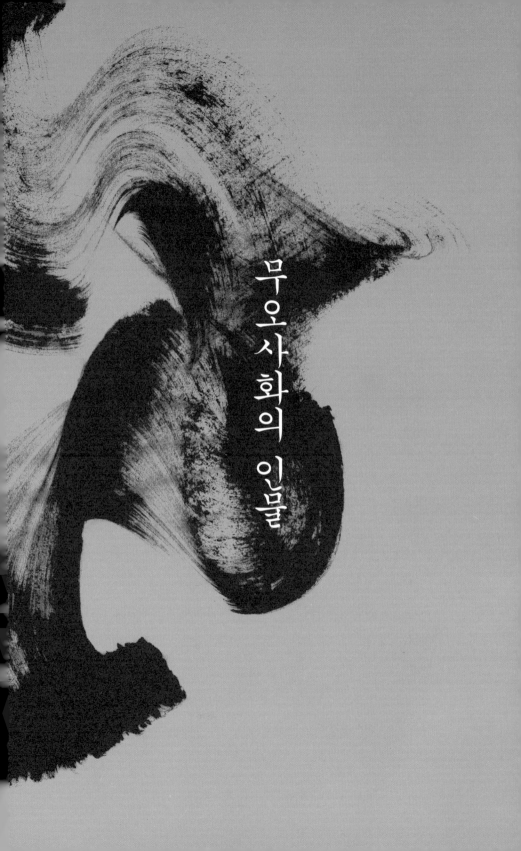

무오사화의 인물

戊午士禍

무오사화의 인물

간신들에 의해 미움을 받은 김종직

김종직金宗直은 1431년(세종 13) 아버지 김숙자와 어머니 밀양 박씨 사재감정 박홍신朴弘信의 딸 사이에서 태어났다.

고려 말 정몽주와 길재의 학통을 이은 아버지로부터 수학한 김종직은 문장文章과 사학史學, 경서經書에 두루 능하였으며 어려서부터 많은 시문과 일기를 남겼다. 특히 1486년(성종 17) 신종호申從濩 등과 함께 『동국여지승람』을 편차한 사실만 보더라도 문장가로서 김종직의 면모를 짐작할 수 있다. 그러나 무오사화 때 많은 저술들이 소실되었으므로 그의 진정한 학문 세계를 이해하는 데는 한계가 있다.

김종직은 1453년(단종 1) 진사가 되고, 1459년(세조 5) 식년 문과에 정과로 급제하여 사가독서賜暇讀書하고 1462년 승문원 박사로 예문관 봉교를 겸하였다. 이듬해 감찰이 된 김종직은 경상도 병마평사, 이조 좌랑, 수찬, 함양 군수 등을 거쳐 1476년(성종 7) 선산善山 부사가 되었다. 1483년 우부승지에 오른 그는 이어 좌부승지, 이조참판, 예문관 제학, 병조참판, 홍문관 제학, 공조참판, 형조판서 등을 역임하였다.

또한 절의를 중요시 한 김종직은 사림의 조종이 되어 조선 시대 도학道學의 맥을 이어가는 중추적 구실을 하였다. 김종직은 영남 사류의 종주로서 자신의 제자인 김굉필, 정여창, 김일손, 유호인, 남효온, 조위, 이맹전, 이종준 등 수백 명에게 지대한 영향을 주었다. 특히, 김종직의 도학을 정통으로 이어받은 김굉필은 조광조와 같은 걸출한 인물을 배출시켜 그 학통을 그대로 계승시켰다.

이처럼 그의 도학이 조선조 도학의 정맥으로 이어진 것은 〈조의제문〉에서도 나타나듯 김종직이 추구한 바가 화려한 시문이나 중국

정여창 고택 만귀정 현판. 경남 함양군.

의 문장을 따르기 보다는 궁극적으로 정의를 숭상하고, 시비를 분명히 밝히려는 성격을 지닌 것이기 때문이다.

김종직은 세조와 성종 대에 걸쳐 벼슬을 하면서 항상 정의와 의리를 실천하였는데, 이와 같은 정신이 제자들에게 전해졌고 실제로 이들은 절의를 높이며 의리를 중히 여기는 데 힘을 썼다. 이러한 연유로 김종직은 자연히 사림학자들로부터 존경받는 인물이 되었고, 당시 학자들의 정신적인 지도자가 되었다.

김종직의 제자인 사림들이 당시 임금의 친척들이 자행하는 비리와 비도를 비판하고 나서자 이에 당황한 훈척 계열인 유자광, 정문형鄭文炯, 한치례韓致禮, 이극돈 등이 1498년(연산 4)에 무오사화를 일으킨 것이다.

후일 제자 김일손이 사관으로 있으면서 사초에 수록해 무오사화의 단초가 된 김종직의 〈조의제문〉은 중국의 고사를 인용해 초나라의 의제와 단종을 비유하면서 세조의 왕위 찬탈을 비난한 것이다. 그 결과 많은 사림들이 죽거나 귀양을 가게 되었고, 생전에 쓴 〈조의제문〉으로 인해 김종직 역시도 부관참시를 당하였다.

김종직은 그 뒤 중종반정으로 신원되었으며 밀양의 예림서원藝林書

정도전 손자 정문형 기념비.
경기도 과천시.
「대광보국숭록대부 의정부 우의정
시 양경 청백리 봉화정공문형 기념비」

院, 선산의 금오서원金烏書院, 함양의 백연서원柏淵書院, 김천金泉의 경렴서원景濂書院, 개령開寧의 덕림서원德林書院 등에 제향되었다.

경상도 밀양에서 태어나 1492년(성종 23) 세상을 떠난 김종직의 본관은 선산善山으로 그의 자는 효관孝盥과 계온季昷, 호는 점필재佔畢齋, 시호는 문충文忠이다.

김종직이 만년을 보낸 배천리

김종직은 만년에 아내의 고향인 경상북도 김천시 배천리倍泉里(현 문당동文唐洞)에 경렴당景濂堂을 짓고 살기 시작했다. 그리고 그 서당 곁에는 못을 파 외가인 밀양에서 연을 옮겨 심었다.

김종직이 배천리에 정착한 이때부터 전국에서 수많은 학자와 제자들이 운집하였고 이는 금산金山(현 김천)을 문향文鄕이라 일컫는 연유가 되었다. 김종직은 『점필재집佔畢齋集』, 『유두류록遊頭流錄』, 『청구풍아靑丘風雅』, 『당후일기堂後日記』 등의 저술과 편저로 『일선지一善誌』, 『이존록彝尊錄』, 『동국여지승람』, 『동문수東文粹』 등을 남겼으나, 그의 많은 학술 논문과 문학 작품은 안타깝게도 무오사화 때 소실되어 지금 전하는 것은 일부에 지나지 않는다.

아래는 김종직이 경렴당 옆 못에 옮겨 심은 연이 잘 자라는 모습을 보고 읊은 시이다.

염계染界는 아니라도 연이 있으니
교정交情의 풍월이 오히려 그립구나.

속은 비고 몸은 곧아 청청한 모습
나는야 앞으로 한사코 사랑하리.

방백方伯이 나눠 준 태취봉련을
향수를 그리면서 웃어 보노라.
앞으로 다른 진수 탐하지 않으리.
자사의 풍미가 어여쁘구나.
연못에 뜬 것은 푸른 평초萍草
경렴당 그 이름이 허명虛名이더니
지금 노을 속에 연화 헤치니
흡족해라 방백 솜씨 이루어졌네.

서로가 사랑함을 말로 다 형용하리
경렴 단장하니 한 마을에 우뚝해라.
다른 날 못가에서 술잔 나눌 제
연꽃과 즐기면서 떠들썩하리.

거학巨學 김종직의 아버지 김숙자

김종직의 아버지 김숙자는 12세 때부터 길재로부터 『소학小學』과 경서를 배우기 시작했다. 역학에 밝은 윤상尹祥이 황간黃澗 현감으로 내려와 있다는 소식을 들은 김숙자는 직접 찾아가 배움을 청하

였고 그 열의를 좋게 본 윤상은 『주역』의 깊은 뜻을 가르쳐 주기에
힘썼다.

1414년(태종 14) 생원시에 합격한 김숙자는 1419년(세종 1) 식년
문과에 병과로 급제한 뒤 고령高靈 현감을 거쳤다. 1436년(세종 18)
에는 경서에 밝고 덕행을 쌓은 선비를 추천하는 데 첫 번째로 뽑혀
세자우정자가 되었다가 잠시 해임되었다가 선산의 교수관이 되고
이후 개령 현감이 되었다. 그 뒤 성균관 사예가 되었으나 1456년(세
조 2) 사직하고 처가가 있는 밀양으로 내려가 후진을 양성하다 그해
에 죽었다.

김숙자의 효성은 지극하여 어버이를 모시는 법도를 『소학』에 따
랐으며, 남을 가르치는 일에도 열심이어서 부모의 상중에도 여막
곁에 서재를 만들고, 조석을 올린 뒤 가르침을 베풀어 학업을 받는
이들에게 큰 감동을 전했다. 김숙자는 또 훈도를 함에 있어서 시작
할 때 『동몽수지童蒙須知』「유학자설정속편幼學子說正俗篇」을 모두
암송시킨 다음 『소학』에 들어가고 그 다음으로 『효경孝經』, 사서오
경, 『자치통감』, 제자백가의 순을 밟았다. 『소학』을 앞세우면서 실
천을 중시하는 학문의 자세는 길재에게서 물려받은 것으로써 당시
사림들 사이에서는 일반적인 것이었다.

그리고 김숙자는 이 길재의 학문을 아들 김종직으로 하여금 잇도
록 했다. 1389년(고려 창 1) 김관金琯의 아들로 태어나 1455년(세조
1) 세상을 떠난 김숙자의 자는 자배子培, 호는 강호산인江湖散人이
다. 선산의 낙봉서원洛峯書院에 제향되었으며 시호는 문강文康이다.

주자학으로 큰 영향을 끼친 고려의 충신 길재

김종직은 길재吉再의 제자로 그는 길재가 전하는 주자학朱子學의 학풍을 계승하고자 노력하였다. 그 꼿꼿함으로 바른 길을 구하던 김종직의 〈조의제문〉이 무오사화의 발단이 될 정도였으니 길재가 김종직에게 미친 영향은 상당했다고 하겠다.

길재는 1353년(고려 공민 2) 아버지 지금주사知錦州事 길원진吉元進과 어머니 판도판서版圖判書에 추증된 김희적金希迪의 딸 사이에서 태어났다. 22세이던 1374년(공민 23) 국자감에 들어가 생원시에 합격하고, 1383년(고려 우 9) 사마감시에 합격하였다.

그는 이때 아버지가 있는 금주錦州에 갔다가, 그곳에서 중낭장으로 있던 신면申勉의 딸과 결혼하였고, 얼마 뒤 부친상을 당하자 3년간 시묘살이를 했다. 1386년 진사시에 제6위로 급제한 길재는 그해 가을에 청주목사록淸州牧司錄에 임명되었으나 오르지 않았다. 이때 이방원李芳遠과 한 마을에 살았던 길재는 서로 오가며 강마講磨하여 두터운 친분을 쌓았다.

1387년(우 13) 성균관 학정이 된 길재는 이듬해 순유박사를 거쳐 성균관 박사로 승진되었으며 이듬해 5월 이성계에 의해 위화도회군威化島回軍이 단행되자,

"몸은 비록 남달리 특이할 바 없지만 뜻만은 백이伯夷와 숙제叔齊의 굶주림을 따르리라."

는 시를 지어 고려왕조에 대한 지조의 뜻을 밝혔다. 1389년 (고려 창 1) 이성계에 의해 창왕이 옹립된 뒤 문하주서가 되었으나, 저물어 가는 고려 왕실의 운명을 한탄하면서 늙은 어머니를 모셔야 한다는 핑계

길재를 기리기 위해 1768년(영조 44) 창건한 채미정. 경상북도 기념물 제55호.

로 관직을 버리고 고향인 선산으로 돌아갔다.

이후 1391년(고려 공양 3) 계림부鷄林府와 안변安邊 등의 교수敎授로 임명되었으나 모두 나가지 않았으며, 우왕의 부고를 듣고는 채소나 과일, 고기 따위를 먹지 않고 삼년상을 몸으로 실천하였다.

길재는 또한 어머니를 봉양함에 있어서도 극진함을 다하였고, 아내 신씨도 그 뜻을 본받아 옷가지를 팔아서라도 시어머니를 극진히 모셨다. 그의 어려운 살림살이에 대해 전해 들은 군사 정이오鄭以吾는 오동동梧桐洞의 묵은 밭을 길재에게 주어 봉양에 쓰도록 돕기도 했다.

조선왕조가 들어선 뒤 1400년(정종 2) 가을에 세자 이방원이 그를 불러 태상박사에 임명했으나 길재는 불사이군不事二君의 뜻을 거듭 밝혔고, 왕은 그 절의에 감복하여 예를 다해 물품을 하사하고 세금과 부역을 면제해 주었다. 또 1403년(태종 3)에는 군사 이양李楊이 오동동으로 옮겨 풍부한 생활을 누리도록 조치했으나, 자신에게 필요한 만큼만 남겨 두고 나머지는 모두 되돌려 보냈다.

이렇듯 조선이 개국된 이후 조정에서는 세 차례나 길재에게 벼슬을 내렸으나 선비가 취해야 할 절의를 앞세우며 부름을 끝내 거절했다. 낙향해 1419년(세종 1) 67세를 일기로 죽을 때까지 자신의 호가 유래된 금오산 기슭에 은거하면서 후진 교육과 학문 연구에만 몰두했다.

길재의 묘소는 경상북도 칠곡군漆谷郡 북삼읍北三邑 오태동吳太洞의 낙동강이 내려다보이는 곳에 자리 잡고 있으며, 묘소 바로 앞 강변의 단애에 지주중류비가 서 있다. 중국 황하黃河의 탁류를 이겨내는 이 비는 시대의 조류에 저항하는 기절氣節의 상징으로 중국 황하의 지주비를 탁본 떠와 만든 것이라 한다.

길재의 묘소는 포란지계형抱卵之鷄形이라 닭이 스무하루 만에 알을 낳듯이 길재의 21대손에 명인이 난다고 구전되고 있다.

그의 본관은 해평海平, 자는 재보再父, 호는 야은冶隱과 금오산인金烏山人이다.

길재와 돌가재 노래

가재야 가재야
너도 엄마를 잃었나
나도 엄마가 없다.
삶아 먹을 줄 알아도
엄마 잃은 게 날만 같아
살려 보내 주마.

길재가 8살 때 부모가 부임지로 떠난 뒤 가난 때문에 홀로 외가에 맡겨졌을 때 읊은 〈돌가재 노래〉이다.

그런데 길재가 임종을 얼마 남기지 않았을 때 부인 신씨가 궁중에서 벼슬을 하고 있는 아들 길사순吉師舜을 불러 올 것인지를 묻자 길재는

"아비는 임금과 같은 것이다. 임금 옆에 있으면 아비 옆에 있는 것과 같다. 아들은 없어도 있는 것이다."

하며 임종에 아들을 보지 않고 죽었다.

어릴 때 엄마가 보고 싶은 정이나, 죽을 때 자식 보고 싶은 정은 같다 한다. 이것은 유교 문화권에서 말하는 성리학의 사상적 지나침을 보여주는 예일지 모르나 고려가 망하고 성리학이 일어나는 과정 속에서 길재가 표본으로 삼은 사상이었다.

이 사상은 안유安裕, 정몽주, 길재에게로 이어졌다가 길재를 통해 선산 땅에서 큰 결실을 맺었다. 그리고 김숙자金叔滋에게 이어진 의로움은 그의 아들 김종직에게로, 또 김종직으로부터 김굉필, 유호인, 정여창, 남효온, 조위, 김일손 등으로 번져 한국 최초의 사화 무오사화에서 의로움을 발하다 무참히 꺾이고 말았다.

성현聖賢은 책을 읽지 않으면 안 된다 했으니

길재를 거쳐 김종직에게도 큰 영향을 끼친 주자학은 고려 시대 안향安珦이 최초로 받아들인 뒤 조선 중기에 이르러 전성기를 이루었

다. 주자학은 중국 송宋나라 대의 학문으로 주돈이周敦頤, 장횡거張橫渠, 정명도程明道, 정이천程伊川, 나종언羅從彦 등의 학설에서 시작되어 주자朱子(주희朱熹)에 의해 완성되었다. 이후 크게 번성하기 시작하며 주자의 이름에서 주자학이라 불리게 되었다.

주자는 만물의 근원을 이理, 음양陰陽과 오행五行을 기氣라 하여 이理는

안향 초상

만물에 성性을 주며 기氣는 만물에 형形을 준다고 하였다. 사람의 성性에 있어서 이理는 본연의 성性, 기氣는 기질의 성性이 된다.

『대학大學』에서는 사람 본연의 맑은 성은 이理를 갖추며 만사에 응하는 것으로 기질의 성은 선악의 구별이 있으며 완전한 인격을 갖기 위한 노력을 밝히고 있다. 긴장하며 순수한 심신 상태를 유지하는 거경居敬과 사물의 이치를 깊이 파악하는 궁리窮理가 그것이다. '경敬에 거한다'는 것은 기질의 성性에 존재하는 욕심을 끊고 외부의 유혹을 물리쳐 마음을 항상 조용히 하는 것이다. 그리고 이理를 구명한다는 것은 만물의 이理를 구명한다는 것이나 이理는 내재해 있기 때문에 객관적 사물에 대한 이理를 구명해야 하는 것으로 이것은 격물格物이라 하며, 격물에 따라 우리의 지식을 완전히 함을 치지致知라 한다. 그러므로 『대학』에서는 성현의 책을 읽지 않으면 안 된다고 밝히고 있다.

주희는 널리 경전을 연구했으며 그중 송의 유학자 정호程顥와 정이程頤 형제의 설을 좇아 특히 『논어論語』, 『맹자孟子』, 『중용中庸』, 『대학』의 사서四書를 중요시 여겼다. 거기에 주석을 가한 것을 집주集注, 신주新注라 하며 이후 사서와 5경五經은 함께 칭하게 되었다. 또 주희는 『통감강목通鑑綱目』을 지어 군신君臣의 도리와 왕조王朝의 정윤正閏을 바로 잡는데도 힘썼다.

주자학은 주자 생전에는 정적으로부터 정도에 어긋나는 학문이라는 이유로 핍박을 당했으나 죽은 뒤에는 많은 학자에 의해 계승되어 원元과 명明나라에 이르러서는 과거에 채택되면서 대단히 융성하게 되었다.

주자학은 성리性理의 개념을 중심으로 하였다고 해 성리학性理學 또는 줄여서 이학理學이라고도 하며 그 외에 정주학程朱學, 도학道學, 주정장주周程張朱의 학, 염락관민廉洛關閩의 학, 송학宋學 등의 이름이 있다.

우리나라 주자학의 대표적 학자로는 이황李滉, 이이李珥 등이 있으며, 조선 중기의 전성기를 거치며 너무 이론 논쟁에 치우친 결과 마침내 실학實學사상이 대두하기에 이른다.

조선을 지킨 길재의 후진들

고려 말 당시 이미 길재의 학문적인 명성은 널리 회자되고 있었기에 태학太學의 생도들은 그의 주위에 몰려들어 배우기를 청하였

금오서원. 경북 선산읍 원리. 경상북도 기념물 제60호.

고 길재는 그들과 경전을 토론하거나 성리학을 강해講解하는 것을
즐겨했다.

그의 문하에 김숙자 등 많은 학자가 배출되어 주자학은 조선으로
들어서 김종직, 김굉필, 정여창, 조광조에게로 그 학통이 이어졌다.
그들은 모두 조선 조정에서 큰일을 한 인물로 조정을 비롯해 온 조
선에 주자학에서 비롯된 길재의 청명한 뜻이 널리 퍼졌다 하겠다.

길재의 뜻을 기려 후세 사람들은 금산의 성곡서원星谷書院, 선산
의 금오서원金烏書院, 인동仁同의 오산서원吳山書院에 향사하였고
이색, 정몽주와 함께 길재는 고려의 삼은三隱으로 불렸다. 길재의
저서로『야은집冶隱集』,『야은속집冶隱續集』과 언행록인『야은언행
습유록冶隱言行拾遺錄』이 전한다.

길재는 집에 들어와서는 효도하고 밖에 나가서는 공손하며 항상
즐거움으로 근심을 잊고자 노력하였으며 세속의 영달에 욕심을 두
지 않았다고 전한다. 그는 평생을 학문 연구와 후학 양성에 힘쓴 학
자로서 궁극적인 지향을 학문에서 익힌 바를 실제로 행하고자 했으

며, 유교의 기본 이념
인 '인의예지신仁義禮
智信'의 덕목을 생활
속에 적용하였다.

동방 성리학의 조종
祖宗이라 불리는 정몽

화석정. 경기도 파주시 임진강 변.

주의 수제자인 길재는 그 학통을 이어받아 계승하고 발전시켜 군사부
일체君師父一體의 대의를 지키고 불사이군의 절개를 완수했다는 평가
받았다. 길재의 시호는 충절忠節로, 파주시坡州市 파평면坡平面 율곡
리栗谷里에 소재한 화석정花石亭이 그의 유지遺址로 알려져 있다.

길재의 인맥은 살아 있었다

해평 길씨의 시조는 길시우吉時遇로 길시우의 증손이 길재이다.

박분朴賁에게서 성리학을 배운 길재는 이색, 정몽주, 권근權近과
교우하며 도학을 밝혔으며 밝힌 도를 행실로 옮겼다. 한국의 유학
자를 성향별로 분류했을 때, 재유才儒와 절유節儒 또는 학유學儒와
행유行儒로 나누어 볼 수가 있는데 길재는 그중 절유와 행유의 선구
자였다.

길재는 밝힌 도를 항상 실제 속에서 행하였고, 고려 말의 유학자
들이 유학을 하려는 선비들에게 유학을 가르쳤다면 길재는 유학에
서 말하는 이단 속으로 뛰어들어 그들의 마음을 바꾸는 일에 보다

힘을 썼다.

길재를 통해 불교를 숭앙하던 승려들 중 유교로 돌아온 자가 많았고, 그의 동생 길구吉具도 처음에는 승려가 되었다가 그의 교화로 깨닫고 유교로 돌아왔다고 한다. 길재의 행유 학통은 김굉필, 정여창에 의해 꽃피고 조식曺植에게서 열매를 맺어 영남학파의 진수를 이루었다.

길재의 후손으로 세칭 장자長者로 불렸던 박송당朴松堂 문하의 길면지吉勉之는 길재의 5세손이고 길면지의 아들로 현감 길겸吉謙과 장렬 길회吉誨가 있다. 길회는 임진왜란 당시 피난가는 어가의 앞을 막고 엎드려 변방에 왜적의 염탐꾼이 있어 해침을 받을까 염려되오니 가마 대신 말을 타도록 진언해 선조가 그렇게 하도록 했다. 곽재우 휘하의 의병장으로 대왕산성을 지켜낸 길영吉泳도 길재의 5세손이다.

길재의 또 다른 맥으로 같은 선산 출신의 사육신 하위지와 생육신 이맹전이 있다. 이맹전은 세조의 횡포가 심하자 30년간 한 방에 갇혀 살면서 임금이 사는 쪽을 일생토록 피하고 사람이 찾아오면 장님 행세를 하며 기피했다. 이맹전의 아내 신씨조차도 그가 죽을 때야 거짓으로 장님 노릇을 했음을 알았다 한다.

길재의 정신은 또 김굉필을 거쳐 정붕鄭鵬과 박영朴英에게로 뻗어나갔다. 명상 성희안成希顔의 후광에 힘입어 청송靑松 부사가 된 당대의 거유 정붕은 영의정에게 청송의 명산물인 잣과 꿀을 보내달라는 서신을 받았다. 그러자 일개 부사였던 정붕은 영의정에게 다음과 같은 편지를 부쳤다.

〈잣은 산꼭대기에 있고 꿀은 농가의 벌통 안에 있는데 부사더러 어떻게 하란 말입니까.〉

또 남소문南小門에 살았던 박영이 하루는 문밖에 나서다가 한 미인이 부리는 교태에 홀려 약탈을 하는 소굴로 끌려간 일이 있었다. 여인이 유혹하고 보니 당대에 무용武勇으로 이름난 박영이었다. 박영이 달려드는 악당들을 물리치고 이 여인을 구제해 주자 여인은 도포자락을 붙들며 그에게 정情을 구하였다.

박영이 칼을 빼어들어도 계속해 붙들고 늘어지자 그는 여인이 붙든 도포자락을 베고 도망쳐 나왔다고 한다.

화석정 자리의 주인 야은 길재

화석정은 경기도京畿道 파주군 파평면 율곡리 임진강가 벼랑 위에 자리 잡고 있는 조선 시대의 정자이다. 현재 경기도 유형문화재 제61호로 지정되어 있으며 정면 3칸, 측면 2칸의 팔작지붕 건물이다.

이곳은 원래 고려 말기의 문신 길재의 유지였던 자리로 이명신李明晨이 건립하고 이숙함李淑瑊이 화석정이라 명명했다. 이후 이명신의 증손인 이이가 중수하고 퇴관 후 여생을 이곳에서 보내면서 작시를 하거나 학문을 논하였다. 이곳으로 중국의 칙사勅使 황홍헌黃洪憲이 찾아와 이이와 함께 시를 읊고 청유淸遊하기도 했다.

정자 바로 밑으로는 임진강이 굽어보이고, 난간에 기대어 바라보면 서울의 삼각산과 개성의 오관산五冠山이 아득하게 보여 진정 자연을 즐기기에 좋다. 이숙함이 정자에 대해 남긴 기록에 의하면 당唐나라 때 재상 이덕유李德裕의 별서別墅인 평천장平泉莊의 기문記文에 보이는 '화석花石'을 따서 정자 이름으로 삼았다 한다.

화석정은 임진왜란壬辰倭亂 때 불타 그 뒤 중건했으나 한국전쟁에 다시 소실된 것을 1966년에 유림儒林이 복원하며 현재에 이르고 있다.

길재가 세상에 미친 영향

첫 번째 사연　　숙종 때 선산부 상형곡上荊谷(현 구미시 형곡동)의 향랑香娘이라는 소녀는 계모 밑에서 학대를 받으며 살았다. 출가한 향랑은 새로운 삶이 시작되기를 기대했으나 성품이 나쁜 남편을 만나 가엽게도 소박을 맞고 쫓겨났다.

향랑은 그럼에도 당시 여성에게 덕목으로 여겨졌던 일부종사를 하기 위해 남편의 집 옆에 초막을 짓고 지냈다. 그러나 남편은 그것마저 보지 못하고 향랑을 내쫓았고, 삶을 버리기로 뜻을 정한 향랑은 불사이군의 절개를 지킨 길재의 지주중류비砥柱中流碑가 서 있는 낙동강 변으로 나왔다. 비석 앞에서 자신의 뜻을 사른 향랑은 근처에 있던 나물 캐던 처녀를 불러 노래 하나를 지어 전했다.

그 노래가 「속악가사俗樂歌詞」에 적혀 있는 그 유명한 〈산유화山有花〉이다. 일명 향랑이 읊은 산유화라 하기도 한다.

하늘 높고 땅 넓어도

이 몸 하나 둘 곳 없네.

차라리 강물에 몸을 던져

고기 뱃속에나 묻히련다.

향랑은 머리에 올렸던 다리를 빼어 처녀에게 주며 부모에게 전해 주도록 하고 큰 돌을 안은 채 길재의 의비義碑가 바라보이는 깊은 물에 몸을 던졌다.

이는 일부종사에 순응한 과거 시대의 안타까운 사연으로 생각 될 수도 있지만 어쩌면 당대에 향랑이 할 수 있는 최대한의 저항이었는지 모른다.

두 번째 사연　　선산부에 살던 열아홉 살의 노비 향단香丹의 주인은 심沈 정승 집에서 도망 나온 노비였다. 향단은 자신의 주인이 자신과 같은 노비라는 사실을 알고 있었으나 그 일을 발설하지 않고 자신의 주인으로 섬겼다.

그러다 그 주인을 잡으러 온 심 정승 집의 사인士人이 향단의 미모에 반해 자신의 애첩으로 삼고 선산부에 주저앉고 말았다.

일이 이렇게 되자 향단의 주인은 심 정승에게 끌려가 처벌을 받지 않기 위해, 그리고 향단의 아버지는 자신의 딸을 농락한 사인의 원수를 갚기 위해 노비들과 결탁해 반란을 일으킬 음모를 세웠다.

자신의 아버지가 사인을 죽이려 한다는 사실을 알고 있던 향단은

변이 일어나기 직전 자신은 사인이 입고 있던 옷으로 갈아입어 남장을 하고 사인에게는 자신의 옷을 입도록 했다. 그렇게 함으로써 향단으로 가장한 사인은 살아나가게 되었으나 사인으로 가장한 향단은 자신의 아버지가 이끄는 노비들의 칼에 참살당하고 만다.

포졸들이 달려왔을 때는 모든 사건이 끝난 뒤로 사인의 호주머니에는 향단이 글을 쓴 쪽지가 들어 있었다.

〈내 죽음을 대신해 주인 사인과 아버지를 용서해 주시기 바랍니다.〉

향단이라는 여인은 자신이 죽음으로써 자신의 주인이었던 이에게 충忠을 다 하였고, 아버지의 살해를 막음으로써 효를 다 했으며, 자신의 남편이 된 사인에게도 열烈을 다 하였다. 그 후 한 선비는 향단의 정문에 다음과 같은 글을 써 붙였다.

〈길재吉再의 유덕 삼절三節로 꽃이 피었다.〉

세 번째 사연 약가藥哥는 조을생趙乙生의 아내로 그녀는 어린 시절 길재의 서당 바로 옆에 살았다. 따라서 약가는 오가며 길재가 중요하게 여겼던 불사이군不事二君과 불경이부不更二夫의 말을 자주 들으며 자랐다.

혼인을 한 약가는 남편이 왜구에게 납치되어 가는 아픔을 겪어야 했다. 약가가 홀로 남겨지자 그의 부모는 약가를 개가시키려 했고, 이에 약가는 자신의 머리를 깎으며 부모의 뜻을 따르지 않았다.

8년 만에 그의 남편이 살아 돌아왔을 때는 밤이었는데 약가는 남편의 돌아왔다는 말에도 문을 열어 주지 않았다. 남편을 사칭한 자일 수도 있으니 날이 샌 뒤에야 확인하고 방에 들였던 것으로, 8년 만에 돌아온 남편은 뜰에서 이슬을 맞고 밤을 보내야 했다.

지금 시대에 이들의 사연은 어울리지 않고 지나치게 극적으로 느껴질지도 모르나, 우리들이 지키고자 하는 이상, 꿈, 사랑은 현실 앞에서 실제로 지켜내고 이루어내기가 극도로 어려운 일임을 모두 잘 알 것이다. 그런 면에서 길재의 정신을 이해한다면 요즘 시대와 멀게 느껴지는 위의 세 가지 일화를 받아들일 수 있을 것이다.

길재의 왼쪽 귀 이야기

길재의 가문에 전해 내려오는 연대를 알 수 없는 영상影像에는 그의 왼쪽 귀가 없음을 확인할 수 있다. 길재의 귀가 없는 데 대한 이야기는 다음과 같다.

고려왕조 말미에 선산에 은거한 길재에게 이태조는 출사를 거듭 부탁했으나 그가 끝내 마다하자 태조는 사신에게 다음과 같은 협박을 하명하여 마음을 떠보려 했다.

길재가 이번에도 응하지 않거든 그 목을 주거나 귀를 주거나 둘 중에 하나를 선택시켜 베어 오라고. 만약 길재가 자신의 귀를 베라고 선택하면 그의 위선을 말하는 것이니 목을 베어오고, 목을 베라고 선택하면 그것은 진실한 소신에 의한 불출사이니 귀를 베어 오라고 은밀히 하명한 것이었다.

그리고 길재는 조선 조정에 출사하지 않는 대가로 목을 선택했기에 그의 귀를 베어 갔다는 것이다. 물론 가문에 전하는 구전으로 분명한 기록으로 존재하는 것이 아니니 곧이곧대로 믿을 수만은 없다.

기록에 의하면 길재는 태종과 태학관太學館에서 더불어 시경을 읽던 동문同門으로 되어 있다. 태종이 잠저시에 정종定宗에게 말해 길재에게 봉상박사를 내려주었는데 상경한 길재는 태종을 만나 이렇게 말하였다.

"옛정으로 부르니 뵙고자 왔을 뿐이요. 벼슬하는 것은 나의 뜻이 아닙니다."

이에 태종이

"그대의 뜻을 빼앗기는 어려우나 나는 다만 그대를 불렀을 뿐이오, 벼슬을 내린 것은 상上(정종)이니 상에게 사의를 표하는 것이 좋겠소."

라고 그 뜻을 밝혔으나 길재는

"신을 시골에 돌려 보내주시어 두 임금을 섬기지 아니하는 뜻을 이루게 해 주십시오."

하였다. 태종은 결국 길재의 본뜻을 가상하게 여겨 돌려보냈고 그의 집에 대해서는 납세와 부역을 면제해 주었다.

또 세종이 즉위하자 태종은 길재의 아들을 불러 등용시키고, 길재의 충성을 드러내도록 했다고 하니 당시 조정에서는 길재의 뜻을 아름답게 받아들였음을 알 수 있다. 길재에게는 두 아들이 있었는데 맏이 길사문吉師文은 일찍 죽고 둘째 길사순이 세종의 부름에 응해 종묘부승宗廟副丞으로 특채되었다.

조정에 길사순이 불려갈 때에 길재가 아들에게 말하였다.

"임금이 신하에게 먼저 예의를 베푸는 것은 하夏, 은殷, 주周 3대 이후에 드문 일이다. 네가 초야에 있음에도 임금이 먼저 부르니 그 은의恩義가 범연한데 비할 것이 아니다. 나의 고려에 향하는 마음을 본받아서 너는 너의 조선 임금을 섬기라."

길재의 손자는 청백했던 길인종吉仁種으로 자신이 타던 검정말이 죽자 밖에 내어 묻지 않고 후원에 묻어 정을 버리지 않으니 사람들은 조부 길재의 유풍이 여전히 있다 하였고 김종직은,

"청백한 것을 그 자손에게 물려주었다."

고 더욱 숭배하였다.

간흉들의 흉계에 희생된 서른다섯의 재인 김일손

김일손金馹孫은 관료 생활을 하는 동안 여러 차례에 걸쳐 사가독서를 하여 학문과 문장의 깊이를 다졌으며 주로 언관言官에 재직하였다. 그는 문종의 비인 현덕顯德 왕후의 소릉昭陵을 복위하라는 과감한 주장을 했을 뿐 아니라, 훈구파의 부패와 권문세가가 되어가는 그들을 공격하였다.

그는 또 사림파의 중앙 정계 진출을 적극적으로 도운 결과 능지처참의 형을 받았다가 중종반정으로 복관되었다. 그리고 중종 때

홍문관 직제학, 현종 때
도승지, 순조 때 이조판서
가 각각 추증되었다.

탁영 김일손 묘소. 경북 청도군.

1464년(세조 10) 사헌부
집의 김맹金孟의 아들로
태어난 김일손은 17세 때
까지는 할아버지 김극일金克一로부터 『소학』, 사서, 『통감강목』 등
을 배웠으며, 이후 김종직의 문하에 들어가 평생 사사하였다.

김종직의 문인 중에는 김굉필, 정여창 등과 같이 '수기修己'를 지
향하는 계열과, 사장詞章을 중시하면서 '치인治人'을 지향하는 계
열이 있었는데 김일손은 후자의 대표적 인물이었다.

한편, 현실 대응에 있어서 그의 자세는 매우 과감하고 진취적이
었는데, 소릉 복위 상소나 〈조의제문〉을 사초에 수록한 사실 등에서
그 정치적 성향을 확인할 수 있다. 이는 세조의 즉위 사실 자체와 그
로 인해 배출된 공신의 존재 명분을 간접적으로 부정한 것으로써,
당시로서는 극히 모험적인 일이었다.

김일손은 1486년(성종 17) 7월에 진사가 되고, 같은 해 11월 식년
문과 갑과에 2등으로 급제하였다. 처음 승문원에 들어가 권지부정
자로 관직 생활을 시작해 곧 정자正字로서 춘추관 기사관記事官을
겸하였다. 그 뒤 진주晉州의 교수敎授로 나갔다가 곧 사직하고 고향
에 돌아가 운계정사雲溪精舍를 열어 학문의 연찬에 몰두하였다.

김일손은 이 시기에 김종직의 문하에 들어가 정여창, 강혼 등과

깊이 교유하였으며 이후 다시 벼슬길에 들어서 승정원의 주서를 거쳐 홍문관 박사, 부수찬, 성균관 전적, 사헌부 장령, 사간원 정언을 지내고 홍문관의 수찬을 거쳐 병조 좌랑, 이조 좌랑이 되었다. 그 뒤 홍문관의 부교리와 교리, 사간원 헌납, 이조 정랑 등을 지냈다.

김일손의 저서로 『탁영집濯纓集』이 있으며 「회로당기會老堂記」, 「속두류록續頭流錄」 등 26편이 『속동문선續東文選』에 수록되어 있다.

1498년(연산 4) 세상을 떠난 김일손은 자계서원紫溪書院과 도동서원道東書院 등에 제향되었으며 본관은 김해金海, 자는 계운季雲, 호는 탁영濯纓과 소미산인少微山人, 시호는 문민文愍이다.

김일손이 지은 청풍淸風의 치헌고痴軒考

현 충청북도 제천堤川의 옛 객관客舘 서쪽에 치헌痴軒이라는 이름의 관가 한 채가 있었다. 어리석다는 뜻의 '치痴' 자를 이 관가의 이름으로 삼은 발상이 주의를 끈다.

이 관가의 이름은 무오사화에 화를 입은 학자 김일손이 지은 것이다. 권자범權子汎이 제천의 수령으로 있을 때 친구인 김일손에게 이 객관의 이름을 지어 달라고 부탁을 하였는데, 김일손이 '어리석을 치痴' 자로 이름하니 권자범은 매우 불쾌하게 여겼다.

그러나 김일손은 권자범에게 이에 대해 불쾌해 할 이유가 전혀 없다며 진晉나라의 학자 왕잠王湛의 예를 들며 뜻풀이를 해 주었다.

진나라의 학자 왕잠은 온 집안사람들로 하여금 자신을 치痴라고

부르라 시켰다. 무제武帝가 왕잠의 조카 왕제王濟에서 묻기를

"경의 집 치숙痴叔은 죽었는가."

하고 물었단 얘기는 유명하다. 또 김일손은

"문文으로 해서 서치書痴가 되고, 무武로 해서 호치虎痴가 되는 것은 재주가 특이하여 어리석은 것이라. 또한 술을 끊은 자도 어리석은 것이며 관官의 일을 잘하는 자도 어리석은 것이라."

하였다. 김일손은 이어 권자범의 어리석음을 쭉 나열하였다.

"세상 사람들은 말에 영리한데 자네만은 말에 어리석어서 말을 하면 꼭 기휘忌諱에서 저촉되고, 또 세상 사람들은 모양을 차리기에 능란한데 자네만은 차림에 어리석어 남들의 눈에 띄지도 않네. 또 세상 사람들은 출세하는 데에 교묘하여 한 관등官等만 얻으면 잃어버릴까 근심하는데 자네는 교리校理의 청반淸班으로서 스스로 낮추어 궁벽한 고을의 현감이 되었으니, 이것은 벼슬에 어리석은 것일세. 세상 사람들은 사무에 응함에 민첩하여 백성이 임하는 데는 명예 얻기에 민첩하고 윗사람을 받드는데 있어서는 칭찬을 얻기에 민첩하네. 그런데 자네는 홀로 아무 일 없이 재각齋閣에 앉아 휘파람이나 불고 억센 호족豪族과 교활한 자를 탄압하고, 불쌍한 홀아비와 과부를 무휼撫恤하는 것으로 마음을 삼고 부세賦稅를 독촉하는 데는 졸拙하니 이것은 정사에 어리석은 것이네."

이같이 말한 김일손은 권자범에게 그 어리석음의 총화로서

"그러니 자네가 거처하는 집의 편액으로 이 치헌痴軒 이상 마땅한 당호가 없네."

하였다. 그러나 권자범은 그 진실 된 뜻은 잘 알겠으며 그와 같은 어리석음을 들어 자신을 조롱하거나 또 합리화하는 것은 괜찮지만, 공관公舘을 욕되게 하는 것은 좋지 않다고 고개를 내흔들었다. 박학한 김일손은 거기에 굴하지 않고 다시 권자범을 설득하기 시작했다.

"안연顔淵(안회顔回)의 어리석음과 고시高柴의 어리석음 그리고 영무자寧武子의 어리석음이 모두 공자孔子의 칭찬을 받았음을 모르는가. 또 주무숙周武叔(주돈이)의 어리석음은 형벌을 맑게 했고 폐단을 끊게까지 했는데 어찌 '어리석을 치痴' 자로 헌軒의 이름을 짓는 것이 헌을 욕되게 함인가."*

결국 권자범이 김일손의 말대로 '치헌' 이라는 이름을 승낙하고 앞으로 처세를 어리석게 하며 일생을 마치겠다고 하자 그 말에 대해 김일손은 이렇게 말하는 것이었다.

"어리석음을 의식한 어리석음은 어리석음이 아니니 반드시 어리석게만 살 일은 아니네."

계속 되는 어리석음 타령에 권자범은 지치기 시작했고

"내가 교巧(약삭빠름)한 것을 싫어 어리석게 살려 하는데 어리석기가 그다지 어려우면 어떻게 어리석게 살 수 있겠는가."

이렇게 말하며 난색을 표하는 권자범에게 김일손은

"자네는 정말 어리석네."

---

* 안연顔淵은 춘추시대의 유학자였으며, 고시高柴는 위나라 사람(제나라 사람이라고도 함)이었으며 공자의 제자였다. 영무자寧武子는 위나라 대부大夫 영유寧兪를 말하며 주무숙周武叔은 송나라의 유학자였다.

하였다. 이어지는 김일손의 '진정한 어리석음에 관한 담론'에 권자범은 지쳐서 난간에 기대어 졸기 시작했다 한다.

진정 어리석기란 오히려 현명하기보다 어려운 법이니, 현실 정치 속에서 영달榮達에 치우치며 긴 역사를 바라보지 못한 채 당면한 오늘만을 생각했던 사람들에 대해 이 '치痴'의 추구란 일종의 저항과도 같은 것이었다.

조선왕조 문제의 인물 유자광

조선왕조 5백 년을 통해 권좌에 올라 국정을 휘두르던 수많은 명인 중 가장 문제의 인물을 한 사람만 손꼽는다면 유자광柳子光이라고 대답할 사람이 많을 것이다. 어떤 사람은 그를 희대의 영웅호걸이라 하고, 어떤 사람은 그를 간신奸臣이라 한다. 그럼에도 그의 벼슬은 병조판서를 거쳐 좌찬성에 이르렀으며 무령군武靈君에 봉해졌다. 자는 우복于復이다.

비첩의 몸에서 태어난 유자광

유자광은 비첩婢妾의 몸에서 태어났는데 조선 시대에는 정실 아내가 낳은 아들은 적자嫡子라 하고, 정실부인이 아닌 아내에게서 낳으면 서자庶子라 하고, 그도 아닌 천한 몸에서 낳으면 이를 얼자孽子라 했다.

유자광은 이중에서 서자도 아닌 얼자로 태어나, 어릴 때부터 지극한 천대와 멸시를 받으며 자랐다.

유자광의 아버지는 유규로 벼슬이 대사헌에 이르러 사후 영의정에 증직된 인물이다. 조선 세조 때의 문신 유규는 음직으로 계성전啓聖殿의 직무에 보직되었다 1426년(세종 8) 무과에 급제하여 여러 벼슬을 역임하고 호조 참의를 거쳐 경주 부윤이 되었다.

경주 부윤으로 있던 유규는 면직을 해 전라도 남원시 고죽리에서 지내게 되었다. 소송을 제기한 자가 뇌물을 바치자 그를 태형에 처했다 죽음에 이르게 한 사건으로 파면되어 남원으로 향한 것이다. 『조선왕조실록』「연산군조」의 기록을 보면 유규의 본래 고향은 함양이라고 한다.

하루는 유규가 한가로이 낮잠을 자고 있는데, 비몽사몽간에 큰 백호白虎가 나타나 유규의 입으로 쑥 들어오는 것이었다. 소스라쳐 놀라 잠을 깨어보니 일장춘몽이었다.

어찌나 놀랬던지 가슴이 벌떡 벌떡 뛰는 와중에도 이는 분명 대몽大夢이었다. 이런 꿈은 평생에 꾸기 힘들 뿐더러 또 아무나 꾸는 꿈이 아니었다. 조상이 점지해주신 꿈으로 이런 때 잉태하면 크게 슬기로운 아이가 태어난다 한다.

이런 꿈은 성사되기 전에 발설해 버리면 뱃속으로 삼킨 정기가 다시 흩어져 꿈의 효과가 없게 된다고 믿던 유규는 안방으로 들어가 손짓 발짓을 해 가며 아내에게 잠자리를 청하였다. 아내가 남편의 거동을 보아하니 짐작은 가는 일이었으나 남편이 무슨 이유로 그러는 것인지 알 수가 없었다. 참다못한 아내는

"영감님! 이 무슨 망령이신가요? 양반의 집안에서 허구한 밤 다 버리고 대낮에 이 무슨 꼴이십니까? 어서 사랑으로 가십시오."

하고는 엄숙하게 거절해 버렸다.

아내에게 무안을 당하고 할 수 없이 안방을 나와 대문 밖을 나서던 유규는 또 한번 놀랐다. 자신이 기르는 수컷 말이 옆집 신申씨네의 암컷 말과 막 교미를 하려는 순간을 목격한 것이다.

'큰일 났군! 저것들이 일을 해 버리면 모처럼 얻은 꿈의 정기가 허사가 되고 만다. 내 꿈을 저것들이 갖고 가면 관운장關雲長이 타고 다녔다던 1일 3천 리를 달리는 적토마赤兎馬를 낳겠지? 안될 말. 미물에게 내 큰 꿈을 양보하다니……'

유규는 초조해졌다. 사방을 둘러보던 유규의 눈에 지붕 위에 낫이 꼽혀 있는 것이 보였고 그는 얼른 낫을 뽑아들었다. 말은 낯익은 주인이 다가오니 조금도 경계하지 않고 정신없이 제 할일만을 계속했고 그 옆으로 살금살금 다가간 유규는 말을 어루만지는 척하면서, 뒤춤에 숨기고 간 낫을 꺼내 수말의 국부를 잘라 버리고는 몸을 피했다.

이렇게 해서 꿈에 얻은 정기를 뱃속에 감추고 있었으나 시간은 자꾸 흘러갔다. 그때 들에 갔던 식모가 나물바구니를 이고 부엌으로 들어가는 것이 보였다. 별수 없었다. 유규는 쏜살같이 부엌으로

들어가 문을 안으로 걸어 잠그고 식모를 끌어안았다. 식모는 당황하였으나 일하는 집의 큰 어른이 하는 일이라 참을 수밖에 없었다.

이렇게 해서 유규는 식모의 뱃속에 자신이 꿈에서 얻은 백호의 정기를 심어 놓았고, 과연 식모는 그로부터 배가 불러와 옥동자를 낳았다. 그가 곧 유자광이다.

식모가 아이를 낳은 날, 산모의 방엔 오색 무지개가 아롱거리며 서기瑞氣가 감돌고 향내가 났다고 한다. 유자광은 무럭무럭 자라 한 달이 못되어 일어나 앉고, 두 달이 못되어서는 일어서고, 석 달이 채 못되어서는 걷고, 백일이 지나자 뛰어다녔다는 일화가 남을 정도로 체격이 좋았다.

그뿐이 아니라 유자광이 태어난 후, 마을 안의 대나무가 시들시들하더니 며칠 있자 온통 누렇게 말라 죽었다고 한다. 인걸人傑 유자광이 땅의 정기를 뽑아 들여 생긴 탓이라는 소문이 돌았고 유자광을 낳은 후 대나무가 누렇게 되었다 하여 마을 이름이 황죽리黃竹里(누른대)로 불리기 시작했다. 소문은 삽시간에 퍼졌다.

"모처럼 세상에 인재가 나왔다 했더니 비첩 소생이라. 그건 서자도 못되고 얼자라 하지. 똑똑하고 잘나면 무엇해? 기왕이면 적자로 태어나지. 아까운 일이야."

유자광의 특출함에 대한 기대에 찬 말들도 있었지만 종의 몸에서 태어난 얼자라는 꼬리표는 태어난 순간부터 그를 따라다니기 시작했다.

3살이 되면서 글을 배우기 시작한 유자광은 5살에는 『대학』을 배우기 시작해 7살에는 글을 짓고, 10살이 되니 글방에서는 항상 장원을 해 그의 재주를 따를 사람이 없었다. 재주도 재주려니와 유자광은 힘이 장사라 10세에 키는 벌써 6척尺이 넘어 씨름판의 송아지는 항상 그의 것이었다.

유자광의 아버지 유규는 파면된 뒤 오랫동안 벼슬에 나가지 않았다. 이후에 아들 유자광이 익대공신翊戴功臣이 되자 예종은 그에게 첨지중추부사의 벼슬을 내렸고, 이어 지중추부사를 제수하였으나 소원에 따라 시골로 돌아가게 했다. 1401년(태종 1) 대언 유두명柳斗明의 아들로 태어난 유규의 자는 경정景正, 시호는 정숙貞肅이다. 본관은 문화文化 영광파靈光派이며 1473년(성종 4) 세상을 떠났다.

하루 3천 자에 나무 3백 짐이 그의 일과

누른대 동리 앞에는 언덕이 있어 아름드리 정자나무가 있었는데 유자광은 매일 이곳 언덕 바위에 걸터앉아 책을 읽되 하루에 3천 자를 외웠다. 3천 자를 외우면 그는 남원南原 광한루廣寒樓 앞 요천蓼川에 나아가 금세 은어 3백 마리를 잡았고, 또 은어를 잡으면 이번에는 나무 3백 짐을 해냈다. 하루에 3천 자를 외우고, 고기 3백 마리를 잡고, 나무 3백 짐을 하는 것이 유자광의 일과였다.

한편 유자광이 고기를 잡는 방법은 묘했다. 은어라는 고기는 수백 마리가 떼로 몰려다니는데 어찌 된 셈인지 그렇게 날랜 은어가 유자광의 손만 닿으면 옴짝을 못 하고 꺽을 못 추었다. 그러므로 그는 고기를 잡으러 애써 뛰어다닌 것이 아니라 고기를 줍기에 바빴다.

또한 유자광이 나무를 하루에 3백 짐이나 했던 것도 그의 지략이 통했기 때문이다. 이 무렵 남원부 성안의 백성들은 만호성萬戶城이라 해서 1만여 명이 살았고, 성안 사람들은 네 패로 갈려 매일 성 밖으로 나무를 하러 갔다. 한패는 서문西門으로 빠져 교룡산蛟龍山 줄기로 퍼지고 한패는 남문南門으로 나가 주천朱川, 송동松洞, 수지水旨의 야산으로 퍼지고, 한패는 북문北門으로 나가 북율치北栗峙로 퍼지고 마지막 한패는 동문東門으로 나가 산동방山東坊과 백파방白波坊으로 퍼져 나무를 구했다.

이때 동문으로 나오는 패거리는 매일 3백여 명 정도로 이들 나무꾼은 모두 누른대 동리 앞을 지나야 했다. 유자광이 이 길목을 지키며 나무꾼들을 상대했다.

"여보시오, 거기 지게를 받치고 잠깐들 쉬어가오. 내 할 말이 있소."

땀을 뻘뻘 흘리며 나무를 잔뜩 짊어지고 가던 초부樵夫들은 어리둥절하면서도 유자광의 말에 멈칫하며 쳐다봤다.

"오늘부터 나무를 절반씩 여기에 내놓고 가시오. 이유는 없소. 우리 동리 앞을 매일 다니는 통행세이나, 나무를 내놓지 않으면 이곳으로 다니지 못할 것이요."

누른대의 어린 장사 유자광에 대해서는 이미 모르는 사람이 없었고, 나무꾼들은 생각다 못해 제일 나이가 많은 영감을 통해 다음과 같은 절충안을 내 놓았다.

"도령님의 말씀을 감히 거절할 수 있습니까? 그러나 힘들여 묶은 나뭇단을 풀어 제친 것도 큰 일거리이니, 오늘은 이대로 가고 내일부터는 산에서 나무를 묶을 때 도령님께 드릴 나무를 따로 한 등치 더 만들어 짊어오다가 여기에서 한 단씩 내려놓고 가면 어떻겠습니까? 그러니 오늘은 이대로 놓아주시오."

노인은 유자광에게 말하는 한편으로 다른 나무꾼들의 동의를 물었다. 만약 나무꾼들이 길을 다른 곳으로 돌린대도 사대문四大門으로 퍼져가는 패거리들은 정해져 있어, 딴 패거리에 붙기도 어려운 노릇이라 그들은 울며 겨자 먹기로 이에 찬성하지 않을 수 없었다.

유자광은 오늘은 이대로 놓아줄 터이니 내일부터는 오늘 약속을 어김없이 지키도록 할 것과 이 자리에 없어 듣지 못한 사람들에게도 나무를 절반씩 내놓고 갈 것을 통보하라 말하고는 큰 선심이나 쓰듯 나무꾼들을 보내 주었다.

이튿날부터 나무꾼들은 산에서 나무를 묶을 때 유자광에게 바칠 나무를 덤으로 한 단씩 더 꾸려서 나뭇짐에 달아매고 오다 유자광이 지키고 있는 곳을 지나면서 한 단씩 내려놓았다. 이렇게 해서 그의 하루 일과는 글 3천 자, 고기 3백 마리, 나무 3백 짐이 되었다.

유자광이 매일 잡은 물고기는 식구들은 질려 손대지 않을 정도가 되었고, 유자광 같은 경우는 남의 몇 갑절을 먹었기에 날마다 잡는 물고기는 거의 그의 차지였다. 그러나 나무는 한 집에서 다 쓰기에는 많은 양이라 마을 사람들에게 나누어 주기도 했다. 일손이 모자란 집에는 꼭 이 나무를 나누어 주었기에 마을 사람들은 모두 좋아했다.

어머니의 죽음과 유자광의 지략

유자광을 낳은 어머니는 불행히도 그가 겨우 15, 16세 될 무렵 일찍 세상을 떠나고 말았고, 이때 집에는 아버지도 계시지 않았기에 유자광 혼자였다.

어머니를 치상하려면 아버지는 모르되 형님은 꼭 있어야 했다. 당시 풍속은 노비가 죽으면 지게송장이나 해서 아무 곳이나 묻는 것이 일반이었고 여종이었던 유자광의 어머니 역시 그가 죽었다 해서 특별히 신경써 줄 사람은 아무도 없었다.

이때 유자광의 형 유자환柳子煥은 용담사龍潭寺에서 공부를 하며 다음 과거를 준비하고 있었다. 유자환은 정실 소생의 적자로 태어났으나 재능은 항상 유자광에게 미치지 못했기에 동생을 시샘하고 미워할 뿐 아니라, 몹시 멸시하고 견제했다.

유자환이 용담사에 들어가 공부하게 된 것은 과거에 급제하기 위함이 목적이었지만 한편 얼자인 동생에게 져서는 안 되겠다는 마음도 다분히 작용한 것이었다.

어머니의 시체를 방에 누인 유자광은 용담사에 있는 형을 찾아갔다. 그가 요천에 당도하니 때마침 큰비가 내린 뒤라 물이 둑을 넘을 지경이었다. 그러나 이만한 물에 겁낼 유자광이 아니었고 홍수에 물이 많을 줄 예상했던 유자광은 송판을 두어 장 준비해 왔다.

유자광이 용담사를 찾아가니 형 유자환은 시전詩傳을 읽느라 한창이었다. 당시 얼자는 나이에 상관없이 정실 소생의 적손에게는 큰절을 해야 했으며 "도령님"이라고 존칭을 써야 했다. 내키지 않았지만 유자광은 뜰에 엎드려 큰절을 하고 형이 있는 방으로 들어갔다. 뜻밖에 찾아온 반갑지 않은 손님에 놀란 것은 형 유자환도 마찬가지였다. 무슨 일로 찾아왔느냐 묻는 유자환에게 유자광이 말하였다.

"예! 큰일 났습니다. 마마님이 세상을 뜨셨습니다."

자신의 어머니가 돌아 가셨다는 말을 들은 유자환은 깜짝 놀랐으나 과거에 꾀로써 유자광에게 감쪽같이 속은 일이 많은 유자환은 이번에도 곧이곧대로 믿을 수만은 없었다. 불과 하루 전만 해도 건강하던 어머니였기 때문이다. 그러나 유자광은 정색을 하며 거짓을 사실처럼 말하기 시작했다.

"아니 형님 그게 무슨 말씀입니까? 그래 어디 할 짓이 없어 살아 계신 어머니를 돌아가셨다 하겠습니까? 이래 뵈도 몸이 바빠 거짓말하고 다닐 여가가 없습니다. 어서 가십시오."

유자환은 동생의 그런 모습에 어머니의 죽음을 믿고는 슬프게 통곡하기 시작했다. 홍수로 요천의 다리가 흔적도 없어졌을 텐데 어떻게 집으로 돌아갈 수 있겠냐며 걱정하는 유자환에게 유자광이 말했다.

"형님 염려 놓으십시오. 형님을 업어서 물을 건너되, 물 한 방울 옷에 젖지 않게 건네 드리겠습니다. 어머니의 영혼이 지켜보고 계실 것이니 지체 말고 어서 가십시다."

이렇게 해서 동생 유자광의 등에 업혀 물을 건너기 시작한 유자환은 다시 한 번 동생의 괴력과 재주에 놀라지 않을 수 없었다. 물살을 거스르며 건너는 것이 아니라 물위를 걸어가는 것처럼 느껴졌고 그것도 그냥 걷는 것이 아니라 한발 한발 떼는 것이 어찌나 빠른지 정신이 아찔할 정도였다.

그런데 물을 한참 건너던 유자광은 요천 한 복판에 이르자 갑자가 가던 걸음을 딱 멈추었다. 낌새가 이상함을 느낀 유자환은 잔뜩 긴장하며 유자광의 다음 행동을 기다렸다. 아니다 다를까 유자광이 한다는 말이

"형님! 사실은 마마께서 돌아가심이 아니라 저의 생모가 돌아가셨습니다. 저의 어머니가 돌아가셨다 사실대로 여쭈면 형님이 거들 떠나 보겠습니까? 자 형님, 이 길로 가서 불쌍한 제 어미의 초상을 치르시렵니까? 못 한다면 여기서 형님을 내려놓아 요천의 외로운 물귀신을 만들 것입니다."

세찬 물길 속에서 유자환이 할 수 있는 일은 없었다. 할 수 없이 동생의 청을 승낙하는 유자환에게 유자광이 이번에는 머리를 풀 것을 요청했다. 그런데 머리를 풀면 사정이 달라졌다. "애고 애고" 통곡을 하며 집을 들어가야 하니 유자환 자신이 상주임을 세상에 다 알리게 되는 것으로, 그렇게 되면 꼼짝없이 상주 노릇을 견뎌야 했다. 유자환은 도리 없이 유자광의 요구에 따라 물위에서 머리를 풀었고, 유자광은 어머니의 5일상을 서운치 않게 치를 수 있었다.

그러나 유자환은 유자광과의 불화와는 별개로 성품이 공손하고 관후하여 상하의 인망을 두루 받으며 세조대에 활약하였다.

유자환은 1451년(문종 1) 증광 문과에 정과로 급제하였으며 이듬

해 승정원 주서가 되었다. 1453년(단종 1)에는 수양 대군(세조) 등이 주도한 계유정난癸酉靖難에 참가하여 정난공신靖難功臣 3등에 녹훈錄勳되었다. 1456년(세조 2)에는 종부시윤宗簿寺尹을 역임하고 1459년에는 승정원 동부승지에 발탁되었으며 이후 우부승지, 우승지, 좌승지, 도승지 등을 두루 역임한 뒤 1462년(세조 8) 이조참판에 올랐다. 같은 해 중추원부사를 거친 유자환은 10월에는 호조참판, 12월부터 다음해 5월까지는 사은사가 되어 명나라를 다녀왔으며, 1463년 4월 귀국하기에 앞서 대사헌이 되었으나 5월 남원에 거주하는 계모를 시병하기 위해 사직했다. 1466년(세조 12)에는 전라도全羅道 관찰사로 파견되었으나 곧 소환되어 자헌대부資憲大夫에 오르면서 오성군筽城君에 봉해졌다.

유자환의 초명은 자황子晃이었으나 예종의 이름 황晄을 피해 자환으로 개명한 것이다. 1467년(세조 13) 세상을 떠났으며 그의 시호는 문양文襄이다.

조정으로 진출하는 유자광

하루는 유자광의 아버지 유규가 그의 재주를 시험하려고 큰 바위를 가리키며 글을 지으라 했다. 유자광은 겨우 7살이었으나 즉석에서

"근반구천根盤九泉하니 세압삼한勢壓三韓이로소이다."

하였다. 반석의 뿌리가 구천에 이르니 그 기세는 삼한을 누른다는

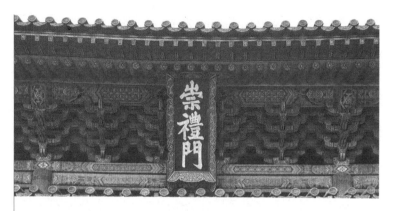

숭례문. 궁궐 남쪽에 있었다 하여 일명 남대문으로도 불린다.

뜻으로 유규는 그가 장차 큰 인물이 될 것임을 예감했다.

실제로 유자광은 자라며 차츰 천하를 호령할 야망이 커져갔다. 그러나 주위 사람들은 그가 비첩의 소생이라는 이유로 제 아무리 하늘을 난다 해도 쓸데없는 일이라 하며 모두 유자광을 멸시하는 마음을 가졌다. 그럴수록 유자광의 야망은 불타올랐고 유자광은 한 양으로 올라가더니 숭례문崇禮門(남대문南大門) 복판에 자신이 스스로를 추천하는 방을 써 붙였다.

〈일행日行 3000리里하고

독서讀書 3000권卷하고

능부能負 3000근斤하는

천하기인天下奇人 유자광柳子光〉

하루에 3천 리를 걸을 수 있고, 또 책 3천 권을 읽을 수 있고 3천

근의 무게를 거뜬히 들어 올리는 장사가 났다 하니 이 소문은 삽시간에 장안 구석구석에 퍼져 모르는 이가 없게 되었다. 마침내 세조까지도 들어 알게 되었고 왕은 지체 없이 유자광을 입시시켰다.

"네가 남대문에 써 붙인 방대로 그 모든 재주를 실지로 지니고 있다 그 말이냐?"

"황송하옵니다. 세상에서 오히려 허황타는 말을 들을까 저어하여 실제보다 줄여서 써 놓은 것입니다. 사실 하루에 5천 리도 갈 수 있사옵니다. 그 증거로 오늘 아침 식사를 남원에서 먹고 올라 왔사오니 남원에서 한양을 오가는 셈이옵고, 독서 3천 권은 지금 이곳에 1만 권의 서적을 갖다 놓으면 보여드릴 수 있사오며, 힘은 능히 3천 근이 문제가 아니오라 산을 쑥 들어내고 기개는 온 세상을 덮을 정도의 장지壯志와 영웅심을 갖고 있사오니 삼가 통촉하시옵소서."

세조가 유자광을 유심히 보아하니 과연 7척 장신에 눈은 번갯불이 이는 듯 안광이 빛나고, 언변은 청산에 유수였다. 세조는 그의 비범한 용모에 탄복한 나머지

"남원은 예로부터 인재가 많이 난다 들었거니와 그대 같은 재주가 묻혀 있다니 아까운 일이로다. 오늘로 그대에게 병조 정랑을 맡기노니 모름지기 충성을 다 하라. 나라의 보배요, 짐의 복이로다. 기특한 지고."

하고 입에 침이 마르도록 칭찬하였다. 정랑은 지금의 중앙청 인사 과장에 해당되는 요직으로서 과거를 보지 않으면 차지할 수 없는 벼슬이었다. 그럼에도 세조가 서얼 유자광을 기용한 것은 참으로

전무후무한 특채임에 분명했다.

이해는 1467년(세조 13)으로 이때 이시애의 난이 일어나자 유자광은 자원하여 종군하고 돌아온 이후였고, 이 일 등이 복합적으로 작용하여 세조의 사랑을 받은 것이었다. 그는 갑사甲士로서 건춘문建春門을 지키다가, 1468년(세조 14) 병조 정랑으로 온양溫陽 별시 문과에 장원하였다.

이렇게 해서 유자광은 세조 때 조정에 굳은 기반을 가진 훈구파의 한 사람이 되어 영남 출신의 사림파들과 항상 사이가 좋지 못했다.

이해에 예종이 즉위하자 그는 남이 등이 모반한다고 무고하여 익대공신翊戴功臣 1등, 무령군武寧君에 봉해졌으며 문과 급제 후 유자광의 벼슬은 계속 올라가 병조판서를 거쳐 벼슬이 좌찬성에 이르렀다.

1493년(성종 24) 8월에는 성종 때의 명신名臣 예조판서, 대사헌

건춘문

과 더불어『악학궤범樂學軌範』6권을 편찬하였다.

악행의 시작

유자광은 뛰어난 재능을 가졌으나 천성이 음험해 자신보다 임금의 사랑을 더 받는 이가 있으면 반드시 모함해야 직성이 풀렸다.

1476년(성종 7)에는 한명회를 모함한 것이 드러났으나 임금이 죄를 묻지 않았으며 뒤에는 임사홍, 박효원朴孝元 등과 함께 현석규를 제거하려다 실패해 동래로 유배되기도 했다. 풀려나 공신의 봉작만을 회복받았으며 이후 이극돈 일파가 조정에서 권력을 잡자 몸을 굽혀 결탁하였다. 정조사正朝使, 등극사登極使 등으로 명나라에 다녀온 유자광은 1491년(성종 22)에는 황해 도관찰사가 되었다.

그는 일찍이 함양군에 있으면서 시를 지어 군수에게 현판하게 한 일이 있었는데 후일 김종직이 이 고을의 군수로 와서 그것을 떼어 불태워버리자 유자광은 그 일을 가슴에 깊이 간직하고 있었다. 이때는 김종직이 성종의 신임을 크게 받던 때였으므로 도리어 자신의 속마음을 숨긴 채 교분을 맺었고 김종직이 죽었을 때에는 제문을 짓고 울면서 그를 왕통王通과 한유韓愈에 비하기까지 했다.

한편 1498년『성종실록』을 편찬할 때 실록청 당상이 된 이극돈은 김일손이 사초에 자신이 한 나쁜 일을 기록한 것과 또 세조 때의 일을 쓴 것을 보고, 이것으로써 보복할 기회를 삼고자 했다.

이극돈은 전라 감사로 있을 당시 성종의 상을 당하였는데, 그는

함종부원군 어세겸 묘비(좌)와 신도비(우). 경기도 여주군 가남면 금당리.

궁중에 향을 바치지도 않고 국상 중에 기생과 놀기에 여념이 없었
다. 김일손이 그 사실과 또 뇌물 먹은 일을 사초에 쓴 사실을 알게
된 이극돈은 염치 불구하고 찾아가 사초를 고쳐 주기를 청했으나,
그는 김일손이 들어주지 않았던 것이다.

이극돈이 총괄자인 어세겸에게

"김일손이 선왕(세조世祖)을 기만하고 훼방하였으니 신하로서 이
같은 일을 보고서 임금에게 알리지 않는 것이 옳겠습니까? 나의 생
각에는 사초를 봉하여 위에 아뢰어서 처분을 기다리면 우리들은 후
환이 없을 것입니다."

라고 하니, 어세겸은 깜짝 놀라면서 대답을 잇지 못했다. 얼마 뒤
이극돈은 유자광에게 이 일을 의논하였고, 남을 모함하기 저어하지
않는 유자광은

"이것이 어찌 의심하고 주저할 일입니까?"

하고는 노사신, 윤필상, 한치형을 찾아갔다.

　그는 먼저 자신들이 세조에게 은혜를 입었으므로 그것을 잊을 수 없다는 뜻을 말하며 그들의 마음을 움직여 놓고는 사초에 관한 일을 말하였다. 노사신과 윤필상은 세조의 총애를 받던 신하이고, 한치형은 그 무리가 궁중에 관련되었으므로 반드시 자신의 말에 따를 줄 알았던 것이다.

　세 사람의 동의를 받은 유자광은 그들과 함께 차비문 밖에 나가서 도승지 신수근을 불러내 이야기하고는 임금에게 아뢰었다. 신수근이 승지 임명을 받았을 때에 대간과 시종신들은 외척이 권력을 잡게 될 발단이라 하여 옳지 않다고 힘써 간하였으므로, 신수근은 이들에게 감정을 품고 있었다.

　그런 일들로 이때에 와서 김일손 등에 대한 여러 사람의 원한이 쌓여 한데 뭉치게 되었다. 연산군 또한 포학하고 학문을 좋아하지 않아 글하는 선비를 미워는 했으나 감히 손을 대지 못하던 차에 유자광 등이 아뢰는 말을 듣고, 그들을 특별히 칭찬한 뒤 남쪽 빈청에서 죄인을 국문하도록 명하였다.

　연산군은 자신이 원하는 대로 일을 진행하기 위해 내시 김자원金子猿을 시켜 왕명의 출납을 맡게 하고 나머지 사람은 참여하지 못하도록 했다. 유자광은 옥사를 직접 맡고, 김자원은 임금의 명령을 전달할 때에는 유자광 앞에 나아가 그 비위를 맞추기 위해 노력했다.

　유자광은 옥사가 완화될까 염려하며 밤낮으로 죄 만들기를 계획하였는데, 하루는 소매 속에서 김종직의 문집을 내놓으면서 〈조의

제문〉을 들춰 여러 추관에게 보이며 말하였다.

"이것은 세조를 가리켜 지은 것인데, 김일손의 악한 것은 모두 김종직이 가르쳐서 만든 것이다."

그리고는 스스로 주석을 달아 글귀마다 해석하여 연산군에게 쉽게 알려 주면서

"김종직이 우리 세조를 비방하고 헐뜯었으니, 이는 마땅히 대역부도로서 논죄하고 그가 지은 글은 세상에 전파되어서는 안 되니 아울러 모두 불살라 없애야 될 것입니다."

하고 건의하였다.

연산군은 그 말에 따라 김종직의 시문을 간직하고 있는 자는 이틀 안으로 자진해서 바치게 하고, 그것을 빈청의 앞뜰에서 불사르게 했다. 또한 성종이 김종직에게 명하여 환취정環翠亭의 기문記文을 지어 문 위에 달아둔 것을 떼어버리도록 청하였는데, 이것은 함양에서 김종직이 행했던 일에 대한 보복이었다.

연산군의 뜻은 유자광의 것과 부합하여 1498년 7월 17일에 교지를 내려 김종직과 그 제자들을 사초 사건과 관련지어 크게 제거해버렸다. 이후 유자광의 권세는 드높아져, 조정에서는 감히 유자광의 뜻을 거스르지 못하고 눈치만 살필 뿐이었다.

그랬음에도 연산군을 폐위시킨 중종반정에서 성희안과의 인연으로 훈열勳列에 참여하게 되어 정국공신 1등, 무령부원군武寧府院君에 봉해졌다.

유자광의 말로

유자광은 이듬해인 1507년(중종 2) 삼사를 공격하는 상소를 올렸다가 오히려 대간과 홍문관, 예문관의 잇따른 탄핵으로 훈작을 삭탈당하고 관동으로 유배되었으며, 이어 경상도의 변두리로 옮겨졌다.

유자광은 자신이 과거 행했던 일을 잘 알고 있었고 사후에 보복을 당할 것을 예상했다. 그를 대비해 유자광은 은밀히 자신과 비슷하게 닮은 하인을 얻어 평소에 아주 후한 대접을 해 주며 옆에 두었다. 집안 식구들은 그 까닭을 몰랐으나 그 하인이 죽자 유자광은 지나친 슬픔을 보이며

"그는 내가 가장 사랑하는 하인이었으며 나에 있어 공로가 많으니 마땅히 공경대부의 예로써 장사를 치러야 한다."

하고는 하인의 시체에 오색이 찬란한 조복朝服을 입히고 무덤을 석관으로 할 뿐 아니라 상석이며 장군석, 신도비 등 묘 주위의 석물을 화려하게 갖추었다.

유자광은 죽음에 이르러서야 비밀스러운 유언을 처자식에게 남겼다.

"내 죽은 후에 필연코 무덤을 파 부관참시를 할 것이오. 시체를 전일 죽은 하인의 무덤 근처에 묻되 봉분을 하지 말고 평장을 하고 후일 관에서 나와 내 무덤을 묻거든 하인의 무덤을 가리키시오. 그리고 후세에도 그렇게 하도록 가르치시오."

늙은 종을 유자광이 죽였다는 설도 있으나 이는 사람들이 유자광을 미워하여 조작된 설인 듯하다.

유자광은 1512년(중종 7) 세상을 떠났는데 당시 그의 눈은 멀어 앞을 볼 수 없었다. 유자광이 죽은 뒤 조정에서는 자손에게 그의 장사지내기를 허락했으나, 아들 유진柳軫은 슬픔을 잊고 여색에 빠져서 끝내 가보지 않았고, 아들 유방柳房 또한 병을 칭탁하고 손님들과 함께 술을 마시면서 장사를 외면했다.

한편 유방은 문양공文襄公 유자환의 아들이라는 기록도 있다. 유방은 1457년(세조 3)에 태어나 23세 때인 1480년(성종 11)에 문과를 급제하여 이조판서에 올랐으며 무양공武陽公이라 시호하였다.

유진은 늙은 어머니를 내쫓고 동생 유방을 협박해 죽음에 이르게 했는데 아버지 유자광의 유산이 그 같은 성격 파탄이었는지도 모를 일이다. 유자광은 자식들의 성정을 느끼며, 또 자신의 삶을 뒤돌아보며 말년에는 자신의 죄악에 대해 뉘우치고는 죽은 뒤 분명 자신이 담긴 관棺에 형이 내릴 것을 예견했는데 어쩌면 그것은 뉘우침보다는 두려움에 가까운 것이었는지 모른다.

유자광의 마지막은 자신의 삶과는 너무도 달리 초라했다. 유자광의 예견은 들어맞아, 그가 죽은 지 몇 달 후 사림이 다시 힘을 얻으며 유자광을 벌주고자 하였고 유자광을 찾아 왔다. 금오랑金吾郞이 와서 유자광의 무덤을 물으니 가족들은 종의 무덤을 가르쳐 주어 유자광의 무덤은 무사할 수 있었다.

시체를 파내자 몸에는 재상의 옷으로 염해져 있고 수염과 머리털은 유자광이 살아 있을 때와 똑같았다. 그들은 의심치 않고 시체를 끄집어내어 시체의 목을 자르고 사지를 자른 뒤 뼈를 가루가 되도록 만드는 혹형을 가했다. 유자광의 하인이 대신 참혹함을 당하는 대신 유자광의 본래 무덤은 무사했으나 지금까지 그의 무덤을 찾을 길은 없다.

유자광은 어떤 사람이었나

영광靈光 유柳씨의 시조는 유언柳沔, 시조의 손자는 지중추 유규 그리고 유규의 아들이 계유정난의 공신인 이조참판 유자환과 유자광이다.

그중 유자광은 선비를 대량으로 학살한 갑자사화의 원흉이자 연산군의 악정에 영합하는 등 자신의 한 몸을 편히 하기 위해 지조라고는 찾아볼 수 없는 한국 역사의 치부를 대표하는 표본과도 같은 인물이었다.

중종반정은 이 연산군의 악정에 대한 반동이었고 갑자사화에 죽은 선비들의 복수였다. 그렇기에 유자광은 연산군 다음으로 반란에 의해 제거돼야 할 인물이었다. 그럼에도 그는 반정 이후에도 계속 세도를 누렸으며 오히려 반정공신反政功臣으로 녹훈되기까지 했다.

한국 역사의 씁쓸한 모순이라 하지 않을 수 없다. 유자광이 중종반정에서 제거되지 않았던 이유는 반정을 주동한 성희안과 박원종朴元宗과의 친분 때문이었다. 사귐성이 좋았던 유자광은 오히려 보수적인 성향이었으며 비합리적이나 현실적인 인물로 당시 많은 사람에게 영향력 있는 인물이었던 것 같다.

중종반정의 공훈을 정하는 날 유자광은 자신과 같이 무인 출신으로서 동지 의식이 있는 박원종을 찾아가

　　"나는 이미 선조先朝(연산군) 때 녹훈이 되었으니 또 한번 녹훈의 영예를 원하는 바가 없소. 또 선조 녹훈에 금조 녹훈이 겹친다면 명분도 서지 않으니 이번 녹훈에서 나를 빼어 주시오."
하며 청하였다.

　　유자광은 겉으로 드러나는 이와 같은 겸손함을 악용해 박원종이 자신을 측은하게 느끼도록 만든 것이다. 박원종이 어찌 그럴 수가 있겠는가 하니 유자광은

　　"굳이 녹훈하려거든 나의 아들 유방에게 물려주고 이 몸은 받지 않겠소."
하며 자신의 술수를 감추었다. 이같이 하여 유자광은 녹훈을 심사하는 사람들에게 동정을 얻게 되었고 막상 녹훈을 정하는 자리에서

영의정 박원종 묘소. 경기도 남양주시.

아들과 더불어 자신도 녹훈을 얻도록 수완을 발휘한 것이다. 그때 〈박원종이 유자광에게 또 속았다〉라고 당시 사람들이 남겨 놓은 기록 또한 있다.

1507년(중종 2) 조정이 유자광을 배척하자 유자광이 박원종을 유도하기를

"나와 공이 다 같이 무인武人으로 숭품崇品에 올랐으매 문사文士들이 기뻐하지 않은 이가 많아 이런 일이 일어났으니 내가 배척당하고 보면 다음으로는 공에게 미칠 것이오."

하였다. 유자광은 이렇게 사람의 약한 부분을 건드리며 자신을 보신하고 처세하였다.

그러나 유자광 자신은 그렇듯 치신하여 한때의 영화를 도모했는지 모르지만 바로 아래 세대만 해도 사회에서 소외당하며 패륜의 모습을 보였다.

무오사화의 인물 5

무오사화의 주도적 인물 이극돈

이극돈李克墩은 1498년(연산 4) 무오사화를 일으켜 사림파의 많은 학자를 제거하는 데 큰 구실을 한 원흉으로 일컬어진다. 그는 전례典禮에 밝고 사장詞章에 능한 훈구파의 거물로서 성종 이후 정계에 진출한 사림파와 항상 반목이 심하였다.

이극돈은『성종실록』을 편찬할 때 실록청 당상관으로서 사초를 정리하다가 김종직의 제자 김일손의 사초에서 김종직의 〈조의제문〉과 훈구파의 비위 사실이 기록된 것을 발견하게 된다. 그러자 그는 유자광과 함께 〈조의제문〉이 세조의 찬탈을 비난한 것이라고 연산군을 충동하여 무오사화를 일으키는 데 주도적 구실을 하였다.

이극돈은 일찍이 전라 감사로 있을 때 성종의 초상을 당하였음에도 조정을 향

간신 김안로의 숙부 영의정 김전 묘비. 경기도 고양시.
「대광보국숭록대부 의정부 영의정 겸영경연 예문관 춘추관 관상감사 세자사 증시 충정 연안김공전지묘」

해 향香을 바치지도 않고 기생을 데리고 다닌 일이 있었다. 김일손이 그 사실과 또 뇌물 먹은 일을 사초에 기록하자 그 사실을 안 이극돈이 조용히 고쳐 주기를 청했음에도 들어주지 않으므로 감정을 품게 되었다.

결국, 이극돈은 학자들을 싫어하는 연산군을 충동하여 무오사화를 일으켜 김일손 등 사림파의 많은 학자들을 제거하였다. 그러나 이극돈은 어세겸, 유순, 윤효손, 김전 등과 함께 사관으로서 김일손의 사초를 보고도 즉시 보고하지 않았다는 이유로 사화가 있은 뒤 잠시 파직을 당하였다. 그러나 곧 광원군廣原君에 봉해졌다.

1435년(세종 17) 태어난 이극돈은 1457년(세조 3) 친시親試 문과에 병과로 급제하여 전농시 주부에 임명되고 이어 성균관 직강, 예

문관 응교, 세자시강원 필선弼善, 사헌부 집의 등을 역임하였다. 1468년(세조 14) 중시 문과에 을과로 급제하고, 예조 참의로 승진한 뒤 이어 한성부 우윤이 되었다. 1470년(성종 1)에는 대사헌과 형조 참판을 거쳐, 이듬해 좌리공신佐理功臣 4등으로 광원군에 봉해졌다. 1473년(성종 4) 성절사聖節使로 명나라에 다녀온 이극돈은 1476년 (성종 7) 예조 참판으로 주청사가 되어 또다시 명나라에 다녀왔으며, 다시 1484년(성종 15) 정조사가 되어 명나라에 다녀온 뒤 1487년(성종 18) 한성부 판윤이 되었다. 1494년(성종 25) 이조판서에 이어 병조판서, 호조판서를 지냈으며 그동안 평안도平安道, 강원도江原道, 전라도, 경상도, 영안도永安道 5도의 관찰사를 차례로 역임하고 의정부의 좌우 찬성을 지냈다.

그러나 그는 후일 관직과 함께 추탈되었다. 1503년(연산 9) 세상을 떠났으며 본관이 광주廣州인 이극돈은 우의정 이인손李仁孫의 아들이다. 자는 사고士高, 시호는 익평翼平이다.

화려한 옥 속의 티 이극돈과 이이첨

광주 인맥 가운데 가장 치부로 여겨지는 이이첨李爾瞻은 선조의 후사로 광해군을 옹립하는 대북파大北派의 영수가 되어 광해군 시대에 반대파를 수없이 죽였다.

이이첨이 이조판서로 있을 때 동몽童蒙들과 강론하면서 한 아이에게

"조고趙高는 어떤 사람이냐."

고 물었다. 아이가 대답을 못하고 망설이고 서 있자 당하堂下에서 이를 지켜보고 있던 많은 신하 가운데서

"왜 조고는 판서와 같은 사람이라고 대답하지 못하느냐."

는 소리가 들려왔다. 성난 이이첨은 그 발언자를 색출하려 애썼으나 발언자 박환朴煥은 이미 도망쳐 잡질 못했다. 그 후 항간에서는 이이첨의 별명이 '조고'로 불리기도 했다.

조고는 중국 진나라의 내시로 시황제가 죽자 시황제의 장자 부소扶蘇를 죽이고, 둘째 아들 호해胡亥를 황제로 삼았다가 그도 죽이고 자영子嬰을 즉위시킨 뒤 정승의 자리에 올라 권력을 휘둘렀다. 그러다 자영에게 조고의 일족 모두가 살해되었다.

1622년(광해 14) 임술壬戌년 여름에 이이첨의 여러 아들들이 한 장님 점쟁이를 불러 아버지의 앞날을 점쳤다. 점쟁이는 점괘를 말하기를

"계해癸亥년(1623년/ 광해 15) 3월에 반드시 흉하다."

하였다. 이 대답을 들은 이이첨의 아들들은 화를 참지 못하고 점쟁이의 옷과 갓을 찢고는 때려 쫓아내 버렸고, 점쟁이는 얼굴에 피까지 흘리며 돌아가야 했다.

그런데 이이첨이 집으로 돌아오던 중 이 점쟁이를 만나 그 사연을 듣게 되자, 그는 점쟁이를 후하게 대접해 보낸 뒤 아들들을 꾸짖었다.

"내가 영화가 넘치고 죄가 많아서 화를 면치 못할 것을 아는데 어찌 맹인의 점치는 말을 기다리겠느냐. 너희들이 물으니 맹인은 사

실대로 대답한 것뿐인데 무엇이 죄가 될 게 있다고 매질해서 피까지 흘리게 만드느냐. 길에 다니는 사람까지 나를 욕하게 만들었으니, 내가 그런 못된 너의 아버지란 것만으로도 죽어 마땅하다.”

광주 이씨 인맥

이연경李延慶의 손자는 공신으로서 임진왜란의 명장인 이광악李光岳이다. 도승지 이필성李必成은 이윤경李潤慶의 손자이자 이중열李中悅의 아들로서 효행과 문장으로 이름을 날렸고 이필성의 아들은 조선 8문장의 하나로 불리는 한림翰林 이휴징李休徵이다. 이준경의 핏줄은 척화거사斥和居士로 병자호란 후 야의 생활을 한 적이 있다.

이준경의 형 이윤경 신도비.
경기도 양평군.
「병조판서 시 정헌 광주이공윤경 신도비」

이세좌의 동생 이세우李世佑의 아들은 무오사화 이후 술에 빠져 살다 죽은 현감 이자李滋이다. 이자의 아들은 기묘사화 당시 소두疏頭로서 상소문을 올렸다 유배당한 진사 이약수李若水, 연산군 때 두 임금을 제사지낸 것으로 유명한 호당 이약빙李若氷, 그리고 역시 사화의 틈바구니에서 사사당한 직제학 이약해李若海 삼형제가 있다. 참의 이홍남李洪男은 이약빙의 아들이다.

이세우의 문중은 후세 사람들이 '8세 문과' 또는 '10세 문과'의 명문이라 불렀으며 이는 대대로 과거 문과에 올랐던 관록 때문이다.

1세 문과가 이집李集, 2세 문과가 이지직李之直, 3세 문과가 이인손, 4세 문과가 이극감李克堪, 5세 문과가 이세우, 6세 문과가 이자, 7세 문과가 이약빙, 8세 문과가 이홍남, 9세 문과가 이홍남의 아들인 이민각李民覺, 10세 문과가 이민각의 아들인 이정면李廷冕이다.

이극증의 인맥은 갑자사화 때 사촌 이세좌에 연좌되어 화를 입은 아들 이세홍李世弘, 그리고 공신 이정록李廷錄은 이극증의 현손으로서 서자이다.

이극돈의 후세는 인조조에 절의로서 죽은 강계江界 부사 이상안李尙安이 두드러진다. 광주 인맥에 오점을 남긴 대제학 이이첨은 이극돈의 5세손이다.

이극돈 증조부 이집 사당 둔화문과 묘비. 경기도 성남시 하대원동.
「둔촌 선생 이공 휘 지묘. 정화택주 영주황씨 부장」

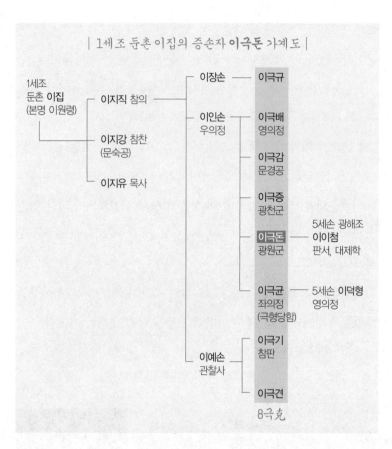

| 1세조 둔촌 이집의 증손자 **이극돈** 가계도 |

```
1세조                              ┌─ 이장손 ──── 이극규
둔촌 이집 ──┬─ 이지직 참의 ──┤
(본명 이원령)   │              │
            │              └─ 이인손 ──┬─ 이극배
            │                 우의정   │   영의정
            ├─ 이지강 참찬             │
            │   (문숙공)               ├─ 이극감
            │                        │   문경공
            └─ 이지유 목사             │
                                     ├─ 이극증
                                     │   광천군
                                     │                      5세손 광해조
                                     ├─ 이극돈 ──────── 이이첨
                                     │   광원군              판서, 대제학
                                     │
                                     ├─ 이극균 ──────── 5세손 이덕형
                                     │   좌의정              영의정
                                     │   (극형당함)
                                     │
                        이예손 ──┬─ 이극기
                        관찰사    │   참판
                                 │
                                 └─ 이극견
                                 8극克
```

무오사화의 인물 6

항상 정의의 편에 선 정광필

이조판서 정난종鄭蘭宗의 아들 정광필鄭光弼은 1504년(연산 10) 직제학을 거쳐 이조참의가 되었다가, 임금의 사냥이 너무 잦다고 간한 일로 아산牙山에 유배되었다.

정광필은 1462년(세조 8) 태어나 1492년(성종 23) 진사에 오르고

문익공 정광필 신도비(좌)와 설명문(우). 경기도 군포시.

그해 식년문과에 을과로 급제하였으며 그 뒤 성균관 학유, 의정부 사록, 봉상시 직장을 역임하였다. 성균관 학정으로 있을 때는 좌의정 이극균李克均의 발탁으로 『성종실록』 편찬에 참여하기도 했다.

연산군 시절 유배당했던 그는 1506년 중종반정 후 재기용되어 백성들을 위한 선정을 펼쳤다. 부제학에 오른 정광필은 이후 이조참판, 예조판서, 대제학을 거쳐 1510년(중종 5) 우참찬으로 전라도 도순찰사가 되어 삼포왜란三浦倭亂을 수습하고 병조판서에 올랐다.

그는 이어 1512년 함경도 관찰사가 되어 굶주린 백성들의 구제에 공헌하였으며 이듬해 우의정과 좌의정을 거쳐 1516년(중종 11) 영의정에 올랐다. 1515년에는 장경章敬 왕후가 죽자 중종의 총애를 받던 후궁이 자신의 소생을 이용해 왕비의 자리에 오르려 하였고 이에 정광필은 홍문관의 중심인물로서 경전經傳을 인용하며 극간하여 새로 왕비를 맞아들이게 했다.

1519년 기묘사화 때 조광조를 구하려다 영중추부사로 좌천되었으나 1527년(중종 22) 다시 영의정에 올랐다.

이해 중종이 사정전思政殿에 들러 천재天災의 원인이 될 만한 정치의 잘못을 물었을 때 정광필은 한충韓忠으로부터 비루한 재상이라고 탄핵을 받는 일이 생겼다. 이에 신용개申用漑는 선비가 대신을 면대하여 배척해서는 안 된다며 한충의 논죄를 주장하였으나, 정광필은 오히려 젊은 사람들의 발언을 억제하는 것은 옳지 못하다는 이유로 신용개의 뜻을 받아들이지 않았다.

그는 1538년(중종 33) 77세로 하세하였으며 중종의 묘정에 배향되고 회덕서원, 용궁의 완담향사浣潭鄕祠에 향사되었다. 본관은 동래東萊, 자는 사훈士勛, 호는 수부守夫, 시호는 문익文翼이며 정광필의 저서로 『정문익공 유고鄭文翼公遺稿』가 있다.

정난종의 인성과 지혜를 물려받은 정광필

사려 깊었던 정난종은 북도병사로 너무 오래 머문 탓에 풍현風眩이라는 병이 생겼다. 그 사실을 안 부하가 임금에게 알리려 하자 그는 만류하며 말했다.

"이곳은 오랑캐와 가까이 있는데, 병사가 병이 났다 하면 임금께서 걱정하실 것이다. 좀 더 두고 보다가 참을 수 없는 지경에 이르렀을 때 알려도 늦지 않다."

정난종이 병을 앓고 있다는 소문이 퍼지자 오랑캐 니마거尼麻車가 쳐들어왔고 그는 병든 몸을 일으켜 성 아래 모인 오랑캐 추장 수

십 명에게 엄포를 놓았다.

"병법에는 전쟁하기 전에 마음을 공격하는 것이 상책이다. 내가 니마거에게 진격해 전에 변방에 쳐들어온 죄를 처벌하려 하니 너희들도 종군하라."

이 소식을 들은 니마거는 산골짝에 숨어 몇 해가 되도록 감히 변방을 엿보지 못했다 한다. 정광필의 아버지 정난종은 북변의 오랑캐 니마거를 마음으로 공격하여 제압한 것이다.

정난종은 풍채가 좋고 도량도 활달하여 일찍부터 세조의 아낌을 받았다. 전하는 이야기에 따르면 하루는 세조가 『주역』과 『원각경圓覺經』에 대해 어느 것이 훌륭한지를 물었다. 정난종은 세조가 불교를 독신하게 믿는 것을 알면서도

"불교의 요사스런 글을 어찌 삼성三聖의 경經과 비교하겠습니까."

하였다. 이 말에 화가 난 세조는 사람을 시켜 그를 매질하려 했으나 정난종이 얼굴색 하나 변하지 않은 채 너무도 태연하자 기가 질려 그만두었다고 한다.

정난종은 24세인 1456년(세조 2) 식년 문과에 급제하여 승정원 부정자에 오르고 검열, 대교를 거쳐 이조 좌랑에 올랐다. 1467년(세조 13)에는 황해도 관찰사로 이시애의 난을 평정한 공을 인정받아 호조 참판에 올랐으며, 1470년(성종 1) 동지중추부사로 명나라에 다녀와 동래군東萊君에 봉해졌다. 1483년(성종 14) 주문부사奏聞副使로 명나라에 다녀온 뒤 평안도 병마절도사, 공조판서, 호조판서를

역임한 뒤 1489년(성종 20) 세상을 떠났다.

정난종은 서예에도 뛰어나 초서와 예서를 잘 썼고, 특히 조맹부趙孟頫 체에 뛰어났다. 그리고 금석학에도 밝아 원각사 비문과 돈화문敦化門 현판 등 많은 필적을 남겼다. 그러나 정난종이 쓴 창덕궁 전문殿門을 본 성현成俔은 『용재총화慵齊叢話』에서 혹평을 하기도 했다.

〈정난종이 쓴 창덕궁 전문들의 액額은 자체가 바르지 않다.〉

한편 정난종이 젊었을 때 청운의 꿈을 품고 고향 경상도 용궁포龍宮浦(현 예천군)를 떠나려고 하자 마을 어른들이 못 가게 말렸다. 그러자 그는 이렇게 시를 읊으며 한양으로 떠나갔다.

向陽花木易逢春 향양화목역위춘

近水樓臺先得月 근수누대선득월

양지바른 꽃나무에 봄이 쉬이 찾아오고

물가의 정자에 먼저 달이 뜬다.

즉 대궐 가까이에 있어야 과거 급제를 빨리 할 수 있다는 뜻이다. 정난종의 호는 허백당虛白堂이며 익혜翼惠라는 시호가 내려졌다.

유배지에서 노역을 청한 수상

정광필은 이조판서 정난종의 네 아들 가운데 둘째 아들로서 아버지처럼 풍채가 뛰어나고 도량이 넓어 덕망 높은 정승으로 불렸다.

한때 정광필은 암행어사의 임무를 수행하기 위해서 진도珍島를 시찰한 적이 있었다. 그런데 이때 섬에 도착한 정광필은 곧장 관아로 직행하지 않고, 벽파정碧波亭에 올라 해가 저물도록 머물다가 주막에서 잠을 잤다.

정광필의 사람됨과 행동이 수상쩍자 나룻가에 사는 사람은 그 사실을 관아에 알렸고, 깜짝 놀란 사또는 암행어사의 감사에 대비해 밤새도록 장부와 관물官物을 서로 맞추며 정리해 놓았다.

그러나 다음날 진도 관아를 들어간 정광필은 숟가락 몇 개만을 살펴보더니 사또를 즉석에서 파직시켜 버렸다. 그는 이유를 묻는 사람들에게 이렇게 대답했다.

"진도는 외딴 섬이고 사또 역시 무관武官이니 횡령한 것이 많을 것이다. 곧바로 감사를 하면 반드시 죄가 죽음에 이를 것이나, 그것은 내가 바라는 바가 아니다."

그 말을 듣고 사람들은 정광필의 아량에 모두 감복했다 한다. 또한 강직하고 곧은 성품의 정광필은 방탕에 빠진 연산군에게 사냥이 너무 잦고, 여색에 빠져 국정이 문란하며 민폐가 크다는 직언도 서슴지 않았다. 감히 목이 열 개라도 모자라는 충언으로, 연산군은 곧바로 정광필을 묶더니 병사를 불러 명령하였다.

"내가 칼집에서 칼을 다 뽑거든 너는 도끼로 저 자의 목을 쳐라."

이윽고 무릎에 놓인 칼집에서 연산군이 섬광이 번뜩이는 칼을 서서히 뽑자, 병사의 도끼날에서는 경련이 일기 시작했고 옆에서 지켜보던 대신들은 몸을 벌벌 떨며 아예 눈을 질끈 감아버렸다. 연산군의 칼날을 노려보던 병사는 손에 힘을 주며 임금의 칼이 다 뽑히기만을 기다렸다.

그럼에도 정광필은 안색 하나 변하지 않고 그 모습을 그대로 지켜보았다. 칼을 거의 뽑아들었던 연산군이 정광필을 뚫어지게 쳐다보더니 칼집에 칼을 다시 집어넣으면서 말했다.

"참으로 열사烈士로다."

폭군 연산군에게서 뜻밖의 말이 나왔고, 정광필은 목숨은 구했으나 이 일로 인해 아산으로 유배를 가야 했고 이로부터 관력의 절반을 유배지에서 보내야 했다.

당시 유배를 당한 이는 유배지에서 관문을 쓸거나 종노릇을 하는 것이 법으로 정해져 있었으나 유배를 당한 이들은 거의가 고급 관원이나 당상관이기에 그 법은 있으나마나 한 것이었다. 그랬음에도 정광필은 유배지의 관문 앞을 비질하는 노역奴役을 하겠다며 굳이 고집을 부렸고 조금도 싫어하는 기색이 없었다 한다.

정광필은 아마도 선견지명이 있었던 듯하다. 그가 젊었을 적에 어느 날 꿈을 꾸고 그것을 시로 지었는데 비가 오는 가운데 유배지에 도착해 보니 그 정경들이 꿈에서 지은 시의 내용과 같았다 한다.

쌓인 비방 산 같은데 마침내 용서받으니
이 생에서 임금 은혜 갚을 길이 없구나.
높은 재에 열 번 오르니 두 줄기 눈물 흘렸고

긴 강을 세 번 건너니 혼자 애를 끊었네.

막막한 외로운 산에 구름은 먹 뿌린 듯

망망한 넓은 들에 비는 사발 뒤엎는 듯

해 저물어 바닷가의 동촌에서 자나니

초막이 쓸쓸한데 대나무 문일세.

용포에 눈물을 뿌리며 신진 사류를 구하다

정광필의 넓은 도량과 높은 덕은 1519년(중종 14) 기묘사화를 통해 유감없이 나타났다. 훈구 세력에 의해 조광조를 비롯한 신진 사류들이 일시에 궁지에 몰리자, 급히 궁궐로 들어간 정광필은 눈물을 흘리면서 임금의 용포를 붙잡고 용서를 구했다.

"젊은 선비들이 시의를 모르고 옛 일을 인용해 시행하려 한 짓이지 어찌 다른 뜻이 있겠습니까. 용서하소서."

그러자 임금은 벌컥 화를 내며 내전으로 들어가 버렸으나 정광필은 내전까지 따라가서 임금의 용포에 매달리며 계속해서 간청하였다. 기묘사화 당시 신진 사류가 그나마 화를 덜 당한 것은 오로지 정광필 덕분이었다.

1533년(중종 28) 영의정이던 그가 파면당하여 회덕懷德에 머물던 때이다. 정광필의 후임으로 부임한 김안로金安老는 장경 왕후 국장 때 정광필이 총호사摠護使를 맡아 능지를 불길한 땅에 잡았다는 무고를 하였다.

김안로의 둘째 아들 김희 묘지 표석.
연성위 김희는 중종과 장경 왕후
윤씨 사이에서 태어난 효혜 공주의
부마이며 어진 임금의 표본 인종의
자형이었다.

이 일로 정광필은 김해로 유배를 가게 되었다. 이 사건은 중종의 장녀 효혜孝惠 공주에게 장가들어 부마가 된 김안로의 아들 김희金禧가 호곶목장壺串牧場을 농토로 일구려는 것을 정광필이 저지하자 원한을 품고 저지른 일이었다. 그러나 1537년(중종 32) 김안로가 사사되자 풀려나 영중추부사가 되었다.

김해로 유배가는 도중 동행한 하인은 불안한 마음에 안절부절 못하는데 정작 정광필은 주막에서 편안히 코까지 골며 잠을 자 마치 세상의 이치를 깨달은 도인과도 같았다. 한편 정광필의 부인도 그가 김해로 유배되자 앞날이 걱정되어

간신 희락당 김안로 묘소. 묘를 세 차례 이장했으며 현재는 경기도 화성시에 있다.

종을 시켜 장님 김효명金孝命에게 점을 쳐보도록 했다. 김효명은

"아직 십 년 복록이 있으니, 비록 탄핵이 준엄하나 무사할 것입니다."

하였으나 곧 대간에게서 정광필을 처형하도록 임금이 허락했다는 전갈이 도착했다. 그 말을 들은 점쟁이는 도망을 쳤으나 곧이어 임금이 전교를 내려 감형했다는 소식이 도착했다.

또 중종반정 때 정광필이 갑자기 육식을 끊은 일이 있었다. 사람들이 이유를 물으니

"전 임금(연산군)의 생사를 확실히 모르는 처지에 전주에 대한 도리이다."

라고 하였으며 중종반정을 주모한 공신 성희안은 그의 이 같은 도량을 높이 평가했다.

"김광필 같은 이는 소리가 없어도 듣고 형상이 없는 것도 본다."

삼흉三兇 김안로, 허항許沆, 채무택蔡無擇이 날뛸 때 정광필은 김해로 귀양 가면서 다음과 같은 명시를 지어 후세에 널리 애송되었다.

　열 번 높은 고개를 넘는데

　흐른 건 두 줄기 눈물이요

　세 번 긴 강물을 건너는데

　끊긴 건 한 줌의 넋이로구나.

　높은 산 아득히 먹을 뿜고

　망망한 들판에 비는 항아리 쏟듯 한다.

저물에 바닷가 동녘 성 밖에 이르니

초가집 한 채 쓸쓸한데

대가지 엮어 사립문을 만들었더군.

열두 서각대의 꿈

정광필은 사람을 알아보는 안목이
있어, 자손 중에서 적어도 상신相臣이
될 인상의 아이가 아니면 자신의 밥상
을 물려주는 법이 없었다. 그랬기에 정
광필의 밥상을 물려받은 이는 많은 자
손 중에서 손자인 정유길鄭惟吉과 증손
정지연鄭芝衍뿐이었다. 하루는 친척 이
헌국李憲國이 어릴 때 찾아갔더니 그에
게도 밥을 덜어주었다. 그 모습을 지켜
본 여종은 혼잣말로

이헌국 묘비.
경기도 장단 비무장지대 내.
「대광보국숭록대부 좌의정 시 충익
완성부원군 전주이공 휘 헌국지묘.
정경부인 온양정씨 부좌」

"이 분도 정승이 될 것인가?"

했는데 과연 이헌국은 후일 좌의정에 올랐다.

충신 정광필은 그 후손까지 복과 권세를 누렸다. 회현동會賢洞 1
가는 중종 때 정광필이 살던 터로 어느 날 그의 꿈에 선인이 나타나
말하기를

"집 앞 은행나무에 서각대犀角帶띠 열두 개를 걸게 될 것이다."

효종의 6공주와 1옹주 중 제5공주 숙정 공주와 부마 정재륜 묘소. 경기도 군포시.

하였는데 실제로 정광필의 가문에서는 상신 12명이 나왔다.

좌의정에 오른 정광필의 손자 정유길鄭惟吉, 정유길의 아들 좌의
정 정창연鄭昌衍, 정창연의 손자 영의정 정태화鄭太和와 좌의정 정
치화鄭致和, 정창연의 손자 좌의정 정지화鄭知和, 정태화의 아들 우
의정 정재숭鄭載嵩과 효종의 부마 정재륜鄭載崙, 정재륜의 손자 좌
의정 정석오鄭錫五, 정석오의 조카 좌의정 정홍순鄭弘淳, 정태화의
6세손 영의정 정원용鄭元容, 정원용의 손자 우의정 정범조鄭範朝,
정광필의 증손 우의정 정지연鄭芝衍, 정창연의 7세손 영의정 정존
겸鄭存謙 이렇게 12명의 상신이 정광필의 후손이다.

동래 정씨의 명맥을 보면 정광필의 아버지 이조판서 정난종은 공
신으로서 직제학 정사鄭賜의 아들이다. 정사는 정귀령鄭龜齡의 아
들이며 또 다른 아들로 수찬 정옹鄭雍이 있다. 정옹의 손자는 부응

좌의정 정창연 묘비.
서울시 동작구 사당동.
「대광보국숭록대부 의정부
좌의정 겸영경연 사감
춘추관사 정공창연지묘.
정경부인 청주한씨지묘」

영의정 정원용 묘비.
경기도 광명시.
「유명조선국 의정부 영의정
시 문충 동래정공 휘 원용 묘.
배 정경부인 강릉김씨 부좌」

좌의정 정유길 묘비.
서울시 동작구.
「대광보국숭록대부 의정부
좌의정 겸영경연 사감
춘추관사 정공유길지묘.
정경부인 원주원씨지묘」

영의정 정태화 묘비.
서울시 동작구 사당동.
「대광보국숭록대부 의정부 영의정 겸영경연 홍문관
예문관 춘추관 관상감사 세자사 정공태화지묘.
정경부인 여흥민씨지묘」

좌의정 정치화 묘비. 경기도 군포시.
「대광보국숭록대부 의정부 좌의정
겸영경연 사감 춘추관사 세자부 정공치화지묘.
정경부인 의령남씨지묘」

아버지 정난종과 아들 정광필 묘역. 경기도 군포시.

교 정환鄭渙, 정환의 현손이 참봉 정영후鄭榮後, 정영후의 동생은
진사 정영방鄭榮邦이다.

　더욱 놀라운 것은 황헌黃憲이 관직에 오르기 전 정광필의 집을
찾아가자 그는 인상을 보더니 다음과 같이 말했다.

　"이 사람 얼굴이 풍후豊厚하고 빼어났으니 반드시 재상에 이를
것이며 그 음식 먹는 것을 보니 빨리 성공했다가 속히 패할 것이고,
등이 얼굴만 못하니 아들이 없을 것이다."

하였다. 이 예언은 적중하여 황헌은 정승이 된 뒤 곧 삭관되었으며
아들 역시 갖지 못했다.

　한편 광해군의 비妃 유柳씨는 정광필 누이의 딸이었기에 광해군
은 그의 자문을 자주 받았다. 또한 정광필은 원통한 일을 당한 선비
들도 숱하게 구해주었으며 힘써 구해 주고도 그 내색은 누구에게도
하지 않았다.

증손 정유길을 위해 중종 앞에서 무릎을 끓은 정광필

정유길이 10살 때의 일이다. 유세창柳世昌이란 사람이

"동몽교관童蒙教官 아무개가 그의 제자들을 거느리고 반역을 꾀하고 있다."

고 고변을 하자 조정에서는 해당자들을 잡아들였다. 그들은 모두 10살에서 15, 16살 된 소년 1백여 명으로 이들을 묶어둘 쇠사슬이 모자라 나머지는 새끼로 묶고 또 가두어 둘 옥이 모자라 종루 밑에 앉혀 두어야 했다.

정유길을 포함해 같이 공부하던 아이들이 여러 날이 지나도록 돌아오지 않자 부모들은 이곳저곳 수소문을 하다 반역죄로 붙잡힌 소년들 틈에 끼어 있는 것을 발견하게 되었다. 이에 그의 할아버지 영의정 정광필은 중종 앞에 나아가 엎드려 죄의 처분을 기다릴 정도의 심각한 문제로까지 비약했다.

그러나 이 무고는 조작된 것으로 그 내용 또한 놀라웠다. 고변의 공명을 바란 유세창은 이웃 동네 아이들을 모아 놓고 놀이를 하는 양 이름을 적은 다음 그 아이들을 꾀어서 저의 집으로 데려가 술을 먹이고는 옷 벗기 내기를 하도록 만들었다. 속임수를 써 옷을 빼앗아 둔 유세창은 술과 쌀을 가져온 자에게만 옷을 돌려줄 것이라 으르고는 아이들이 집으로 간 틈에 모역에 관한 서약문과 이름을 쓴 종이를 옷깃을 뜯어 넣고 다시 꿰매 두었다.

그런 다음 술과 쌀을 구해 온 아이들을 남산으로 데려가 옷을 벗어 기旗를 만들도록 하고 나뭇가지를 꺾어 창을 만들어 진陣치는 놀이를 시켜놓고는 고변한 것이다.

조정에서는 아이들을 잡아다가 대궐 뜰에서 국문하였으나 그들
이 자신의 죄목을 알 리가 없었다. 곁에 있던 유세창이

"옷 속에 꿰맨 데를 뜯어보면 알 것입니다."

하여 살펴보자 그 안에서 격문과 이름을 발견하게 되었고 죄 없는
아이들은 꼼짝할 수가 없었다. 이에 명단에 오른 수십 명은 억울하
게 처형을 당하거나 매 맞아 죽어야 했다.

중종은 무인들의 반란에 의해 왕위에 올랐고, 이에 조정의 집권
자들 사이에서는 소외당한 자들이 모역을 벌이지나 않을까 전전긍
긍하는 분위기가 있었다. 이와 같은 여파를 감지한 정유길 같은 자
들이 무고를 꾸며 원통한 죽음을 만들어 낸 일도 있었던 것이다.

정난종과 아들 정광필 묘역

경기도 군포시軍浦市 둔대동屯垈洞 반월 저수지 위쪽 바깥 속달
리에는 동래 정씨의 묘역이 있다. 멀리서 보면 야산이 마치 골프장
처럼 움푹 패여 있고 산등성이 하나가 온통 묘로 가득한 이 묘역은
경기도 기념물 제115호로 지정되어 있다.

이곳에는 조선 초기의 명신名臣이자 서예가였던 정난종과 그 아
들로 영의정을 지낸 정광필의 묘가 있다. 이 묘역은 조선 사대부의
묘 제도를 알 수 있는 여러 석물들이 고루 갖춰져 있어 조선 초기의
분묘 역사와 석비石碑, 금석문金石文, 고고 미술사 연구에 좋은 자

료로 활용되고 있다.

정난종의 묘는 아내와 함께 묻힌 쌍분인데, 묘비에는

有明朝鮮國 純誠佐理功臣 資憲大夫 議政府 右參贊 兼 同知經筵

東萊君 贈諡 翼惠公鄭公之墓

유명조선국 순성좌리공신 자헌대부 의정부 우참찬 겸 동지경연

동래군 증시 익혜공정공지묘

라고 쓰여 있다.

신도비는 쌍분 바로 아래에 있는데, 거북 모양의 받침돌 대신에 네모꼴의 지대석을 썼으며 이수螭首는 형태가 선명하나 비문은 풍상에 깎여 식별이 어렵다.

이 묘역에 대해 여러 차례 도굴이 시도되었으나 무덤 전체가 석회로 감싸여 있어 굴착기로도 불가능하다고 한다.

정난종 부부 묘역 바로 아래에 아들 정광필의 묘가 있는데, 석물은 정난종과 같은 형식이다. 왼쪽 아래 깨어진 묘비에는

有明朝鮮 大匡輔國崇祿大夫 議政府 領議政 兼 經筵 弘文館 藝文館

春秋館 觀象監事 世子師 贈諡 文翼鄭○○○

유명조선 대광보국숭록대부 의정부 영의정 겸 경연 홍문관 예문관

춘추관 관상감사 세자사 증시 문익정○○○

라고 쓰여 있다. 신도비의 글은 좌찬성으로서 문명이 높았던 소세양蘇世讓이 지었고, 글씨는 퇴계 이황이 썼다.

태종의 외증손 남이, 질시하는 자들도 많았다

남이와 관련한 모든 기록을 보면 남이는 태종의 외손자로서, 어머니는 태종의 넷째 딸 정선貞善 공주이며 아버지는 남휘南暉로 표기되어 있다. 그러나 정선 공주는 남이의 할머니이며 남휘는 남이의 할아버지로서, 실제 남이의 아버지는 군수 남분南份이라는 분명한 기록이 남아 있다. 기존의 기록을 수정하여 남이는 태종의 외증손자로 표기하여야 될 것이다.

1457년(세조 3) 17세의 나이에 왕외족으로서 무과에 급제한 남이는 세조의 극진한 사랑을 받았으나 그는 자신을 둘러싼 보호막에 안주하지 않고, 자신의 직책을 최선을 다해 수행했다. 1467년(세조 13) 이시애의 반란이 일어나자 남이는 무과에 장원한 지 불과 10년

남휘와 정선 공주 묘소. 경남 창녕군 부곡면. 「왕녀 정선공주 이씨지묘」

만에 우대장으로 출전하여 용맹을 떨쳤으며, 건주위建州衛를 정벌할 때에도 선봉으로 적진에 들어가 적을 무찔렀다. 이 일로 적개공신敵愾功臣이 되고 훈勳 1등에 책록되어 26세의 나이로 병조판서가 되었다.

이때 한계희韓繼禧는 종실이나 외척에게 병권을 주는 것은 부당하다고 간하였고, 예종이 즉위하자 유자광의 무고로 1468년(예종 즉위) 옥사가 일어나 처형되었다. 남이의 본관은 의령宜寧으로 그가 죽음을 맞이한 때는 28세의 젊은 나이였다.

귀신의 해코지를 받았다는 남이의 혼인

남이는 왕의 외증손으로서 세종조 이래 최고의 정치적 세도를 누리던 집안의 딸과 결혼하는 등 든든하고 화려한 생을 영위했을 것이라 상상하기가 쉽지만 그의 삶은 그렇지만은 않았다.

『대동기문大東奇聞』에는 남이가 계유정난의 일등공신 권람의 딸과 혼인을 하게 된 사연이 남아 있다. 남이가 젊었을 때 하루는 길을 가는데 앞에 어떤 어린 종이 봇짐을 짊어진 채 가고 있었다. 그런데 그 위에는 남이의 눈에만 보이는 여자 귀신이 앉아 있었다.

이를 이상히 여긴 남이는 그 뒤를 쫓아갔고, 아이는 재상의 집으로 들어가는 것이었다. 남이가 밖에서 잠시 기다리고 있자니 얼마 뒤 아씨가 죽었다며 우는 소리가 담장 밖으로 들려 왔다.

다급해진 남이는 대문을 박차고 들어가서는 자신이 처녀의 병을 고치겠다며 곧장 방으로 들어섰다. 그 순간 남이는 깜짝 놀랐다. 반듯이 누워 있는 처녀의 가슴 위에 잡귀가 타고 앉아 남이를 노려보고 있었기 때문이었다. 남이는 급히 주문을 외워 잡귀를 쫓아냈고, 처녀의 몸에서 떨어져 나온 잡귀는 도망치며 남이에 대해 복수의 칼을 갈았다.

"내 언젠가는 너에게 복수를 하리라."

그 처녀는 당시 좌의정으로 한명회와 더불어 세조의 즉위에 공을 세운 권람의 딸이었다. 생명을 구해 준 인연으로서 남이는 그 처녀와 우여곡절 끝에 혼인을 하기에 이른다.

두 사람 사이에 혼담이 오가자 권람은 혼례를 결정하기 전 술사術士를 찾아가 남이와 자신의 딸에 대한 사주를 물었다. 그러자 술사가 한다는 소리가

"남이는 반드시 죄를 짓고 젊은 나이로 죽을 것입니다."

하는 것이었다. 이 말을 들은 권람은 혼인을 취소하려 했으나 점쟁이가 곧이어 말하기를

"댁의 따님은 명이 더욱 짧습니다."

하였다. 그들은 똑같이 받은 불행한 암시 때문에 맺어질 수 있었고, 그들이 아이를 낳지 않은 것도 그 예언을 숙명처럼 받아들였기 때문이었다.

또한 어쩌면 남이가 죽음을 두려워하지 않는 용맹을 떨칠 수 있었던 것은 자신의 단명을 이미 알고 있는 사람으로서 오히려 더한 자신감의 발로이자, 일종의 보상 심리를 얻고자 함이었는지도 모른다.

남이의 거짓 자백

1467년 포천抱川 등지의 도적을 물리쳤던 남이는 이시애의 난이 일어나자 대장이 되어 앞장서 토벌한 공으로 적개공신 1등에 책록되어 의산군宜山君에 봉해졌다. 그 후 여진족 토벌에도 앞장서 2등 군공軍功을 받았으며 공조판서에 임명되었고, 1468년에는 오위도총부 도총관을 겸했으며 이어 27세의 젊은 나이에 병조판서가 되었다.

그러나 세조가 죽고 예종이 즉위하자, 그의 출세를 시기하는 무리가 나타났고 예종 역시도 남이의 파격적 행보를 마땅치 않게 생각했다. 그 와중에 형조판서 강희맹이 한계희에게

"남이는 군사를 장악하기에 적당한 사람이 아니다."

라고 한 말이 예종의 귀에 들어가게 되었다. 한계희는 세조 즉위 당시에도 왕을 은밀히 찾아가 남이에게 병권을 줄 수 없다는 뜻을 관철시키고자 노력하던 인물이었다. 결국 남이는 부당한 이유로 병조판서에서 해임되고 말았다. 해임 뒤 남이가 울적한 기분으로 궁궐에서 숙직을 하는데 갑자기 혜성이 나타났고, 그는 혼잣말로 중얼거렸다.

'혜성이 나타남은 묵은 것을 없애고 새것을 나타나게 하려는 징조다.'

그런데 이때 불행히도 유자광이 이 말을 엿듣고는 역모를 꾀한다 하여 남이를 하옥시켜 버렸다. 당시 병조 참의로 있던 유자광은 남이의 재주와 벼슬을 몹시 시기하고 있던 터였고 그날 밤 담 너머로 들려오는 남이의 말은 역모 죄로 날조하기에 호재였다.

남이의 죄를 밝히는 국문은 예종이 친히 주관했다. 국문에서는
남이가 여진족을 정벌하고 돌아올 때 백두산 바위에 새겼다는 다음
의 시까지 논쟁의 대상이 되었다.

　　白頭山石磨刀盡 백두산석마도진
　　豆滿江水飮馬無 두만강수음마무
　　男兒二十未平國 남아이십미평국
　　後世誰稱大丈夫 후세수칭대장부

　　백두산의 바위는 칼을 갈아 없애고
　　두만강의 물은 말을 먹여 없애겠도다.
　　남아 이십에 나라를 평안케 하지 못하면
　　누가 훗날 대장부라 하리오.

유자광은 이 시구 가운데 '미평국未平國'이 실제로는 '미득국未
得國'으로 새겨져 있다며 '나라를 얻는다는 것'은 모름지기 모반을
일으킬 징조라고 모함했다.

남이는 극구 부인했지만 파발꾼을 보내 확인한 결과 바위에는 정
말 미득국으로 되어 있었다. 이는 예전에 남이가 쫓아버린 잡귀가
평平자에 붙어 득得자로 보이게 했기 때문이었다.

꼼짝없이 누명을 쓴 남이는 심한 고문으로 다리가 부러졌고, 모
진 고문에 더 이상 살아갈 희망을 잃은 남이는 죽기만을 바라며 모

반을 계획했다고 거짓으로 자백을 하고 말았다.

정치적 암살은 그렇게 이루어졌다. 심지어 남이의 할머니인 공주와 통간했다는 근친 강간죄로 남이를 무고하는 자까지 생겼으니 그에게로 집중되는 조정의 미움이 어떠했는지 짐작할 수 있을 것이다.

강순과 남이는 무슨 인연인가

이때 남이의 죄를 문초한 사람은 영의정 강순이었다. 여든의 노신이 모반을 함께 계획했던 사람 이름을 대라며 살기어린 호통을 쳐대자, 이미 죽음을 각오한 남이는 강순을 바라보며 의미심장하게 말했다.

"배후는 강순이오. 당신과 함께 일을 꾸미지 않았소."

아닌 밤중에 홍두깨였다. 난데없는 말이 떨어지자 강순은 몸이 사시나무 떨듯 떨리는 중에도 자신의 결백을 주장했다.

"신은 본래 평민으로 성군을 만나 벼슬이 재상에 이르렀는데, 또 무엇을 얻고자 남이의 음모에 가담하겠습니까?"

그러나 남이는 그에 아랑곳하지 않고 끈질기게 강순을 끌어들였다.

"전하께서 그의 간사한 말을 믿고 사면한다면 어떻게 죄인을 찾아낼 수 있겠습니까?"

처음에는 강순을 의심하지 않던 예종도 강순을 의심하기에 이르렀고, 강순은 일시에 포박당해 땅바닥에 무릎이 꿇려지고 말았다. 온갖 고문은 강순에게도 쏟아져 그 역시 거짓으로 자백을 해야 했다. 그 모습을 지켜보던 남이는 허탈하게 웃으며 말했다.

"내가 결백을 굽히지 않은 것은 훗날 공을 세울 것을 바란 것인데, 이제 다리가 부러져 덩치만 남은 쓸모없는 병신이 되었으니 살아있다 한들 무엇을 할 것인가. 나 같은 젊은 사람도 죽음을 아끼지 않는데 머리가 허연 늙은이는 죽어 마땅하다."

남이는 이미 자신에 대한 세상 사람들의 투기가 어느 정도인지 알게 되자 더 이상 사는 것에 미련을 두지 않았다.

역적을 모의한 자가 더 있을지도 모른다는 데 생각이 미친 예종은 병조판서 허종許琮도 역적모의 사실을 알고 있는지 물었다.

누가 어떤 죄목으로 걸려들게 될지 몰랐고, 이와 같은 서슬 퍼런 분위기에서 실제 죄의 여부는 드러나기 쉽지 않은 법이었다. 곁에 있던 허종이 황급히 땅에 엎드렸고 남이는 허종에 대해서는 무고하지 않았다.

"허종은 충신으로 이 일을 모르니 원컨대 의심하지 마소서."

이윽고 남이와 강순은 나란히 처형을 받으러 갔다. 정치적 대립

남이 묘소와 묘 설명문. 경기도 화성시.

각을 세우던 그들은 나란히 형장에 묶여 죽음을 기다리게 되었고 80에 이른 강순이 남이를 바라보며 자신을 모함한 원한이 무엇인지를 물었다.

"원통한 것은 마찬가지다. 당신은 영상이 되어 나의 원통한 것을 알고서도 나를 위해 변명 한마디 해주지 않았으니, 당신 또한 원통하게 죽는 것이 옳다."

남이의 이 말을 들은 강순은 하늘을 쳐다보며 말했다.

"젊은이를 가까이 한 결과로 이런 화를 당하는구나."

강순은 입을 굳게 다물고는 형을 받았다. 남이는 조정의 모든 사람이 자신을 투기하여 등을 돌린다 해도 여든이 넘은 최고직의 영의정 강순만은 자기편에 서서 그 억울함을 변명히고 구해 줄 것으로 믿었던 것이다. 강순은 이시애 난의 토벌과 건주위 토벌 때 남이와 같이 싸운 명장이었고, 남이의 아버지와도 친한 사이였으며 또한 남이 장인의 도움을 받기도 했다. 이 신의가 배신감으로 돌아서자 남이는 강순에게 복수를 행한 것이다.

27세에 병조판서에 오른 남이가 반역을 꾀했다는 이유로 모함을 받은 것은 그의 저돌적인 성향과 파격적인 승진에 대해, 보수적이고 온건했던 강순 역시도 탐탁지 않게 여겼음을 짐작하게 한다.

그 뒤 남이의 억울한 죽음이 여러 사람의 입을 통해 전해지면서 1818년(순조 18) 누명이 밝혀져 관직이 복원되고 충무공忠武公이라는 시호가 내려졌으며 구봉서원龜峰書院에 배향되었다.

남이의 아내 권씨는 그보다 몇 년 앞서 죽었으니 점쟁이의 말이

들어맞은 셈이다. 남이가 피살당한 뒤 그 터에는 들어와 살려는 사람이 없어 채소밭으로 쓰이다가 후일 그곳에 남이의 사당을 만들고 남이 탑을 세워 모시기 시작했다. 남미탑동南彌塔洞은 이 남이탑동의 와전된 표기이다.

남이가 태어난 충청북도 음성군陰城郡 감곡면甘谷面 영산리嶺山里 뒤에는 원통산怨慟山이 있다. 속전으로는 남이의 원통함을 풍수로 해석하려는 후세 사람들이 명명한 것이라 하며, 또는 풍수적으로 그 산형이 울고 있는 자세로서 남이의 원통함을 해석하기도 한다.

억울하게 죽은 남이의 진짜 묘, 가짜 묘 논란

수인산업도로 반월 사거리에서 비봉면으로 나 있는 39번 국도를 따라가다 양로리에서 우회전한 뒤 306번 국도로 접어들어, 그곳에서 2킬로미터쯤 들어가면 나지막한 해망산海望山에 남이와 부인 권씨의 묘가 있다.

그런데 강원도 춘천시春川市 남산면南山面의 남이섬에도 남이의 봉분이 있

「병조판서 충무공 남이장군지묘」

다. 하지만 이것은 모 관광 회사가 장삿속으로 남이가 묻혔다고 전해지는 돌 더미에 흙을 덮어 봉분을 만든 뒤 둘레를 치장한 가짜 묘이다.

해망산에 있는 남이의 묘 왼편에 있는 부인의 묘는 쌍분으로 근래에 손질하여 봉분의 잔디며 호석이 깔끔하다. 부인의 묘는 본래 남이의 장인인 권람의 묘가 있는 충청북도 음성군陰城郡에 있었는데, 죽어서나마 생전의 한을 달래기 위해 최근 남전리南田里에 있는 남편 남이의 곁으로 이장했다.

억울하게 죽어 뭇 무당의 신이 된 남이의 모습과는 달리 잘 가꾸어진 묘 주변 비석에는

兵曹判書 忠武公 南怡將軍之墓

병조판서 충무공 남이장군지묘

라고 오석烏石에 새겨져 있다. 비를 세울 때 가장 으뜸으로 여기는 돌이 오석이고 그중에서도 충청남도 보령保寧의 남포면藍浦面에서 난 것을 제일로 친다. 오석은 겉과 안이 모두 검어 글자를 새기면 신기하게 흰색이 드러나는 귀한 돌이다. 지질학적으로 오석은 육지에서 형성된 것이 아니라 원래 바다였던 곳에서 소금기와 함께 만들어졌고, 육지가 된 뒤에 채취한 것이라 한다.

자손이 없는 남이의 제사는 동생의 아들이 모셨으며 뒤에 영의정 남구만南九萬이 봉분을 쌓고 벌초한 것을 1968년 후손들이 정성을 모아 묘역을 정비하였다.

남이의 옥사에 연루되어 죽은 강순

강순은 갑사甲士로 벼슬길에 올라 무관이 되었으며 1450년(문종

즉위) 첨지중추원사로 있다가, 북방의 야인을 다스리기 위해 조전절
제사助戰節制使로 박천博川에 나가 북방의 방어에 전념하였다. 이
후 1453년(단종 1) 행회령도호부사行會寧都護府使를 거쳐 판의주
목사로 전임되었다가, 1458년(세조 4) 다시 첨지중추원사로 복귀한
강순은 이듬해 사은사로 명나라에 다녀왔다. 1460년 판길주목사로
부임한 뒤에는 새로 설치된 영북진寧北鎭의 도호부사로 전임되어
진鎭의 성을 쌓는 일에 진력하였다.

강순은 그 뒤 신숙주의 모련위毛憐衛의 야인 정벌에 종군하여 공
을 세우고, 자헌대부에 올라 종성절제사가 되었다. 이듬해에 함길
도咸吉道 도절제사가 된 강순은 1465년(세조 11) 중추원사로 전임
될 때까지 5년 가까이 북방의 방어에 힘쓰면서 세조의 신임을 받았
다.

세조는 북방 방어에 노력하는 강순의 노고를 덜어주려고 아내와
함께 부임하도록 특명하는 등 큰 배려를 해 주었다. 또한 강순이 함
길도 도절제사로 있을 때는 임기가 찼음에도 믿고 교대시킬 더 나
은 인물이 없음을 들어 그대로 유임시키기는 등 그에 대한 신임이
컸다.

1467년 이시애가 난을 일으키자, 강순은 진북장군鎭北將軍으로
평안도병을 이끌고 어유소魚有沼, 남이 등과 함께 홍원洪原, 북청北
靑, 만령蔓嶺 등지에서 반란군을 격파하였다. 그는 이시애의 난을
평정한 공으로 정충출기포의적개공신精忠出氣布義敵愾功臣 1등에
녹훈되고 우의정에 승진되었다.

어유소 사당. 경기도 동두천시.

이어 서정 장군으로 남이, 어유소 등과 압록강을 건너 건주위의 동북쪽 퉁자강(佟佳江동가강) 올미부兀彌部의 여러 곳을 소탕하고 추장 이만주李滿住를 죽이는 등 공을 세웠다. 강순은 이 공으로 명나라 헌종憲宗으로부터 은 20냥과 비단을 하사받았다.

1468년(세조 14/ 예종 즉위) 신천부원군信川府院君에 봉해지고 영의정으로 오위도총관에 임명되었으나, 같은 해 유자광의 무고로 일어난 남이의 옥사에 연루되어 사형당하였다.

강순의 본관은 신천으로 1390년(고려 공양 2) 태어난 그의 자는 태초太初, 증조부는 판삼사사 강윤성康允成(이성계 장인)이다.

남공철의 주청으로 누명이 풀린 남이와 강순

남공철南公轍의 본관은 남이와 같은 의령으로 남이가 억울하게 죽임을 당한 뒤 약 3백 년의 시간차를 두고 태어났다. 늦었지만

1818년(순조 18) 우의정 남공철로 인해 남이와 강순은 억울한 누명을 벗고 관작이 복구될 수 있었다.

1780년(정조 4) 초시에 합격한 남공철은 아버지 남유용南有容이 정조의 사부였던 관계로 1784년에 음보로 세마에 임명되었다. 이어 산청山淸과 임실任實의 현감과 첨정 등을 지내고, 1792년(정조 16) 식년 문과에 병과로 급제하여 홍문관 부교리, 규장각 직각에 임명되어『규장전운奎章全韻』편찬에 참여하면서 정조의 총애를 받았다.

초계문신에 선임된 남공철은 김조순金祖淳, 심상규沈象奎 등과 함께 참신한 문체를 잡문체라 하여 배격하는 정조의 문체반정文體反正에 적극 동참하였다. 그 뒤 육경고문六經古文을 깊이 연찬함으로써 뛰어난 인재라는 평을 받았다. 정조 때에는 주로 대사성으로서 후진교육 문제에 주력하였으며 순조純祖가 즉위한 뒤에는『정종실록』편찬에 참가하였다.

그는 이조판서에 9번이나 제수 되고, 대제학을 지내는 등 재능이

영의정 남공철 묘소. 경기도 성남시.

출중하였다. 1807년(순조 7)에는 동지사로 청나라에 다녀왔으며 1817년(순조 17) 우의정이 되어 14년 동안 재상을 역임하고 1833년 (순조 33) 영의정으로 치사해 봉조하가 되었다.

남공철은 또한 순조와 익종翼宗의『열성어제列聖御製』를 편수했으며 저서로『고려명신전高麗名臣傳』, 시문집으로『귀은당집歸恩堂集』,『금릉집金陵集』,『영옹속고穎翁續藁』,『영옹재속고穎翁再續藁』,『영은문집瀛隱文集』등이 있다.

1760년(영조 36) 대제학 남유용과 김석태金錫泰의 딸 사이에서 태어났다. 할아버지는 남한기南漢記이다. 한양 출신으로 80세의 장수를 누리고 1840년(헌종 6) 세상을 떠난 남공철의 자는 원평元平, 호는 사영思穎과 금릉金陵, 시호는 문헌文獻이다.

세력가의 시종이라는 흑점을 짊어진 권람

젊어서 관직에 뜻이 없던 권람은 1450년(문종 즉위) 사헌부 감찰이 되면서 조금 늦은 나이에 벼슬에 올랐다. 이듬해 집현전 교리로서 수양 대군과 함께『역대병요歷代兵要』의 음주音註를 편찬하면서 그와 가까워졌다.

문종이 죽고 어린 단종이 즉위하자 권력은 김종서, 황보인 등 대신들의 손에 들어갔고 안평安平 대군은 대신들과 결탁하며 세력을 키워갔다. 이에 불안을 느낀 수양 대군 역시 자신의 무리를 규합하기 시작했고, 이때 한명회의 부탁을 받은 권람은 평소 친분이 있던

익평공 권람 초상(좌)과 신도비각(우). 충북 음성군.

수양 대군 편에 서서 집권을 모의하였다.

그리고 두 사람은 양정楊汀, 홍달손洪達孫, 유수柳洙, 유하柳河 등 무사들을 규합하여 1453년(단종 1) 계유정난 때 김종서, 황보인 등 대신들을 제거하고 수양 대군 집권의 토대를 마련하였다.

권람은 그 공으로 정난공신靖難功臣 1등에 책록되고, 이어 승정원 동부승지로 특진되었으며 1454년 2월에 우부승지, 8월에는 좌

홍달손 묘소. 경기도 의정부시.
「보광대국숭록대부 의정부 좌의정 남양부원군 시 안무홍공지묘. 정경부인 광주안씨 부우」

부승지로 승진되었다. 1455년 수양 대군(세조)이 즉위하자 6월에 이조참판에 발탁되고, 이어 9월에는 좌익공신佐翼功臣 1등에 책록 되었다. 이듬해 2월에는 이조판서가 되고 3월에는 역신逆臣들이 가 졌던 연안延安, 전주, 충주忠州, 양주楊州의 토지를 하사받았다.

권람은 이어 그해 7월에는 집현전 대제학, 지경연 춘추관사를 겸 하고 길창군吉昌君에 봉해졌다. 이어 1457년(세조 3) 2월에는 난신 亂臣들의 노비를 하사받고 3월에는 김문기金文起, 장귀남張貴南, 성승成勝 등의 토지를 하사받았으며, 8월에는 판중추원사로 승진되 었다. 이렇듯 세조를 도와 여러 차례 공을 세운 뒤 관직에 있어서나 재물에 있어서나 승승장구를 하며 만년에는 남산 아래에 화려한 집 을 지녔으니, 그에 대한 세간의 평이 꼭 좋지만은 않았다.

한편 학문이 풍부했던 권람은 이 분야에서도 상당한 업적을 남겼 는데 1458년 5월 신숙주 등과 『국조보 감』을 편찬하고, 그해 12월 의정부 우 찬성에 승진하였다. 이듬해에는 좌찬 성과 우의정을 거쳐 1462년 5월 좌의 정에 올랐으나 1463년(세조 9) 병을 핑계로 관직에서 물러나며 부원군으로 진봉되었다. 이해 9월에는 『동국통감』 편찬의 감수 책임을 맡기도 했다.

권람은 불교를 좋아하지는 않았으 나 명신名神을 숭배하여 사람들이 의

성삼문 아버지 성승의 위비.
경기도 파주시.
「자헌대부 세자우참찬 창녕성공승지위.
정부인 함양박씨 지위」

아하게 생각하기도 했다.

1416년(태종 16) 태어난 권람의 본
관은 안동으로 아버지는 우찬성 권
제權踶, 할아버지는 찬성사 권근이
다. 권제는 호가 지재止齋로 1414년
태종이 직접 주관한 과거에서 장원으
로 급제해 학자로 이름을 날렸으며 특
히 「용비어천가龍飛御天歌」를 지어
바친 것으로 유명하다.

양촌 권근 영정

1465년(세조 11) 세상을 떠난 권람의 자는 정경正卿, 호는 소한당
所閑堂이며 세조 묘에 배향되었다. 시호는 익평翼平이다. 그의 시문
집으로 『소한당집所閑堂集』이 있고, 할아버지가 지은 응제應製에 주
석을 붙인 『응제시주應製詩註』는 권람의 역사의식을 반영해줄 뿐 아
니라, 세조 때 『동국통감』의 편찬 방향을 이해하는 좋은 자료이다.

국을 식게 만든 사람

권람은 어려서부터 독서를 좋아하여 학문이 넓었으며, 뜻이 크고
남들이 생각하지 못하는 기묘한 것들에 관심이 많았다. 독서를 좋
아한 권람은 책 상자를 말에 싣고 이름난 산과 고적지古蹟地를 찾아
다니면서 한명회와 함께 책을 읽고 글을 지으며 회포를 나누었다.

천하 유람에 마음을 빼앗긴 때문인지 권람은 35세까지도 방랑 생

활만 했으나 성품 자체는 엄격하고 신중했다. 그는 관포와 같이 우정이 깊었던 한명회와 서로 약속하며 말했다.

"남자로 태어나 변방에서 무공을 세우지 못할 바에는 만 권의 책을 읽어 이름을 남기자."

1450년(문종 즉위) 향시와 회시會試에서 모두 장원으로 급제한 권람은 전시殿試에서는 4등에 이르렀다. 그러나 장원인 김의정金義精의 출신이 한미하다는 이유로 장원이 되었다. 한편 권람이 전시에서 장원이 된 다른 이야기도 전한다. 이 자리에는 문종이 있었는데 권람이 4등으로 합격한 사실을 알고 그의 글을 읽어보더니 말했다.

"이 글이 진실로 장원이다."

그리고는 친히 1등으로 고쳤다 한다. 그리하여 권람은 향시와 회시, 전시에서 내리 장원으로 급제하게 된다. 권람은 활을 잘 쏘고 문장에도 뛰어났으나 일찍이 과거에 뜻을 두지 않고 떠돌아다녔던 것은 그의 아버지가 첩에 혹해 자신의 어머니를 소박한 데 대한 불만의 표출이었다는 이야기도 있다.

훗날 수양 대군이 정난을 계획할 때 모의에 함께 참가한 권람은 대군의 집을 드나들며 날이 어두워지도록 집으로 돌아가지 않았다. 음식에도 제대로 손을 대지 않아 식게 되자 궁인들은 이렇게 수군거렸다.

"국을 식히는 나리가 온다."

훗날 세조가 정권을 잡고 내전에서 잔치를 벌이자, 권람은 왕비에게 자신을 이렇게 소개했다.

"전날에 국을 식게 만든 사람입니다."

1462년 좌의정에 오른 권람은 남산 아래에 대궐 같은 집을 짓고 살았고, 세조는 친히 권람의 집에 들르기까지 했다. 또 세조가 그곳에 있는 우물을 마신 뒤로 그 우물은 어정御井이라 불리기 시작했다.

35세 때 과거에 장원 급제한 권람은 세조의 왕위 찬탈을 도와 46세에 재상이 되고, 이후에도 남부럽지 않은 권신이 되었다. 이즈음 병이 든 권람이 한직閑職을 청하자 세조는 다음과 같이 그 친분을 표했다.

"하늘이 공을 낳아서 오늘의 나를 있게 했으니 모두 공의 덕분이다. 공이 자연을 벗 삼아 물러가겠다고 하니 탄식해 마지않는다."

그러나 벼슬과 영화를 하늘이 내린 듯했던 권람도 얼마 뒤 50세의 그리 많지 않은 나이로 세상을 떠나고 말았다.

무오사화의 인물 8
중종반정의 주역 성희안의 세 가지 모습

성희안成希顔은 연산군의 횡포로 무너져가는 사직을 반정으로 구한 중종의 정국공신靖國功臣이다.

중종반정은 그와 박원종, 유순정이 주도한 것으로 후일 공훈을 따질 때 두 사람을 앞세우며 성희안 자신은 서열 맨 나중에 두는 겸손함을 보였다.

성희안 묘소. 경기도 양주시.

우선 공무에 있어 사사로운 감정을 배제하며 공정하게 처리한 성
희안의 한 모습을 보자. 성희안이 이조참판으로 있을 때 성균관 선
비들이 한 종에게 갖은 욕을 당하는 사건이 일어났다. 당시 종은 천
한 존재로 취급되었고, 양반들에게 반항하는 것은 조선의 체제에
반하는 것으로 상상할 수도 없는 일이었다.

그 종은 영의정인 신승선의 종이자 좌의정 이극균 집종의 남편이
었기에, 종 치고는 최상의 위치에 있는 소위 노비 중의 귀족으로 자
신이 부릴 수 있는 권간權奸을 착각한 것이다.

이에 성난 성균관 학생들은 연명으로 이조吏曹에 상서를 해 그
종을 때려죽일 것을 요구했고 이에 난처해진 판서 한치형은 병을
핑계로 들며 이 사건의 결정을 피해버렸다.

이로써 사건이 참판 성희안에게로 떨어지자 이 사건을 두고 이극
균의 형 이극돈은 청탁을 위해 성희안을 두 번이나 찾았다. 그러나

그는 만나주지 않았고 이에 자존심이 상한 신승선과 이극균이 한치형과 성희안을 나무라자 성희안이 담담히 말하였다.

"이런 계급적 모역은 국법으로 죽이게끔 되어 있는데 대감들을 위해 벌을 고칠 수는 없는 일입니다. 이 일을 임금에게 아뢰고 처치한 다음에 물러설 작정입니다."

물러나온 성희안은 결국 이종을 국법대로 처리하였다.

이극돈 신도비. 경기도 성남시 하대원동.
「조선국 숭록대부 의정부 좌찬성 참좌리공신 광원군 시 익평 사봉선생 광주이공극돈 신도비」

그러나 중종반종 직후 보였던 겸손함과는 상반되는 성희안의 모습도 있다. 중종은 반정공신인 성희안을 삼대신三大臣이라 하여 무척 공경하였고, 그가 드나들 때마다 자리에서 일어서며 자신의 마음을 나타냈다.

이에 중종을 무시하는 마음이 생겼던지 그는 임금에 대한 예의를 지키지 않고 자신이 하고 싶은 말을 절제하지 않고 그대로 전하는 오만함을 보였다. 아래는 한 대신을 추천할 때 성희안이 중종에게 행한 언사이다.

"김응기 1천 명이 신용개 하나를 바꿀 수 없으며, 신용개 1천 명이 정광필 하나를 바꿀 수 없습니다."

마지막으로 성희안의 지극한 효심에 대해 엿볼 수 있는 일화도 있다. 그가 홍문관 정자로 있을 때 아버지 상을 당해 복제를 마치고 돌아왔다. 어느 날 성종과 야대夜對하여 여러 신하와 술을 마시게 되었는데 성희안은 귀중한 과실인 감자柑子와 귤 몇 개를 옷소매 속에 몰래 감추었다. 그 뒤 술에 만취하여 내시에 업혀 나가는 도중 성희안의 소매에서 훔쳐 넣은 과실이 주르르 떨어지고 말았다.

이튿날 성희안이 옥당玉堂에 있는데 뜻밖에 하사下賜 행차가 당도하였다. 성종으로부터 성희안에게 감자와 귤 한 쟁반이 하사된 것이다. 하사의 어지御旨는 다음과 같았다.

〈어젯밤 신이 소매 속에 과실을 감춘 뜻은 노모에게 드리려 한 것임을 내 아노라. 어제 못 갖다드린 과일을 오늘 갖다 드리도록 하라.〉

한편 성희안은 말년에 평양 기생 신씨를 무척 사랑하게 되어, 임종에 임해서도 아들에게 그 기생을 부탁할 정도였다.

창녕 성씨 인맥

성희안의 창녕昌寧 성成씨 노하파路下派 인맥을 살펴보자. 성한 필成漢弼의 현손은 고려 충목왕 때 찬성사를 지낸 성사홍成士弘과 고려 공민왕 때 집현전 대제학을 지낸 성사달成士達 맥으로 양분된다. 성사홍의 8세손은 한강寒岡 정구鄭逑의 문인인 승지 성안의成安義, 성안의의 아들은 강계 부사로 청백리淸白吏에 오른 성이성成以性이다.

그리고 성사달士達의 현손은 공신으로 영의정에 이른 성희안으로 그는 중종 묘정에 배향되었다. 성희안의 동생은 성희옹成希雍으로 그 역시 공신이었으며, 성희안의 아들은 정국공신靖國功臣으로 지중추를 지낸 성율成慄이다. 성사달의 5세손은 호조판서 성세장成世章으로 청백리이다. 그는 이기李芑, 윤원형 등을 꾸준히 논척하며 조정을 바로 세우고자 했다.

연산군에게 운명을 맡긴 한치형

연산군이 즉위한 직후 좌찬성으로 대사헌을 겸한 한치형韓致亨은 우의정을 역임한 뒤 무오사화 때에는 좌의정으로서 유자광, 노사신 등과 함께 연산군 편에 서서 사화에 깊이 관여하였다. 그리하여 1500년에는 영의정에까지 올랐다. 그러나 한치형은 죽은 다음 갑자사화에 연산군의 생모인 윤씨를 폐출시킨 모의에 가담하였다 하여 윤필상, 한명회 등과 함께 부관참시 되고 일가가 몰살되었다가 중종반정 후 신원되었다.

한치형은 1434년(세종 16) 한절韓詇과 중군총제 조서趙敍의 딸 사이에서 태어났다. 1451년(문종 1) 18세로 군직에 음보蔭補된 뒤 감찰, 장령, 사복시 소윤을 거쳐 1467년(세조 13) 장례원 판결사가 되었다. 같은 해 5월 좌부승지에 오른 한치형은 이어 우승지와 좌승

한치형 옛 비. 경기도 양주시.
「순성명량 좌리공신 대광보국숭록대부
의정부 영의정 겸영경연 홍문관 예문관
춘추관 관상 감사 세자사 청성부원군
증시 질경공 한치형지묘」

지를 거쳐 그해 12월 이조참판에 특진되었다.

1468년 예종 즉위 직후에는 함길도 관찰사로 나갔다가 이듬해 다시 호조참판이 되었으며, 성종이 즉위한 뒤 동지중추부사를 거쳐 대사헌이 되었다. 그는 1471년(성종 2)에는 좌리공신佐理功臣 3등에 책록되고 청성군淸城君에 봉해졌으며, 형조판서에 승진되었다. 그 뒤 개성부 유수, 경기도 관찰사, 한성부 판윤, 호조와 병조의 판서를 거쳐 1481년 좌참찬에 올랐다.

한치형의 고모가 명나라 성조成祖의 비妃가 된 관계로 성종 때에는 주청사, 성절사, 사은사 등으로 여러 차례 명나라에 다녀왔으며 황제의 은총을 받았다.

1502년(연산 8) 세상을 떠난 한치형의 자는 통지通之, 시호는 질경質景이다.

세상 물정을 잘 파악했던 재상 한치형

한치형이 형조판서로 있을 때의 일이다. 그는 지나치게 부지런
했고 퇴근 또한 늦게 했기 때문에 낭관들이 견디지 못하고 괴로워
했었다. 당시 그의 조카 한건韓健은 정랑으로 있으면서 부하 직원들

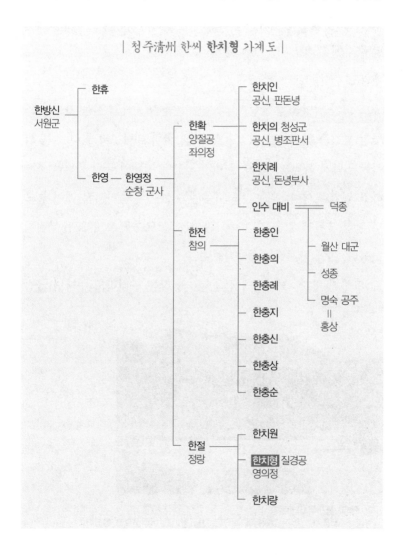

| 청주淸州 한씨 **한치형** 가계도 |

- 한방신 서원군
  - 한휴
  - 한영 — 한영정 순창 군사
    - 한확 양절공 좌의정
      - 한치인 공신, 판돈녕
      - 한치의 청성군 공신, 병조판서
      - 한치례 공신, 돈녕부사
      - 인수 대비 ══ 덕종
        - 월산 대군
        - 성종
        - 명숙 공주 ‖ 홍상
    - 한전 참의
      - 한충인
      - 한충의
      - 한충례
      - 한충지
      - 한충신
      - 한충상
      - 한충순
    - 한절 정랑
      - 한치원
      - **한치형** 질경공 영의정
      - 한치량

이 불평하자 그에 동조하며 한치형에게 말하였다.

"함종부원군咸從府院君 어세겸은 늦게 출근하고 일찍 퇴근해도 무관한데 아저씨께서는 그다지 애쓰실 게 뭐 있습니까."

하자 한치형이 대꾸하기를

"어세겸은 문장과 도덕이 출중하여 비록 직무에 태만하여도 오히려 취할 게 있지만 나와 너는 달리 무슨 장점이 없으니 직책에 성실할 수밖에 더 있느냐."

했다고 한다.

또 그가 남방을 순찰할 때 종사관 둘을 대동하고 길을 가다가 흐뭇한 광경을 목격하게 되었다. 강가의 꽃과 대나무가 둘러 있는 화사한 집에서 복건幅巾을 쓴 선비가 난간에 기대어 놀며 풍경을 구경하고 있었다. 곁에 있는 버드나무에는 붉은색 준마까지 내어 놓으니 한창 괴롭게 길을 가던 종사관들은 그 모습을 보며 모두 부러워하였다. 이에 한치형이 돌아다보며

"그렇지 않다. 저이에게 전옥典獄의 참봉 자리라도 준다면 금방

어세겸의 불천위사당 문정사.
중종 초 서울시 강동구 고덕동에 세웠던 것을 경기도 여주군으로 옮겼다.

저 집을 버리고 말을 달려 입조할 것이 분명하다."

하였다. 한치형의 현실적 판단이 확고했음을 보여주는 일화들이라

하겠다.

존경을 한몸에 받은 노사신, 사화로 오점을 남기다

노사신盧思愼은 1498년 무오사화에 윤필상, 유자광 등이 주동이

되어 김일손 등 사림파를 제거하는 논의를 할 때 세조의 총신이었

다는 처지 때문에 미온적으로나마 동조하였다. 그러나 유자광 등이

옥사를 확대하며 사림파를 제거하려하자 이를 반대하며 사림파의

피해를 줄이기 위해 힘을 기울였다. 그러나 그는 안타깝게도 사옥史

獄이 진행되는 도중인 같은 해 9월에 병으로 죽었다.

한편 우찬성 노사신이 명나라 사신 강호姜浩의 접반사接伴使로

있을 때의 일이다. 그의 인품에 압도된 강호는 노사신을 무척 존대

하여 조선을 소국이라 깔보던 당시의 외교 풍토를 바꿔놓았다.

강호가 돌아갈 때가 되자 노사신은 그를 배웅하기 위해 같이 출

발하려 했으나 치질을 앓던 그는 말을 타기가 매우 거북한 상황이

었다. 이 사실을 알게 된 강호는 자신의 가마를 내어 노사신을 태우

고 자신은 노사신의 말을 타고 가는 방법을 취했다.

이 사실을 별것 아닌 일로 생각할지도 모르나, 당시는 사신의 권위

영의정 노사신 묘비. 경기도 파주시.
「대광보국숭록대부 의정부 영의정
시 문광공 노사신지묘.
정경부인 청주경씨지묘」

가 임금 위에 있었던 때였다. 그렇기에 가마를 내어 준다는 것은 대국의 사신이라는 자부심과 오만함을 갖고 있었을 강호가 쉽게 행한 것이 아니었다. 명의 사신 강호가 재상 노사신을 얼마나 존경했는지를 더욱 극명히 짐작하게 해 주는 대목이다.

또 한번은 노사신이 어떤 사람과 노비 문제로 인해 소송을 하게 되었다. 그 사람은 재상과 더불어 소송해 봤자 결과는 뻔할 것임을 알고 아예 노비 문권을 노사신에게 바치며 말했다.

"정승 댁의 노비임이 확실하므로 문권을 바칩니다. 다만 소인은 이 노비 외에는 다른 노비가 없으므로 이로부터 양반 서열에서 떨어져 상인常人이 될 것입니다."

그 말을 들은 노사신은 가엾게 여겨 다시 노비 문제로 다툼을 일으키지 않을 것을 다짐 받고 노비 문권을 그 사람에게 돌려주며 양보하였다.

학문에 조예가 깊은 노사신

1451년(문종 1) 생원시, 1453년(단종 1) 문과에 병과로 급제한 노사신은 곧 집현전 박사에 선임되었다. 그는 유년 시절 홍응洪應과 함께 윤형尹炯에게 수학하였으며, 학문에 조예가 깊어 문과 급제 직후 바로 집현전 학사가 되었다. 또 집현전 학사 때에는 장서각에 나가 독서에 전념하여 '진박사眞博士'라 불리기도 했다.

이어 집현전 부수찬, 성균관 직강, 예문관 응교 등을 역임하여 사명詞命을 관장하였으며, 1459년(세조 5)에는 세자우문학, 이듬해는 사헌부 지평이 되었다. 1462년에 세조의 총애로 세자좌문학에서 다섯 자급을 뛰어넘어 승정원 동부승지에 제수된 노사신은 그 뒤 우부승지를 거쳐 1463년(세조 9)에는 도승지에 초배超拜되면서 국가의 기무를 관장하는 등 출중한 학문적 능력을 인정받았다.

같은 해 홍문관 직제학을 겸하며 세조가 주석한『역학계몽易學啓蒙』의 주석서『요해要解』를 증보해 찬진撰進하고 불경을 한글로 번역하기도 했다. 1465년(세조 11)에는 호조판서가 되어 최항과 함께 법전『경국대전』의 편찬을 총괄하고『경국대전』「호전戶典」의 편찬을 직접 담당했다.

인수 대비의 사돈 홍응 묘비. 경기도 구리시 아천동.
아들 홍상은 명숙 공주와 혼인하여 덕종의 부마가
되었으며 홍상의 장모는 인수 대비이다.
「좌의정 익성부원군 증시 충정공 홍공지묘」

같은 해에 호조판서로서 충청도 가관찰사假觀察使를 겸한 그는 지방 행정의 부정한 일면을 낱낱이 조사하고, 이듬해에는 숭정대부에 올랐다. 또한, 1466년에 실시된 발영拔英과 등준登俊 양시에 응시하여 각각 1등과 2등으로 합격하는 영예를 얻고, 이듬해 말에는 건주위 정벌에 대해 군공軍功 2등을 받았다.

1468년(세조 14)에는 남이와 강순 등의 역모를 다스린 논공으로 익대공신翊戴功臣 3등에 올라 선성군宣城君에 봉해졌으며 이듬해 의정부 우참찬, 좌참찬을 거쳐 우찬성에 올랐다. 노사신은 1470년(성종 1)에는 의정부 좌찬성에 올라 이조판서를 겸하였으며, 성종 즉위를 보좌한 공으로 1471년에는 좌리공신佐理功臣 2등에 책록되었다.

1476년(성종 7)에는 영돈령부사가 되어 여러 사서史書와 시문의 찬진과 성균관에서의 강의 등으로 성종의 문치를 도왔는데 이해 12월에는 서거정, 이파와 함께『삼국사절요』를 찬진하고, 1481년(성종 12)에는 서거정과 함께『동국통감』의 수찬에도 참여했다. 그리고 강희맹, 서거정, 성임, 양성지와 함께『동국여지승람』의 편찬을 총재하였다. 이를 위해 1476년부터 문사들의 시문을 수집하였다고 한다. 1482년에는 선성부원군宣城府院君으로 진봉되었으며 이극돈과 함께『통감강목通鑑綱目』을 새로이 증보하고, 이듬해에는『연주시격聯珠詩格』과『황산곡시집黃山谷詩集』을 서거정, 어세겸 등과 같이 한글로 번역하는 등의 학문적 업적을 남겼다.

노사신은 1485년(성종 16)에는 영중추부사로서 평안도와 경기도

노사신의 아버지 노물재 묘소. 경기도 광주시.
「증 순충보상공신 대광보국숭록대부 영의정 교양부원군 노공지묘」

의 재해를 극복하기 위한 진휼사 겸 호조판서가 되어 임무를 성공
적으로 수행하였고 1487년(성종 18) 말에는 명나라 효종孝宗의 즉
위를 맞아 등극사登極使로서 명나라에 다녀왔다. 이듬해 우의정이
되었으며 영안도 도체찰사가 되어 국가의 사민정책徙民政策을 담당
하였다.

1492년(성종 23)에는 좌의정, 1495년(연산 1)에는 영의정에 올랐
으나, 문과 독권관讀卷官이었을 때 아내의 친족을 합격시켰다는 이
유로 탄핵을 받아 영의정을 사직하게 된다.

노사신은 1427년(세종 9) 동지돈녕부사 노물재盧物載의 아들로
태어나 1498년(연산 4) 세상을 떠났으며 본관은 교하交河, 자는 자
반子胖, 호는 보진재葆眞齋와 천은당天隱堂이며 시호는 문광文匡이
다.

상국上國의 사신이 예를 표한 것은 노사신의 조부 노한도 매한가지

명 외교관 노한盧閈은 노사신의 할아버지다. 그는 개국 초의 공신으로서 우정승에 올랐고 국구國舅이기도 했던 민제閔霽가 사위로 택할 만큼 영특했으며, 또 명문의 사위였기로 16살 때부터 벼슬길을 밟은 관운이 좋은 분이었다.

태종 때 남도의 염문사廉問使로 민정을 살피고 돌아온 노한은 전선戰船을 만들기 위한 역사가 오래도록 끝나지 않아 역졸들의 괴로움을 겪는 실태를 세종에게 복명하였다. 이때 세종이 얼굴빛을 바꾸더니,

"진시황이나 수양제隋煬帝의 포학한 것에 비해서는 어떠한가?"

라고 묻자 노한은 더 심하다 대답하였고, 옆에서 듣는 이들은 아찔해졌다. 그 물음에 대해 긍정함은 바로 세종을 진시황과 같은 포학

노사신 조부 노한 묘소 전경. 경기도 파주시.

한 군주로 간주한다는 뜻이기 때문이다. 그 끝에 노한은,

"진시황과 수양제는 배를 만든 일이 있었으나 어찌 백성이 곤경에 빠질 것을 걱정하여 사신을 보내 물은 일이 있었겠습니까."

라고 말했다. 죽을 각오를 한 노한은 아예 갓을 벗고서 용기 있는 복명을 하였고, 세종은 현군인지라

"갓을 써라. 그리고 사과하지 않아도 좋다."

하며 노한의 용기를 높이 샀다. 그러한 노한의 용기와 재치는 횡폭하기 그지없는 명나라 사신을 꼼작 못하게 하는 외교에도 십분 이용되었다.

명나라 환관 창성昌盛과 윤봉尹鳳 등은 연달아 조선에 와서 토색討索을 하고 고관이나 왕족에게 가하는 모욕이 격심했으나 대국의 사신인지라 감히 손을 쓸 길이 없었다.

이에 노한이 이들을 접대하는 자리로 옮겨 가 능란하게 휘어잡았고, 명의 사신들에게는 그가 그 자리에 있는 한 토색은 하지 못할 것이란 소문이 나게 되었다.

한편 80세에 이른 노한이 노모의 봉양을 위해 사직을 원하였다. 그러자 세종은 명나라 사신 반접은 노한이 아니면 불가하다 하여 어머니를 가까이 옮기게 해 낮에는 일을 보고 밤에는 공양하도록 조처하였다.

노한이 우의정에 병조판서를 겸임하게 되자 그의 아내 민閔씨가 사은하러 임금을 뵈었더니 세종은

"이는 나의 사사로운 은혜가 아니라 곧 태종의 남긴 말씀에 의한

것이오."

하였다 한다. 태종은 죽기 전 노한을 잘 보살펴주라 유언할 정도로 그를 아끼고 그의 재능을 높이 샀다.

1376년(고려 우 2) 태어난 노한은 16세에 음보蔭補로 등용되어 지사간원사知司諫院事를 거쳐 1403년(태종 3)에 좌부승지가 되었다. 그리고 이듬해 이조전서, 경기도 관찰사를 역임한 뒤 1405년 동지총제, 이듬해 풍해도 도관찰사 등을 거쳐 1408년(태종 8) 한성부윤에 이르렀다.

이듬해 노한의 처남 민무구閔無咎, 민무질閔無疾 형제가 신극례辛克禮와 함께 종친을 이간질하고 불충不忠한 언동을 했다는 이유로 이화李和 등의 탄핵을 입어 사사되었다. 이에 노한도 연좌되어 1409년(태종 9) 파직당하였다.

그 뒤 양주 별장에서 14년간을 은거하던 노한은 1422년(세종 4) 상왕 태종이

태종의 처남이자 세종의 외숙부 민무질 신도비. 경기도 양주시.
「정사좌명공신 정헌대부 여성군 여흥민공무질 신도비」

이성계 이복동생 이화 묘비. 경기도 남양주시.
「개국정사좌명원훈 대광보국숭록대부 영의정 의안대군 시 양소 호 이요정 이공화지묘」

"노한이 민씨에게 장가를 들었다고 고신告身까지 거두게 된 것은 그의 죄가 아니니 급히 불러들이라."

는 전교에 의해 다시 한성부윤에 복관되었다. 그 뒤 형조판서, 참찬의정부사, 판한성부사를 거쳐 1432년에 찬성사, 1434년(세종 16)에 찬성사 겸 대사헌, 이듬해 우의정 등을 지내고 1437년(세종 19)에 사직하였다.

1443년(세종 25) 세상을 떠난 노한의 본관은 교하交河, 자는 유린有隣, 호는 효사당孝思堂이다. 시호는 공숙恭肅이다.

교하 노씨 인맥

교하交河 노盧씨 시조는 통합삼한공신統合三韓功臣으로 태자태사太子太師를 지낸 노강필盧康弼, 중시조는 동북면 병마사 노안맹盧安

공양왕과 아내 순비의 무덤. 경기도 고양시.

孟이다. 노안맹의 아들은 평장사 노영순盧永淳, 노영순의 후손은 좌정승 노책盧頙, 그 아들은 공양왕恭讓王의 아내 순비順妃의 아버지인 노진盧稹과 병부상서 노은盧誾이다. 노진의 손자는 좌의정 노한이며 노한의 아버지는 대리경大理卿 노균盧鈞, 노균의 아들은 노물재盧物載, 노물재의 아들은 노사신이다.

노사신의 할아버지 노한은 태종의 동서, 아버지 노물재는 세종의 동서로 세종은 노사신의 이모부로 교하 노씨 가문은 왕족과 혼인을 많이 한 명문이었다. 또한 노물재의 부인은 심온沈溫의 딸로서 소헌왕후의 동생이다.

1431년(세종 13) 유거감찰謬擧監察에 임명된 노물재는 최안우崔安雨를 천거함에 문제가 있었음을 알지 못했다 하여 탄핵을 받았으나 파직되지는 않았다. 그 뒤 첨지중추부사, 동지돈녕부사 등을 역임하였다. 노물재는 1446년(세종 28) 사망한 뒤 1455년(세조 1) 원종공신 2등에 봉해졌으며 같은 해 부인 심씨가 죽자 부의賻儀는 물론 곡식과 종이, 관곽까지 하사받았다.

1490년(성종 21)에는 노물재의 유서 중에 서자에게는 재산 상속을 하지 말라는 문구가 있어 문제가 되었는데 의금부의 계에 따라 서자에게도 상속이 되었으며, 이는 유서보다 상속법이 우선한 사례가 되었다.

노물재에게는 특별한 재능은 없었으나 임금의 외척으로서 2품 품계에 올랐으며 노회신盧懷愼, 노유신盧由愼, 노사신, 노호신盧好愼 4명의 아들을 두었다.

옛 제도를 따라 화를 입은 노공필

노공필盧公弼은 노사신의 큰아들로 경기도 교하현交河縣(현 파주)에서 1445년(세종 27) 태어났다. 1462년(세조 8) 사마시에 합격하여 의영고 직장義盈庫直長, 사직서령社稷署令을 지낸 뒤 1466년(세조 12) 춘시 문과에 2등으로 급제한 뒤 성균관 직강이 되었다. 그는 이후 홍문관 전한, 부제학을 거쳐 병조·이조·예조의 참의와 도승지를 역임하였으며, 1483년(성종 14) 대사헌이 되었다. 그 뒤 1489년(성종 20)에 공조판서가 된 데 이어 6조의 판서를 두루 역임하였으며, 외직으로는 경기도 관찰사를 지냈다.

노공필은 1498년(연산군 4) 의정부 우참찬, 1503년 우찬성에 올랐으나 이듬해 일어난 갑자사화에 연좌되어 장형에 처해진 뒤 무장茂長으로 유배되었다. 연산군의 단상법短喪法을 지키지 않고 옛 제도를 따랐다는 이유로 화를 입은 것이다. 노공필은 그 뒤 중종반정으로 귀양에서 풀려나 다시 우찬성이 되었다가 1507년(중종 2) 영돈령부사로 승진하였다. 이때 명나라에 가서 중종 즉위의 경위를 설명하고 명나라 왕으로부터 권서국사權署國事의 칙지를 받아 귀국하였다. 노공필은 그 공로로 원종공신原從功臣 1등에 녹훈되고 영중추부사에 올랐다.

그는 충성심과 효심이 지극하여 일가친척의 관혼상제를 두루 살폈으나, 자신은 검소한 생활에 만족했다고 한다. 1516년(중종 11) 세상을 떠났으며 자는 희량希亮, 호는 국일재菊逸齋이다.

역사에 부끄러운 반대자로 이름을 남긴 윤필상

세간에 있어 윤필상尹弼商의 평이 좋지 못함은 그가 국사를 논함에 있어 임금의 뜻에만 영합했기 때문이다. 그러나 그 외 그의 재능과 그가 남긴 공적은 인정되어야 할 것이다.

윤필상은 1427년(세종 9) 윤경尹坰과 이목李霂의 딸 사이에서 태어났다. 21세인 1447년(세종 29) 사마시를 거친 그는 1450년 추장秋場 문과에 병과로 급제하였다. 그는 이어 1453년(단종 1) 저작이 되고, 1455년(세조 1)에는 호조 좌랑으로 원종공신原從功臣 2등에 책록된 뒤 서연관書筵官이 되었다. 1457년에는 중시에 급제하였으며, 1463년(세조 9)에는 동부승지가 된 뒤 형방승지, 도승지 등을 역임하면서 세조의 측근에서 신임과 총애를 받았다.

그가 형방승지로 있을 때 날씨가 매우 춥자 경향에 있는 죄수들을 낱낱이 상고해 책자에 기록해 두었다가 세조가 죄수 현황을 묻는 물음에 즉시 응답함으로써 신임을 두터이 받는 계기가 되었다. 이때부터 윤필상의 관직은 계속 승진되었으며, 1467년(세조 13) 이시애의 난 때는 도승지로서 왕명을 신속히 처리해 우참찬에 특배되고, 적개공신敵愾功臣 1등에 녹훈되어 파평군坡平君에 봉해졌다.

같은 해 강순 등이 퉁자강 주위의 야인을 토벌할 때 왕명을 받고 진군해 개선한 군사들을 위로하였고, 이듬해는 안주安州 선위사宣慰使로서 명나라 사신을 맞았다. 이해에 세조가 죽자 윤필상은 수묘

윤필상 단비. 충남 청양군 운곡면 신대리.

관수묘관守墓官으로서 능을 3년이나 지키고, 좌리공신佐理功臣이 되었다.

1471년(성종 2) 우찬성으로 재직할 당시에는 경상도에 가뭄이 들어 기근이 심해지자 진휼사가 되어 기민을 구제하고, 다시 경상도 관찰사를 겸하며 이듬해까지 굶주린 백성들을 구제하였다. 그는 이 공으로 모의毛衣와 녹피화鹿皮靴를 하사받았다.

1474년(성종 5)에는 이조판서와 의금부 당상을 겸직하다 한명회, 노사신 등 권신들이 전권을 오로지하면서 이조의 권한인 인사권까지 침해하자 분개하며 사직하였다. 그러나 곧 복직된 뒤 1477년에는 백성들의 재산을 빼앗아 사복을 채웠다는 탄핵을 받아 파직당하는 치부가 있었다.

이해 다시 풀려난 윤필상은 좌찬성이 되고, 주청사로 명나라에 다녀오면서 건주위의 야인들을 자세히 탐지해 보고하였으며, 이듬해에는 영중추부사를 거쳐 우의정에 올랐다.

1479년(성종 10)에는 명나라에서 야인을 공격하려고 조선에 군사

시조 태사공 윤신달 묘소. 경북 포항시 기계면 봉계리 운주산 아래.

를 요청하자 이유소魚有沼를 도원수로 하여 정벌군을 보냈으나, 어유소는 얼음이 녹아 강을 건널 수 없음을 들며 되돌아왔다. 일이 급박해지자 한명회 등은 정벌군을 다시 뽑아 보낼 것을 강력히 주장하였고 이에 윤필상은 우의정으로 서정西征 도원수로 뽑혀 군사 5천 명을 거느리고 건주위를 토벌하는 큰 전과를 거두었다.

1481년 사은사로 다시 명나라에 다녀온 윤필상은 1484년(성종 15)에는 영의정이 되어 부원군府院君에 진봉되었다. 그 뒤 기로소耆老所에 들어갔으며, 1496년(연산 2)에는 궤장几杖을 하사받는 영예를 누렸다.

그러나 1504년(연산 10) 갑자사화 때, 지난 성종 때에 연산군의 생모인 윤씨의 폐위를 막지 않았다고 추죄되어 진원珍原의 유배지에서 사사의 명을 받았으나 스스로 목을 매어 죽었다.

중종반정 때에 신원된 윤필상의 본관은 파평坡平, 자는 탕좌湯佐이며 삼한공신 윤신달尹莘達의 후예이다.

영상공領相公(윤필상)께서는 세조 9년(1463년) 11월에 형방승지로 계시어 숙직을 하시던 어느 날 밤에 일기가 혹한했는데 상감이 부르시므로 침전 마루에 들어갔더니 상감의 말씀이

"요사이 날이 몹시 차서 죄수들이 얼어 죽겠으니 내일은 옥에 갇혀 있는 죄수들의 죄목을 조사하게 하라. 중죄가 아닌 자는 석방하겠다."

하시므로 공이 미리 조사해 가지고 있던 죄수들의 죄의 경중을 구분해 놓은 문서를 바쳤다. 상감이 놀라시면서

"죄수의 죄목을 왜 조사했느냐."

하시므로 공께서는

"일기가 혹한해서 경죄자들은 석방하라시는 성은聖恩이 내리실 것을 짐작하고 미리 조사해서 가지고 있었습니다."

했더니 상감이 크게 기뻐하셨다. 상감이 공을 침전으로 불러들여서 술을 주시면서 왕비를 돌아보시고 이 사람은 나의 보배 신하라고 하시고 그날 밤으로 공을 시켜서 옥중에 있는 경죄자들을 석방하셨다. 그 후 성종 대왕 10년(1479년) 기해己亥에 여진족의 건주위가 반란을 일으켜서 중국에서 토벌하면서 조선도 협조하라 하므로 성종이 공을 시켜 다녀오라 하셨는데 5천 명을 거느리고 가시어 중국군과 합세해서 건주위를 정복하고 돌아오셨고 한 명의 군인도 상하지 않고 돌아오셨으므로 성종이 대찬하셨다.

그 후 영의정이 되신 후에 성종 대왕이 연산군의 생모이신 윤비를 폐출하실 때에 동의하셨다는 죄목으로 진도로 귀양을 보냈다가 유자광의 참소를 듣고 금부도사를 보내서 사약을 내렸고 그 시체를 들에 버렸었는데 열흘이 되도록 누구도 감히 손을 대지 못했는데 까마귀들과 솔개들이 시체를 침해하지 않고 멧돼지들과 들개들이 가까이 가지를 아니했었다.

김사재金思齋의 문집에 보면

〈공公의 모양은 배도裵度와 같고 공功은 산보山甫와 같다.〉

고 하셨다. 공께서는 그곳에서 돌아가실 것을 미리 아시고 계셨다. 공이 소시에 명복名卜을 만나서 평생을 점쳐 보셨는데 일생의 길흉을 논평한 끝에 사어삼림死於三林이라는 문구가 있어서 해석을 못했었다. 그런데 진도로 귀양을 가서 계시던 중 어느 날 농부들의 말이 나는 상림上林으로 일을 간다, 또 누구는 중림中林으로 간다 하였다. 이에 공이 상림, 중림이 어데 있느냐 물으신 즉 그곳에 상림, 중림, 하림이라는 이름이 있다 하므로 공이 들으시고

"나의 사주에 삼림에서 죽는다는 말이 이곳에서 맞는구나."

하시더니 미구에 그곳에서 사약을 받으셨다. 10월 후에 동민洞民들이 시체를 거두어 가매장을 했었다가 6년 후 중종 때에 신원이 되면서 개성 일삼소리一三所里로 반장返葬을 모시고 사비 사패賜牌로 산 7백 정보町步(21.0만 평)를 하사 받았다.

공의 배위이신 정경부인 창녕 성씨께서는 그 덕행이 여자 계界에서 최고이셨다. 영상공께서는 소시로부터 간구하셨으므로 재물을 모으실

연구를 많이 하셨는데 부인께서는 항상 만류하시었다. 항상 공에게 고하시기를

"하늘이 복을 겸해주지 않습니다. 그래서 뿔을 주는 짐승에게는 이빨을 주지 않습니다. 그러므로 소는 뿔이 있기 때문에 이빨을 아니 주었고, 말은 이빨을 주었기 때문에 뿔을 주지 않았습니다. 그러면 우리가 선조 때부터 청빈을 근본으로 살아온 집안이온데 지금 와서 형제와 자질이 모두 국록을 먹으면서 치부까지 하시려고 하는 것은 절대 불가합니다."

하셨기 때문에 토지를 사지 못했었다가 부인께서 별세하신 후에 재산을 모으시기 시작했다. 영상공이 진도로 귀양 가신 후에 유자광이 연산군에게 밀고하기를 윤필상은 재화를 늘리려고만 하는 재상으로 유명한즉 죽여 버리고 재산을 압수하라고 해서 사약도 받으시고 재산도 몰수당했었다고 한다.

이세좌와 운명이 갈린 허종과 허침

허침許琛이 무오사화에 목숨을 구할 수 있었던 것은 누나의 선견 지명 덕분이었다. 허종許琮과 허침 형제는 조정에 큰일이 있으면 반드시 누나에게 상의한 뒤 결정할 만큼 누나의 글과 식견은 높았고 그들은 항상 누나를 극진히 섬겼다. 누나 허씨는 105세나 살았기 때문에 문중에서는 백세 할머니라 불리기도 했다.

때마침 연산군의 생모 윤씨를 폐비시키려는 논의에 부름을 받은 그들 형제는 이 문제에 대해 상의를 하러 허씨를 찾았고 그녀는 말하기를

"아들(연산군)이 세자로 있는데 그 어머니에게 죄를 주고서 국가

허종 영정(좌)과 서울시 종로구 내자동의 종침교 터(우).

이세좌 묘소. 충북 괴산군.

가 어찌 무사하겠느냐?"

하였다. 허종과 허침은 허씨의 조언대로 논의에 참석하지 않기 위해 일부러 다리에서 낙마를 하고는 이를 핑계로 폐비 논의에 참여하지 않아 뒷날 화를 면하였다. 성종은 폐위된 윤씨에게 사약을 전하는 일을 이들 형제에게 시키려 했다가 허종과 허침이 낙마 사고로 거동할 수 없다는 연락을 받자 대신 이세좌에게 그 일을 하명했다. 불운하게도 이 일로 인해 허종, 허침 형제를 대신해 이세좌가 목숨을 잃고 말았다.

『한경지략漢京識略』에 의하면 허종과 허침이 낙마한 다리의 이름을 그들 형제의 이름을 따서 종침교琮琛橋라 명명했다고 한다.

문무를 겸비한 허종

허종은 문무에 모두 뛰어나 내직뿐만 아니라 외직으로 함길도 경

정장공 어유소 장군 영정.

차관, 북정北征 도원수 등을 지내며 국경의 경비를 튼튼히 했다.

1456년(세조 2) 진사시에 합격하고 이듬해 별시 문과에 을과로 급제한 허종은 1459년(세조 5)에는 군기시 직장 겸 세자우정자로 있으면서 왕에게 상소를 올려 언로言路를 열 것을 청하였다. 이듬해에는 여진족이 침입하자 평안도 병마절제사도사로 출정하였으며, 1462년 정언을 거쳐 1463년 지평에 제수되었다.

이어 1466년 이시애의 난이 일어나자 허종은 강순, 어유소, 남이 등과 함께 3만 명의 군사를 이끌고 난을 평정하고 이 공으로 적개공신 1등에 책록되고 양천군陽川君에 봉해졌다. 1469년(예종 1)에는 평안도 관찰사에 이어 전라도 병마절도사를 지내며 전라도에서 일어난 장영기張永己의 난을 평정한 공으로 병조판서에 올랐다.

그는 1471년(성종 2) 성종 즉위 후에는 순성좌리공신純誠佐理功臣 4등에 책록되고 이어 지중추부사, 판중추부사, 위도총부도총관, 예조판서, 호조판서, 좌참찬, 이조판서 등을 두루 역임하였다.

또한 의학에도 밝았던 허종은 1488년(성종 19)에는 서거정, 노사신 등과 함께 『향약집성방鄕藥集成方』을 언해했으며, 윤호尹壕 등과 함께 『신찬구급간이방新撰救急簡易方』을 편찬하였다. 1492년(성종 23) 우의정에 올랐으며, 청백리로 뽑혔다.

성종의 국구이자 중종의 외조부 윤호 묘비.
경기도 연천군.
「의정부 영의정 영원부원군 윤공지묘」

허종의 본관은 양천陽川, 자는 종경宗卿과 종지宗之, 호는 상우당
尙友堂, 시호는 충정忠貞이다. 자신의 문집으로『상우당집』이 있다.

4대 사화를 모두 피한 원만한 품성의 허침

허종의 동생 허침은 어려서부터 남달리 총명하고, 기억력이 뛰어
나 경사자집經史子集을 단 한번 일별하고서도 줄줄 외울 정도의 신
동이었다.

그의 성품은 고요하고 욕심이 없었으며 단정하고 정중하며 온화하
고 순수하여, 그 기氣가 온 얼굴에 나타났으며 그러면서도 심중은 굳
세고 올곧아 일을 대하면 허침의 의연함에 감히 범접할 수 없었다.

허침은 집에 있을 때에는 다른 분야에는 관심을 두지 않고 오직
종일토록 글을 읽는데 집중하였으며, 효성과 우애에 있어서도 항상
진심이 바탕이 되었다. 그렇듯 사람들과 교유함에 있어서도 담백하

고 거짓이 없었으며 그의 그런 심중은 고요하고 간명한 시문에 잘 드러났다. 허침은 시를 남에게 내놓기를 싫어했으나, 그의 시문을 보면 반드시 통속적 표현을 넘어선 뛰어남이 있었고 담담하면서도 깊이가 있었다.

허침의 성품이 어떠했는지는 다음의 일화에서 잘 드러난다. 그는 삼공三公의 자리에 있으면서도 반듯한 전답 하나 없었으며, 사는 집은 지붕이 몹시 낮고 좁아 제대로 된 마방조차 없었다고 한다. 어느 날 집의 대들보가 부러져 부인이 이를 버팀목으로 바쳐 놓았는데도 허침은 나중에야 이 사실을 알았을 정도로 집안일에는 신경을 쓰지 않았다.

40여 년의 관직 생활을 하다 허침이 임종을 맞았을 때는 집안에 재물이 없어 인척들이 어렵사리 상구喪具를 장만했을 정도로 몹시 청렴했다. 국사를 수행함에 있어서도 항상 진심을 다하였으며 연산군의 문란함을 바로잡도록 하지 못함을 항시 근심하던 것이 화병이 되어 위독해졌으나 약을 들지 않으며

"빨리 죽고 싶을 뿐이다."

라고만 했다. 그러나 허침은 그런 어려움 가운데서도 많은 조신들을 구명해 냈다. 연산군이 세자 시절의 필선弼善이었던 허침은 교육을 함에 있어 엄격하여, 뒷날 왕위에 오른 연산군도 허침의 성품을 알고 함부로 대하지 못하였다고 한다.

1462년(세조 8) 진사에 합격하고 1475년(성종 6) 문과에 급제한 허침은 이후 사헌부 감찰, 성균관 전적을 지냈으며 성종이 문학하

는 선비를 가려서 사가독서를 시킬 때 첫째로 뽑혔다. 1483년(성종 14) 세자시강원에서 필선으로 뽑혀 신종호申從濩 등과 해마다 연말에 각자가 지은 시문을 왕께 바치라는 명을 받을 만큼 성종의 총애를 받았다.

1489년(성종 20) 『삼강행실』을 산정하였고, 시문으로 이름이 나고 벼슬이 높아졌으나 항상 청백한 한사 같았다 한다. 1490년(성종 21) 승정원 동부승지로 전직되었다가 좌승지에 올랐고, 1492년(성종 23) 전라도 관찰사로 임명되었다가 돌아와 사헌부 대사헌이 되었으며 예禮·이吏·호戶·형刑 사조四曹의 참판과 전라도, 경상도, 경기도의 관찰사를 지냈다.

1502년(연산 8) 이조판서에 임명된 허침은 이듬해 의정부 우참찬, 1504년(연산 10) 우의정에 재배되었다가 좌의정으로 임명되었다.

그는 1444년(세종 26) 경상도 김천 조마면助馬面 상장(현 장암리 壯岩里)에서 태어나 1505년(연산 11) 62세의 나이로 생을 마감하였다. 그의 자는 헌지獻之, 호는 이헌頤軒, 시호는 문정文貞이다. 문정은 널리 듣고 많이 보았으며(문文), 청백淸白하고 수절守節했음(정貞)을 나타낸 것이다. 뒤에 청백리에 녹선되었으며 문정공文貞公의 시호를 받았다.

허침의 아내 유柳씨 또한 정절이 곧아 남편이 죽은 뒤 시묘살이를 하면서 조석으로 손수 찬을 올리며 예를 다하였다. 당시는 단상법이 엄했음에도 예를 지켜 3년을 마쳤고, 그 같은 부인의 뜻을 기려 1507년(중종 2)에 정려旌閭하였다.

조용히 왔다 말없이 떠난 큰 그릇 정희량

정희량鄭希良은 1469년(예종 1) 예종 대에 태어난 사람임에도 사망한 해를 알 수가 없다. 1501년(연산 7) 어머니가 돌아가시자 고양高陽에서 그 무덤을 지키다 산책을 나가서 다시는 돌아오지 않았기 때문이다. 그는 총민하고 박학하여 문예에 조예가 있었을 뿐만 아니라 음양학陰陽學에도 밝았으나 영달에는 마음이 없었다고 한다.

정희량의 본관은 해주海州, 자는 순부淳夫, 호는 허암虛庵으로 철원鐵原 부사 정연경鄭延慶의 아들이다. 김종직의 문인이었던 정희량은 1492년(성종 23) 생원시에 장원으로 합격하였으나, 성종이 죽자 태학생太學生, 재지 유생在地儒生과 더불어 올린 소가 문제되어 해주에 유배되기도 했다.

그는 1495년(연산 1) 별시 문과에 병과로 급제한 뒤 승문원의 권지부정자에 임용되었으며 이듬해 김전, 신용개, 김일손 등과 함께 사가독서 할 정도로 글을 잘 하였다.

1497년에는 예문관 대교에 보직되어

첫째, 임금이 마음을 바로잡아 경연經筵에 근면할 것

둘째, 간언을 받아들일 것

셋째, 현사賢邪를 분별할 것

넷째, 대신을 경대敬待하며 환관을 억제할 것

다섯 째, 학교를 숭상하며 이단을 물리칠 것

여섯 째, 상벌을 공정히 하고 재용財用을 절제할 것

등의 소를 올렸다. 정희량은 이듬해에는 선무랑, 행예문관 봉교로서『성종실록』편찬에 참여하였다.

무오사화 때에는 사초 문제로 윤필상 등에 의해 신용개, 김전 등과 함께 탄핵을 받아 의주義州로 유배되었다. 그는 〈조의제문〉을 알고도 고하지 않았다는 죄목으로 장杖 1백 대, 유流 3천 리의 처벌을 받았으며 1500년(연산 6) 5월 김해로 이배되었다. 이듬해 유배에서 풀려나 직첩을 돌려받았으나 대간, 홍문관직에는 서용될 수 없었다.

타고난 천진함으로 온전히 산 사람

고양 출신의 봉교 정희량은 조선 시대 가장 개성 있는 삶을 산 인물 가운데 하나였다.

생원과에 장원한 이래 정희량이 돌연 실종된 서른네 살까지 그의 생은 거의 유배지에서 영위되었다. 그는 술을 무척이나 즐겨 유배지에서도 손수 술을 빚어 마셨는데 그 술은 걸지도 않고 짜지도 않았다. 독특한 자신 만의 술을 두고 정희량은 〈혼돈주混沌酒〉라 하였다.

정희량의 초현실적인 사상은 그가 혼돈주를 마시고 곧잘 불렀던 노래에서 엿볼 수 있다.

"갑자년의 화는 무오년의 화보다 한결 심할 것이니 나도 죽음을 못 면할 것이다."

이렇게 예언한 그는 단오端午에 종들을 밖에 내보내고 홀로 나가서

밭을 거닐다가 아이 종이 찾아오자

"너는 필관채筆管菜를 캐어서 저녁 반찬이나 마련하거라."

한 뒤 집으로 보내 버렸다. 그런 이후로 실종된 정희량을 마을사람 모두가 동원되어 찾았으나 다만 남강南江 변 모래밭에 정희량이 신었던 신발 두 짝이 놓여 있는 것을 발견했을 뿐이었다.

경혜 공주와 정종의 아들 정미수 묘비.
문종의 외손자 단종의 생질.
경기도 남양주시 사릉 내.
「병충분의 정국공신 보국숭록대부
행 의정부 우찬성 겸 영경연사 판의금부사
해평부원군 증시 소평정공지묘.
정경부인 전의이씨지묘」

그가 물에 빠져 생을 마친 것으로 안 사람들이 배를 띄워 강 밑을 샅샅이 뒤졌으나 흔적조차 없었다. 정희량의 친족인 해평군海平君 정미수鄭眉壽(문종의 외손자. 어머니는 경혜敬惠 공주)가 각 고을에 용모와 복색을 알려 찾아보도록 하자고 임금에게 청했으나 연산군은

"미친놈이 도망가 죽은 것을 뭣하러 찾는단 말이냐."

하고는 일축해 버렸다.

조선의 신선이 된 정희량

그 뒤 참혹한 갑자사화가 일어나자 사람들은 정희량이 자취를 감춘 것이지 목숨을 끊은 것이 아니라고 확신하게 되었고 그의 존재

는 산속 선인으로 상징되며 오랫동안 선비들의 화제가 되곤 했다.

가천원加川院 벽에 다음과 같은 절구 두 수가 적혀 있었는데 그 시가 정희량이 쓴 것이라 하여 한때 주목을 끌었다.

새는 무너진 담 구멍을 엿보고
중은 석양의 샘물을 긷네.
산과 물로 집을 삼는 저 길손아
나는 내가 빚은 탁주를 마시고
나는 내가 타고난 천진天眞을 온전히 한다.
나는 내 술을 스승으로 삼으니
성인(청주清酒의 은어)도 현인(탁주濁酒의 은어)도
내 스승은 아니어라.
스스로의 즐거움을 즐기는 이는
마음으로 즐기는 것이 되니
늙음이 닥쳐옴도 알지 못한다.
누가 이 나의 주락酒樂을 알 것인가.

정희량의 주도酒道에 가까운 술버릇도 독특했다.

"나는 탁주 같으면 큰 그릇으로 세 그릇을 마시고, 청주는 두 그릇을 마시며, 소주는 한 그릇을 마셔 술에 따라 양을 조금씩 줄이되 반드시 먼저 가슴을 씻고 마신다. 잔으로 예禮를 차려 마시는 것은 좋아하지 않고 다만 큰 사발로 거뜬히 기울이는 것을 좋아한다."

정희량이 뛰어남을 보였던 음양학은 그의 유명한 예언이 뒷받침되어 한국 도교의 시초가 되기도 했다. 정희량은 자신이 하는 행동을 항상 예언했는데, 예언들은 한결같이 불행한 것이었고 그것들은 모두 적중하였다.

그가 어머니의 상을 당해 유배지에서 돌아와 고향인 고양에서 시묘를 하고 있을 때의 일이다. 이기의 동생 이행李荇이 마침 그곳을 지나다가 벽에 써 있는 글귀 하나를 보게 되었다.

〈묻노니 천지는 어디가 끝 간 데 인고〉

그는 이것은 반드시 정희량이 지은 것이라 하고 집의 주인에게 물으니 누더기를 입은 승려가 조금 전에 이곳을 지나가다 쓴 것이라는 대답을 들을 수 있었다.

또 이황이 어느 날 산중에서 주역을 읽고 있는 데 한 늙은 승려가 지나다가 이따금 구절의 틀린 것을 고쳐 주었다. 그 비범함과 박식에 느껴진 것이 있어 이황은 혹시 허암 정희량이 아닌가고 말을 꺼냈다. 그러자 승려는

"어버이 상중에 시묘살이를 하다가 상례를 못 마쳤으니 불효요, 임금의 명을 피해 도망쳤으니 불충이라. 불효와 불충이니 무슨 낯으로 다시 세상에 나오겠는가."

하며 행적을 숨겨버렸다는 것이다. 그 후 산속의 도사들은 모두 정희량의 음양학과 선술仙術을 이어 받았다고 자칭하며 한국 도교의 한 인맥을 이루었으나, 정희량의 아들이 없는 관계로 그의 혈맥은 단절되고 말았다.

연산군의 추억이 서린 강희맹의 집에 금띠를 둘러 주다

조선 시대에는 왕실의 아이가 앓으면 민가에 옮겨 살리는 풍습이 있었다. 이는 궁중에 원한을 가진 망령이 아이를 아프게 한 것으로 받아들인 데서 기인한 것이다. 1478년(성종 9)에 원자元子(연산군)가 병이 나자 왕은 민가로 옮기도록 하명하고 그 옮길 집을 승정원承政院더러 선택하도록 일렀다.

이에 승정원에서는 부인의 행실이 이름난 장상 몇을 골라 성종에게 올렸고, 왕은 그중 공신 강희맹姜希孟의 집을 택하였다. 그 부인의 법도가 소문나 있기 때문이었다.

원자는 곧 강희맹의 집으로 옮겨졌고, 부인 안安씨는 방의 춥고 따뜻함을 조절하고 젖을 알맞게 먹이는 등 정성을 들여 원자를 간병하였다. 정성 덕분인지 원자는 장소를 옮긴 지 불과 10여 일 만에 건강해졌다.

그런데 뜻밖의 사건이 벌어졌다. 원자가 점점 건강을 회복해 가던 어느 날 잘못하다 실꾸리를 삼켜서 목구멍이 막히는 위급한 사태가 발생한 것이다. 주위의 수많은 시종들은 당황하여 어찌 할 바를 모른 채 소란을 떨기만 할 뿐이었다. 울부짖는 소리를 들은 강희맹의 부인이 급히 달려와 이 상황을 보고는

"어찌 물건 삼킨 어린이를 눕혀 물건이 깊이 들어가게 하느냐."

꾸짖으며 원자를 얼른 안아 일으켰다. 유모에게 양편 귀밑을 팔로

강희맹 집터. 서울시 금천구 시흥동.

끼어 잡도록 한 부인은 얼른 손가락으로 실꾸리를 뽑아내었고, 기운이 통한 원자는 소리 내어 울기 시작했다. 여러 시종들은 부인에게 머리를 조아리며 감사했다. 원자가 잘못되면 자신들의 목숨까지도 위태로웠을 것이었다. 나라의 근본이 될 원자는 강희맹의 부인 때문에 소생한 것이나 마찬가지였다. 시종들을 바라보던 안씨는

"공을 받을 사람이 있으면 죄책이 돌아갈 데도 있는 법입니다. 아예 이 일에 대헤서는 다시 말하지 말도록 하십시오."

하며 입을 다물고 절대로 사건에 대해 말하지 못하도록 했다.

부인은 감사 안숭효安崇孝의 딸로서, 여인으로서는 드물게 임금이 입는 옷을 하사받는 영예를 누렸다. 성종은 그밖에 순면직물과 소목蘇木, 백미 70석을 안씨에게 내렸으며, 노후에 들어 안씨가 더위를 먹었다고 하자 왕은 특별히 약품을 내려주고 반찬까지 연달아 보내주었다고 한다. 안씨가 세상을 떴을 때는 모든 상재喪材와 제수 일체를 받아 안씨에게는 이전에 없던 은명恩命을 입을 정도로 성종은 과거 원자를 살린 고마움을 평생 잊지 않았다.

강희맹의 아내 안씨는 이 무렵 〈딸을 낳으려거든 안씨 딸 같이 낳으라〉는 속담과 아들을 낳은 집에서도 〈안씨 집 딸만은 못하다〉는 속담이 돌게 한 장본인이기도 했다.

강희맹의 장인 안숭효 신도비. 서울시 금천구.
「가정대부 사헌부 대사헌 순흥안씨 휘 숭효 신도비」

연산군이 왕위에 오르자 그는 어릴 때 매양 즐겨 놀던 강희맹 집의 소나무에 추억의 벼슬을 내렸다. 진시황이 소나무 다섯 그루에 대부大夫 벼슬을 내린 것을 따서 금띠를 강희맹의 집 소나무에 둘러주고 그 집 문 앞을 지나가는 사람들은 말에서 내리도록 한 것이다.

숭례문 밖 순청동巡廳洞이 그곳으로 옛날에는 강희맹의 집 앞을 피마병문避馬屛門이라 하였으며 현재의 서울시 중구 순화동巡和洞을 일컫는다.

연산군의 총신 강희맹의 아들 강구손

1450년(세종 32) 강희맹의 아들로 태어난 강구손姜龜孫은 1479년(성종 10) 문과에 급제하여 연산군 때 우의정을 지내고 진원군晋

原君에 피봉되었다. 그 후 1505년(연산 11) 사신으로 연경에 다녀오다가 중도에서 죽었다. 강구손의 본관은 진주晉州로 자는 용휴用休, 시호는 숙헌肅憲이다.

기대승의 식무구포食無求飽 철학

"기대승奇大升의 기개가 일세에 높고 안중에 억센 것이 없어 가히 온 세상을 위압하여 무도無道하고 교사敎嗾할 수 있을 것으로 알았다."

"기개가 호준豪俊하고 언론이 능히 한 좌중을 압도하여 청명이 크게 떨쳤다."

이상은 율곡 이이가 당시 학계와 정계에서 탁월했던 기대승을 두고 한 말이다.

기대승이 어릴 때 시골 서당에 나가 글을 읽는데 한 손님이 연귀聯句로서 그의 재주를 실험하고자 '밥식食' 자를 넣어 글을 지으라 했다. 이에 소년 기대승은

"배부르도록 먹기를 구하지 않는

행주기씨 도선산 입구 표석.
경기도 고양시.

것이 군자의 도이다(食無求飽君子道식무구포군자도)."

하였다. 이에 사람들은 그의 삼촌 기준奇遵이 사림의 영수가 되었으니 가업을 이을 사람은 기대승이라고들 했다.

실제로 기대승의 이 '식무구포食無求飽'는 어린 시절의 재기로 끝나버린 것이 아니라 그 사상의 일환이 되어 일생을 청빈하게 사는 철학으로 피가 되었고 또 기대승이 제자를 가르치게 되었을 때도 자신의 계명으로써 실천하였다.

기대승이 성균관 대사성이 되었을 때는 유생들에게 관에서 주는 음식을 박하게 하여 그가 대사성으로 있는 동안 선비들은 배가 고프다는 이유로 성균관에서 공부하는 것을 기피하는 풍조까지 있었다 한다.

이처럼 큰 영향력을 미치며 청렴을 추구했던 기대승에게도 독단적인 면이 있었다. 이이에 의하면 기대승은 학문에 있어 언변이 좋고 박식했으나 실제에 있어 별다른 지조를 보이지 않았거니와 실천하는 모습도 별달리 보이지 않았다 한다. 또 남을 상대하여 끝내 이겨야만 만족하는 고집이 있어 주변에서 자신을 따르는 것을 좋아하였으므로 아첨하는 무리들이 많았다.

이와 같은 기대승의 약점은 많은 추종자가 있었음에도 불구하고 임금과 조정 벼슬아치들로부터 소외당하는 결과를 초래하고 말았고, 이로 인해 그는 벼슬을 버리고 낙향하다가 고부古阜에서 객사하는 불운한 끝을 맞이하였다.

집 또한 대대로 청빈하여 장사할 형편이 못 되었고, 사간원에서 소를 올려 관에서 상을 치렀을 만큼 가난한 일생을 보냈다.

행주 기씨 인맥

행주幸州 기奇씨의 시조 시중 기우성奇友誠은 기자箕子의 48세
손으로 속전되고 있다. 중시조는 추봉追封 평장사 기순우奇純佑, 기
순우의 아들은 태사 기수전奇守全, 기수전의 아들은 평장사 기윤숙
奇允肅, 기수전의 8세손은 청백리에 오른 판중추 기건奇虔이다.

기건의 증손이자, 기찬奇欑의 아들이며 판서 윤금손尹金孫의 사
위는 학자 기준奇遵으로 조광조의 혁신 정치에 소장파로 등용되었
다가 기묘사화 때 귀양 가서 사사당하였다.

기준이 어느 날 궐내에서 숙직할 때 관문關門 밖으로 여행하는 꿈
을 꾸었다. 꿈을 깬 뒤에도 물을 건너고 산을 넘는 기구한 꿈속의 노

기건 묘소. 경기도 고양시 원당리.
「숭정대부 판중추부사 정무공 청백리 현암선생 기건지묘. 배 정부인 풍산홍씨 부」

기준 묘비. 경기도 고양시.
「홍문관응교 겸 경연시강관 증 자헌대부 이조판서
양관대제학 문민공 복재선생 기준지묘.
배 증 정부인 파평윤씨 간좌 합폄」

문헌공 고봉 기 선생(기대승)
숭모비

정이 뇌리에 선명하였기에 그는 그 광경을 시로 읊어 벽에다 썼다.

그런데 그 후 기묘사화 때 온성穩城으로 귀양 가는 도중에 보이는 것이 모두 예전 꿈에서 본 그대로의 경치였다. 기준이 말을 멈추고 그 시를 읊으며 흐느끼니 따라가는 노비들도 모두 울었다 한다. 이 시는 그의 죽음 후 선비들 사이에 크게 애송되었고 특히 유배지의 선비들에게 수없이 읊어지는 명시가 되었다. 기준의 형 진사 기향奇逈도 동생과 함께 문명이 높았다.

기준의 아들 기대항奇大恒은 판윤 벼슬에 올랐으며 기대항의 아들은 선조 때 폐모론廢母論의 불가함을 극간하며 절개를 세운 영의정 기자헌奇自獻이다.

선조조의 저명한 유학자 대사간 기대승은 기준의 조카이자 기자헌의 삼촌이다.

기대승의 종질은 기효간奇孝諫과 공신 기효근奇孝謹 형제이다. 기자헌의 동생은 갑자사화에 장살당한 사정 기윤헌奇允獻, 기자헌의 아들은 사서 기준격奇俊格이며, 감사 기령奇岺의 손자는 관찰사 기협奇協, 목사 기만헌奇晩獻은 기향의 증손, 학자 기정용奇挺龍은 기향의 6세손, 기정익奇

기우만 영정

挺翼은 기대승의 5세손, 공신 기효복奇孝福은 기건의 다음이고, 공조판서 기언정奇彦鼎은 기대승의 다음이다.

기건과 기대승 못지않게 학명이 높았던 인물로 참판 기정진奇正鎭이 있으며 기정진의 손자는 한말의 지사志士 기우만奇宇萬이다. 한말에는 의병장 기삼연奇參衍, 역적을 저격한 지사 기산도奇山度 등 나라를 구하는 열사로 뻗어 나갔다. 현대로 들어오면 전직 의원 기세풍奇世豊과 교수 기용숙奇龍肅이 기준의 뒤를 잇고 있으며, 기세훈奇世勳은 기대승의 후손이다.

자손들에게 붕어는 먹지 말라고 한 사연

청백리 기건의 선정善政은 조선왕조 5백 년에 있어 이도吏道의 전설처럼 내려온 본보기였다.

기건이 연안 부사로 있었을 때 일이다. 그곳에는 맛있는 붕어가 많이 나는 큰 못이 있어 연안에 부임하는 관리들은 백성들에게 그 붕어를 수시로 잡아 바치도록 하는 바람에 민폐가 막심해 그 우물은 '붕어 무덤'이라고까지 불리었다.

부사로 부임한 기건은 그 같은 사연을 알고는 붕어 불식不食의 계를 내려 스스로 붕어를 먹지 않았고, 온 관리에게도 그 계명을 엄하게 하달하였다. 또, 그는 평생 맛있는 전복을 먹지 않는 것으로 일관하였다. 이유는 그가 제주 목사로 있을 때 전복 상납 때문에 제주 백성들이 얼마나 괴로움을 겪어야 했는지를 너무 잘 알았기 때문이었다.

또한 기건은 나들이 하는 여자의 얼굴을 가리는 너울(나올羅兀)을 창안해서 시행하기도 했으며 제주도민의 부장不葬 풍습을 바꾸는 데 있어 주도적 역할을 하기도 했다. 이에 기건의 후손들 가운데 학행으로 뛰어난 인물이 많음은, 제주도에 버려졌던 시체 3백여 구를 장례에 맞게 묻어 준 데 대한 보응이라 믿기도 한다.

한편 기건은 수양 대군의 야심을 눈치챈 이후에는 벼슬을 버리고 집안에 들어앉아 버렸다. 수양 대군이 잠저에 있을 때 만리현(현 서울시 중구 만리동 고개)에 있던 그의 집을 세 번이나 찾아 갔으나 눈이 멀었음을 핑계대고 나가 맞지도 않았다.

이에 수양 대군이 바늘을 가지고 그 사실 여부를 확인하려 했음에도 기건은 눈을 빤히 뜨고 앞을 보면서도 깜짝하지 않았다. 조선 시대에 출사를 거부하던 선비들이 장님 흉내를 내는 것은 서로가 어느 정도 용인하던 관습적인 저항 방식의 하나였다. 바늘로 찔러 보려 했던 것도 그가 진짜 장님인가 아닌가를 확인하기 위함이 아니라, 그 저항의 각오에 대해 마지막으로 마음을 바꿀 의사가 있는 지를 물어보는 절차라 보면 된다. 세조는 마침내 기건을 자신의 정권에 이용하지 못한다는 사실을 알고 되돌아갔다.

무오사화의 인물 17

사공 출신의 후손 이계맹

이계맹李繼孟은 무오사화 때 김종직의 문인이라는 죄목으로 영광에 유배되었다. 그러나 확인 결과 김종직이 전라도 관찰사로 있던 당시 유생을 모아 시험을 치렀을 때 성적이 뛰어나 종이와 붓을 받았을 뿐 사제 관계는 아니었음이 판명되어 석방되었다. 태사 이도李棹의 후손이자 이영李穎의 아들로 1458년(세조 4) 태어난 이계맹은 1483년(성종 14) 진사, 생원시에 합격하였으며 1489년(성종 20) 식년시에 갑과로 급제하여 설서, 검교, 정언, 집의, 좌승지 등을 역임하였다.

무오사화 뒤 오랫동안 재야에서 지내다가 1503년(연산 9)에 장령이 되었고, 전한을 거쳐 좌부승지가 되었다. 1506년(중종 1) 중종반정이 일어나자 대사헌에 승진되었으나 이듬해 박경朴耕의 옥사로 진도에 유배되었다. 곧 억울하게 연루되었음이 알려져 동지중추부

전의 이씨 시조 이도 묘비.
오른편의 비는 1578년(선조 11)에 왼편의 비는 1707년(숙종 33)에 세운 것이다.

사가 되어 복귀한 이계맹은 1509년(중종 4) 경기도 관찰사에 임명되고 이듬해 성절사로 중국에 다녀온 뒤 평안도 관찰사를 비롯해 호조·형조·예조판서를 역임하였다.

1517년(중종 12) 주청사로 중국에 간 그는 『대명회전大明會典』에 이성계가 이인임李仁任의 아들로 잘못 기록된 것을 발견하고 보고하였다. 이어 좌찬성, 병조판서 겸 지경연사를 거쳤다.

이계맹은 성품이 강직하여 옳고 그른 것에 명백한 태도를 취하였으며 태도는 군자와도 같았다.

본관이 전의全義인 이계맹은 1523년(중종 18) 세상을 떠나 전주의 서산사우西山祠宇와 김제의 용암서원龍巖書院에 제향되었다. 자는 희순希醇, 호는 묵곡墨谷과 묵암墨巖, 시호는 문평文平이다.

정승의 마음을 돌려놓은 소년 윤효손

윤효손尹孝孫의 아버지 윤처관尹處寬이 의정부 말단직인 녹사錄事 벼슬에 있었을 때의 일이다. 윤처관이 이른 새벽 정승 집 문 앞에 가서 명함을 보이자 문지기는 정승이 주무신다는 핑계로 명함을 들여보내지 않았다. 윤처관은 날이 저물도록 정승을 기다렸다가 볼일을 못보고 지쳐 돌아와야 했고, 아들 윤효손에게 말했다.

"나는 재주 없는 탓으로 이런 욕을 당하니 너는 마땅히 학업에 근실하여 네 아비처럼 되지 말거라."

윤효손은 아버지의 심정이 어땠을까를 생각하자 마음이 아파 이를 악물며, 아버지가 드리려다 못 건넨 명함 끝에 다음과 같은 시를 써넣었다.

윤효손 묘소(좌)와 신도비(우). 전남 구례군 산동면 이평리.

정승은 해가 높도록 단잠 자는데

대문 앞 명함 꼭지에는 털이 났도다.

꿈속에서 주공周公을 만나거든

그때에 토악吐握하던 수고를 물어보소서.

이튿날 아침 윤처관은 아들이 그 명함 끝에 글을 쓴 것도 모르고 다시 찾아가 명함을 드렸고 명함을 받아 본 정승은 그 시를 보고는 즉시 윤처관을 불러들여 누가 쓴 것이냐고 물었다.

그제야 명함의 글을 본 윤처관은 당황해 어찌할 바를 몰랐다. 그러나 글자 획을 살펴보니 분명 아들 윤효손의 것이었기에 사실대로 말하였다.

정승은 이어 윤효손을 불러들였다. 윤효손에게 이것저것 묻던 정승은 그 총명함에 놀라며 새삼 칭찬하여 보냈다. 정승은 이때 사윗감을 가리고 있던 참이었고, 밤에 집으로 돌아와 부인에게

"내가 지금 좋은 사윗감을 얻었소."

하며 낮에 있었던 일을 말하자 부인은

"우리 딸은 녹사의 아들과 혼인시킬 수 없습니다."

고 우겼다. 그러나 정승은 부인의 반대에 막무가내였고 결국 윤효손을 자신의 사위로 삼았다.

『명신록名臣錄』에 보면 공신이자 영의정인 박원형朴元亨이 윤효손의 명성을 듣고 딸을 그에게 시집보냈다는 기록이 있는 것으로 미뤄 그 정승은 박원형이었음을 알 수 있다.

박원형 신도비. 경기도 용인시.
「조선국 의정부 영의정 연성부원군
시 문헌 죽산박공원형 신도비」

박원형 묘소.
「대광보국숭록대부 의정부 영의정 연성부원군 시 문헌
죽산박공원형지묘. 배 정경부인 단양우씨」

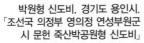

윤효손은 영의정의 사위로 출세 가도를 달려 중시 문과를 거쳐 좌참찬에 이르렀으며, 7남 1녀를 두었는데 그중 윤지형尹止衡은 감사 벼슬까지 올랐다.

윤효손은 효손孝孫이라는 이름대로 손꼽히는 효자로도 이름이 났는데, 어머니에게 드리는 음식은 반드시 자신의 정성을 드린다 하여 아내와 함께 부엌에 들어가 같이 만들었다. 그가 전주 부윤으로 있을 때는 이를 위해 이례적으로 관아에 작은 부엌을 만들어 손수 음식을 만들기까지 했고, 손수 사냥한 짐승으로 음식을 만들어 어머니에게 드리기도 했다. 끼니때마다 밥을 짓는다는 것은 당시 시대 상황으로 보나 그 직책으로 보나 아무나 할 수는 없는 일이었음에 분명하다. 또한 그는 나이가 들어서도 어머니 앞에서 노래를 하거나 아리랑 춤을 추며 어머니를 즐겁게 했다.

윤효손이 잘 부르던 효시孝詩가 있다.

　북쪽에 둔산령屯山嶺이 있고

　남쪽에 지리산이 있으니

　이 두 산의 수壽를 빌어다가

　만년토록 어머니의 수에 보태리라.

윤효손의 출세 가도

　1453년(단종 1) 식년 문과에 병과로 급제한 윤효손은 승문원 부
정자에 보임되었다가 1455년(세조 1) 성균관 저작이 되어 원종공신
原從功臣 2등에 책록되었다. 1457년(세조 3) 중시 문과에 병과로 급
제하여 우헌납과 예조 정랑을 거쳐 의정부 사인이 되었으나 부모의
병환을 이유로 사직하였다.

　곧 장흥 부사로 임명되었으며, 1469년(예종 1)에는 훈련원 부정
당시 시정의 폐단을 간하다 수금당하기도 했으나 곧 석방되었다.
1472년(성종 3)에는 통례원通禮院 좌통례로 전임되고 좌리원종공
신佐理原從功臣에 녹훈되었다. 윤효손은 이때 『경국대전』, 『오례의
주五禮儀註』를 수찬하였으며, 사기史記를 보관하는 전사고典祀庫
설치를 주도했다.

　이듬해 호조 참의와 예조 참의를 역임하고 전주 부윤에 제수되어
창고 관리자들의 등급제 실시를 건의했으나 받아들여지지 않았다.

그가 선정을 베풀어 백성들이 포상할 것을 청하자 성종은 감탄하여 당표리唐表裏(중국산 옷감)를 하사했다. 1476년(성종 7) 공조 참의로 승진되고, 이듬해에는 형조 참판이 되었다가 곧 경상도 관찰사로 전직되었다. 1478년 한성 좌윤과 한성 우윤을 거친 윤효손은 경상도 감사를 역임하고 대사헌이 되었으나 감사로 있을 때의 부정한 혐의로 인해 강등되어 동지중추부사로 좌천되었다.

1486년(성종 17) 나주羅州 목사를 거쳐, 1489년에는 동지중추부사에 세자우빈객을 겸하였다. 그는 또 1490년(성종 21) 정조사로 명나라에 다녀오면서 『활민대략活民大略』, 『속자치통감續資治通鑑』, 『자치통감강목資治通鑑綱目』 등의 책과 조맹부의 족자簇子 1첩을 가지고 왔다. 이어 문묘의 찬탁饌卓을 창설하고 세자의 관冠과 도포 제도를 정했다.

윤효손은 그 뒤 황해도 관찰사를 역임하고, 1493년에는 형조판서를 거쳐 우참찬에 임명되었으며 1494년(성종 25)에는 빈전도감殯殿都監 제조提調와 지의금부사로서 지춘추관사와 실록청 당상을 겸하며 『성종실록』 수찬에 참여했다.

연산군 대에 들어서 1499년(연산 5) 한성부 판윤에 임명되었으나 병을 이유로 사직하였다가 이듬해 도총부 도총관을 지내고 1501년(연산 7) 좌참찬을 역임했다. 뒤에 숭정대부崇政大夫에 올랐다.

윤효손은 1431년(세종 13) 태어나 1503년(연산 9) 73세의 나이로 하세하였으며 본관은 남원南原, 자는 유경有慶, 호는 추계楸溪, 시호는 문효文孝이다. 남원의 방산서원方山書院에 제향되었다.

윤효손의 장인 영의정 박원형의 계명시

죽산竹山 박씨의 조선 명맥은 참의 박굉朴○의 아들 영의정 박원형朴元亨으로부터 비롯된다. 그는 사체事體에 명달하고 전고典故에 밝아 세종과 세조 대의 외교에 있어 일인자였다.

중국의 사신 장녕張寧은

"그대와 같은 재주는 춘추春秋 때에 났더라도 숙향叔向과 자산子産의 밑에는 있지 않을 것이다."

라고 박원형을 극찬하였고, 중국의 사신 진감陳鑑도

"옛사람도 천 리 거리에도 신교神交하는 이가 있었는데 하물며 몇 달이나 종사했음이랴."

하며 그의 인품에 압도되었음을 고백했다. 숙향은 진나라 출신, 자산은 정鄭나라 출신의 정치가로서 외교적으로 큰 성공을 거두었으며 춘추시대 명현으로 꼽힌 이들이다.

박원형은 청렴하기로도 유명했다. 그의 아들 박안성朴安性이 벼슬이 높아지기 전의 일로 자신의 생일에 아들이 술을 차려서 올리자 박원형은 받아서 마시더니 아들을 앞에 앉혀 놓고 계명시戒命詩를 내렸다.

오늘밤 등불 앞에 두어 순배 술을 드니
너의 나이 헤어보매 서른둘 청춘이라.
우리 집 가보家寶로는 청백淸白 그뿐이니
이걸 잘 지녀서 무한히 전해 내려라.

아들 박안성 이후 높은 벼슬에 오른 후손으로는 5대손 좌의정 박
홍구朴弘耉가 있다.

문학으로 이름을 알린 권오기 · 권오복 형제

권오복權五福은 김종직의 문하생으로 당시의 청류淸流와 교분이
넓었고, 특히 김일손과 막역한 사이였다.

1467년(세조 13) 별좌 권선權善의 아들로 태어난 권오복은 일찍
부터 경서와 사서를 접하였으며 1486년(성종 17) 사마시에 합격하
고, 같은 해 식년 문과에 병과로 급제하여 예문관에 들어갔다. 그
뒤 봉교, 수찬, 교리 등을 역임하였으며 뛰어난 학문과 문장을 인정
받아 성종 때에는 문화 사업에 많이 참가하였다. 권오복은 1489년
(성종 20)에는 당시 요동에 와 있던 중국의 문신 소규邵奎에게 『소
학』의 의문점을 물어 번역하라는 명령을 받고 의주까지 갔으나 계
획이 취소되어 돌아오기도 했다.

그는 1493년(성종 24) 이창신 등과 함께 법률 조문에 밝은 신하
로 뽑혀 사율원司律院에서 율문律文 조정과 율관律官 교육을 담당
하였고, 다음해에는 역시 이창신 등과 함께 소의 병을 치료하기 위
한 책인 『안기집安驥集』, 『수우경水牛經』을 번역하라는 명령을 받았

예천 권씨 종택. 중요민속자료 제201호.

다. 이듬해 거제현巨濟縣에 왜구가 침입하고 만호 이극검李克儉이 도망하자 경차관으로 파견되어 그 전말을 심문한 뒤 보고하였다.

한편 1491년 어전에서 「치국여팽소선론治國如烹小鮮論」을 지어 3등상을 받는 등 권오복은 굳센 필법과 맑은 문장으로 알려졌으며 시문 역시 많이 남겼다.

그는 1496년(연산 2) 노부모 봉양을 구실로 귀향하였으나 1498년 무오사화가 일어나자 향리에서 잡혀 같은 문하의 김일손, 권경유 등과 함께 처형되었다. 도승지에 추증되었으며 예천醴泉의 봉산서원鳳山書院에 제향되었다. 그의 본관은 예천, 자는 향지鄕之, 호는 수헌睡軒이다.

권오복이 화를 입은 뒤 시문을 비롯한 그의 유고들은 대개가 불태워지고 흩어졌다. 그러나 다행히 그의 형 권오기權五紀가 남은 것을 한 질의 책으로 엮어 보관했던 것을 1584년(선조 17) 종손 권문해權文海가 대구 부사로 있으면서 그것을 바탕으로 『수헌선생집』을 간행하였다.

1463년(세조 9) 태어난 권오복의 형 권오기 역시 김종직의 문인이었으며 1495년(연산 1) 증광 문과에 을과로 급제하고 1499년(연산 5)에 봉교가 되어 『성종실록』 편찬에 참여했다.

1498년 무오사화 때에는 동생 권오복이 김종직의 〈조의제문〉을 실어 극형을 당하자 이에 연루되어 해남海南으로 귀양을 갔다가 1506년 중종반정으로 석방되었다. 1511년(중종 6) 지평, 1526년(중종 21) 경상좌도 군적경차관軍籍敬差官, 1530년(중종 25) 사도시부정을 거쳐 좌통례를 역임하였다. 권오기 역시 동생 권오복과 함께 문학으로 이름을 날렸으며 사망 후 인산서원仁山書院에 제향되었나. 권오기의 자는 협지協之, 호는 졸재拙齋이다.

예천 권씨로 본성을 바꾼 이유

권오기, 권오복 형제의 본성本姓은 원래 흔昕씨였다. 시조 권섬權暹(자字 명종命從)은 흔적신昕迪臣의 후손으로 본래 성이 '흔昕' 이었다. 그런데 고려 제19대 명종明宗과 제29대 충목왕忠穆王의 이름이 왕흔王昕이었으므로 흔섬昕暹의 이름을 그 외가의 성을 따라 안동安東 권씨로 고치게 했다. 권섬의 선대는 예천 지방 호족으로서 호장戶長을 세습했으며 권섬은 충목왕 때 예빈경禮賓卿을 역임하였다.

그래서 이후의 후손들이 권섬을 시조로 세계世系를 계승하고 있으며 본관을 예천으로 하게 된 것으로 고려 제29대 충목왕 때부터

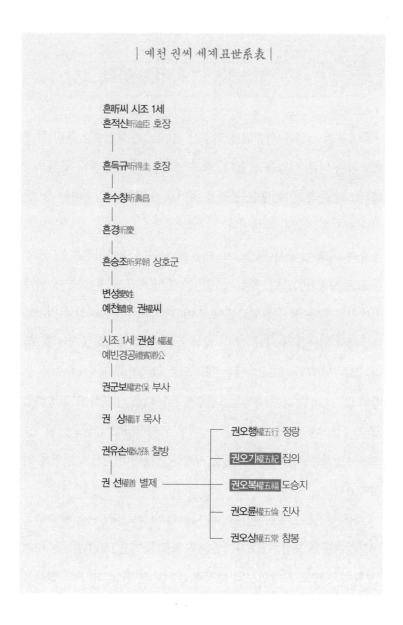

| 예천 권씨 세계표世系表 |

흔昕씨 시조 1세
흔적신昕迪臣 호장

흔득규昕得圭 호장

흔수창昕壽昌

흔경昕慶

흔승조昕昇朝 상호군

변성變姓
예천醴泉 권權씨

시조 1세 **권섬** 權暹
예빈경공禮賓卿公

권군보權君保 부사

권 상權詳 목사

권유손權幼孫 찰방

권 선權善 별제 ——
— 권오행權五行 정랑
— 권오기權五紀 집의
— 권오복權五福 도승지
— 권오륜權五倫 진사
— 권오상權五常 참봉

예천 권씨로 변성하게 되었다. 우리나라에서 모계母系로 이어온 성
씨는 허許씨와 예천 권씨의 기록뿐이다.

냄새나는 심성에 장삼을 걸친 학조 스님

학조學祖 스님은 선종의 승려로서 신미信眉, 학열學悅 등과 함께 세조의 두터운 신임을 받았다. 학조 스님의 행실은 좋지 못했으나 여러 고승들과 함께 많은 불경을 국어로 번역하고 간행하는 등 뛰어난 학식을 지녔기 때문이다.

승려 학조는 당시 명승으로 이름을 날리며 웅문거필雄文巨筆의 문호로 칭송되었으며, 왕실의 귀의를 받아 세조 이후 중종에 이르기까지 수많은 불사를 일으켰다. 1464년(세조 10) 속리산 복천사福泉寺에서 임금을 모시고 신미, 학열 등과 함께 대법회를 열기도 했다. 그는 1467년(세조 13)에는 왕명으로 금강산 유점사楡岾寺를 중창하고, 1476년(성종 7)에는 『천수경千手經』을 언해하고 교정하였으며, 1482년(성종 13)에는 세종 때부터 시작되었다가 중단된 『증도가남명계송證道歌南明繼頌』을 자성慈聖 대비의 명으로 번역해 완성하였다.

1488년(성종 19)에는 인수仁粹 대비의 명으로 해인사를 중수하고 대장경판당을 중창하였으며, 연산군 대로 들어선 1500년(연산 6)에는 왕비의 명으로 해인사의 대장경 3부를 간인刊印하고 그 발문을 지었다. 이어 1520년(중종 15)에는 왕명으로 다시 해인사 대장경 1부를 간인하였다.

학조 스님이 국역한 불전으로 『지장경언해地藏經諺解』가 초기에 언해된 것으로 추정되며, 수양 대군에 의해 완성된 『금강경삼가해 언해金剛經三家解諺解』 역시 자성 대비의 명으로 교정해 인출하였다. 그밖에도 『오대진언五大眞言』, 『불정심다라니佛頂心陀羅尼』, 『진언권공眞言勸供』 또한 인수 대비의 명으로 언해되어 인출되었다는 점과 학조의 발문이 첨부되어 있는 점 등으로 미루어 그의 번역일 것으로 추정되고 있다.

학조 스님의 본관은 안동, 호는 등곡燈谷과 황악산인黃岳山人이며 아버지는 계권係權이다. 그의 생몰년은 확실히 알려진 것이 없다.

무오사화의 인물 21

무오사화의 희생자 권경우 · 권경유 형제

간신들의 탄핵을 받은 권경우 　권경우權景祐는 간신들이 더 많았던 시대에 백성들의 삶을 돌볼 줄 아는 벼슬아치였다. 권경우는 1470년(성종 1) 별시 문과에 급제하여 예문관 검열이 되고 뒤에 예문관 봉교에 승진하여 사관 선발의 중요성을 강조하였다. 이듬해에는 천추사千秋使의 검찰관으로 중국에 다녀오면서 통사通事 조종손趙宗孫 등의 밀무역을 검찰한 공로로 4계급을 승진하여 사간원 정언이 되었다.

이어서 홍문관 수찬으로 옮긴 권경우는 제주濟州 경차관으로서 제주도민의 궁핍한 삶에 대해 대책을 강구할 것을 요청하였다. 권

효령 대군 셋째 아들 보성군 묘소와 묘비. 경기도 남양주시.
보성군 이습李恰은 임사홍의 장인이기도 하다. 「유명조선 왕손 현록대부 보성군 합 지묘」

경우는 1477년(성종 8) 다시 사간원 정언이 되어 임사홍이 국정을 농락함과 간사하기 이를 데 없는 자임을 규탄하는 한편, 왕의 수렵 활동에 있어 승지와 사관의 대동을 금하자 그 불가함을 주장하고, 국왕의 거둥에 대한 것은 사소한 일이라 할지라도 기술하도록 했다.

보성군寶城君의 사위로 세도가 으뜸이었던 임사홍의 추방을 청원하는 것은 당시 분위기에서 감히 생각하지 못하던 일이었다. 임사홍은 권경우의 집으로 찾아가 이 의논을 낸 이가 감히 누구였는지를 물었고 이에 권경우가

"오직 나라야 감히 할 수 있다."

고 말하자 임사홍은 기가 막혀 아무 말도 못하고 물러났다 한다.

권경우는 1482년(성종 13) 홍문관 부교리로 있을 당시 왕비 윤씨를 폐비시킨 처사의 잘못을 간언한 죄로 파직되었다가 4년 뒤 직첩이 환급되어 예관禮官으로 복직하였다. 그는 이어 사간으로서 평안

도 병마절도사 이조양李朝陽의 군비 소홀과 군공을 거짓으로 사칭함을 탄핵하여 면직시켰으며 그 뒤 형조 참의, 동부승지, 우승지, 도승지를 역임하였다.

1498년(연산 4)에는 사헌부 대사헌에 올라 사찰 건립의 불가함을 논하고 정숭조鄭崇祖, 이창신李昌臣 등의 비리를 규탄하였다. 그러나 그해 무오사화가 일어나 동생 권경유權景裕가 주모자로 처형되자 그도 같이 연루되어 강릉부江陵府 관노로 배속되었다.

그러나 중종반정 이후 적몰됐던 가산은 환급되고 죄명도 신원되었다. 권경우가 백성들을 위한 정치를 펼치려 노력했듯, 그의 성품은 강직하여 권신에게 구차하게 의부하지 않았으며 직무를 공정히 다스려 많은 사람들은 감복하였다.

권경우의 본관은 안동, 자는 자수子綬로 판관 권질權耋의 아들이며, 대사헌 권경희權景禧와 이조 정랑 권경유의 형이다. 좌의정 어세겸은 그의 장인이다.

중세의 밀수꾼들을 처벌한 권경우　　옛날부터 중국에 사신으로 다녀오면 중국산 물품들을 양껏 사와 사치스러운 생활을 영위하고 부를 축적하는 일들이 많았다. 사대주의事大主義에 물들었던 그와 같은 관리들은 중국의 물품을 사들이기 위해 나갈 때 값있는 물건을 몰래 숨겨 나가는 방법을 썼다. 박지원朴趾源의『열하일기熱河日記』를 보면 국경 의주에서의 통관 광경을 잘 알 수 있다.

〈사람과 말을 사열하는데 깃대 셋을 세워서 문을 삼고 금물禁物을 뒤지니 중요 물품으로는 황금, 진주, 인삼, 수달피, 그리고 소정 가능한 은보다 초과된 은이 있었다. 웃옷을 풀어헤치기도 하고 고의를 내리 훑어보며 비장裨將이나 역관譯官에게는 행장을 끌러본다. 이불 보퉁이와 옷 꾸러미가 강 언덕에 너울거리고 가죽 상자와 종이 곽이 풀밭에 어지럽게 뒹군다. 사람들은 제각기 주워 담으면서 흘깃흘깃 서로 돌아보곤 한다. 대체 수색을 아니하면 나쁜 짓을 막을 수 없고 수색하자면 이렇듯 체모에 어긋난다. 금물이 발견된 경우 첫째 문에 걸린 자는 중곤重棍을 맞는 한편 물건을 몰수하고 다음 문에 걸리면 귀양을 보내고 마지막 문에서는 목을 베어 달아 뭇 사람에게 보이게 되어 있다. 이 같은 통관의 금물 단속은 하급 수행의 관원에 해당될 뿐 정사를 비롯한 정식 사절은 이 엄한 통관 법규에서 예외였다.〉

그런데 직위의 고하를 막론하고 공정한 조사를 편친 용감한 자가 바로 권경우였다. 영평군鈴平君 윤사분尹士昐은 외래품 밀수로 소문난 자였으나 그는 세조의 왕비인 정희 대비의 친동생이자 우의정 윤사흔尹士昕의 친형으로 세도의 핵심 인물이었기에 그의 흠을 고발하거나 시정할 엄두는 그 누구도 내지 못하는 분위기였다.

그러나 권경우는 윤사분이 북경에 사신으로 갈 때 서장관書狀官이 되어 수행하면서 윤사분의 막대한 금물禁物을 직권으로 압수하여 직접 임금에게 고하였다. 의주 통관시 사신들의 금물을 사열할 때는 서장관이 입회하게 되어 있었으므로 권경우는 그 기회를 이용하였고 금물이 엄청났으므로 성종은 윤사분을 옥에 가둘 수밖에 없

수양 대군(세조)의 처남 윤사분 묘비. 경기도 파주시 교하읍 당하리. 「좌의정 대광보국숭록대부 영돈령부사 시 이정 파평윤공 휘 사분지묘」

형 권경우 묘비. 경기도 양평군. 「정헌대부 대사헌 안동권공 휘 경우지묘 자좌」

었다.

이 밖에도 윤사분을 수행한 역관들 역시 물품을 많이 가져 오느라 행렬은 정신없었다. 권경우가 이 역관들의 짐을 낱낱이 확인한 결과 거의 모두가 한양 세력가들의 부탁임을 확인하였고 그는 이에 대해서 도 낱낱이 고발하여 의금부에서 국문을 받도록 했다.

성종은 이 같이 곧은 권경우가 해침을 받을 것을 우려해 벼슬을 세 계급이나 올려 신분을 보장해 주었으며, 할머니 정희 대비가 윤 사분을 구명해 줄 것을 청했을 때도 거절하였다.

능지처사를 당한 권경유   권경유는 성종 때 김일손과 함께 사관 으로 있으면서 스승 김종직의 〈조의제문〉을 사초에 실은 것이 문제 가 되어 일어난 무오사화 때 아들 권연權演 및 김일손, 권오복과 함

동생 권경유 신도비(좌)와 지단비(우). 경기도 양평군.
지단 비각 안은 옛 비석이며 오른편으로 단비가 보인다.
「가선대부 홍문관제학 안동권공 휘 경유 배 정부인 양천허씨 지단」

께 국문을 받은 뒤 능지처사되었다.

당시 유자광, 이극돈 등은 권경유의 죄에 대해

〈충의를 빙자하여 사당私黨을 조직하고 조의제문을 사초에 실어 후
세에 전하려 하였으므로 그 죄가 김종직보다 가볍지 않다.〉

고 주장하였다.

권경유는 남효온, 김일손, 강경서 등과 함께 사장詞章, 정사政事,
절의節義, 효행孝行으로 이름이 높았기에 국문을 당하면서도 굴복
하지 않았다. 남효온은 평소 권경유에 대해

"성품이 강의剛毅하고 일을 만들기를 즐기지 않았다."

고 평하였다.

권경유는 1483년(성종 14) 진사가 되고, 1485년 별시문과에 병과
로 급제한 이후 예문관 검열에 등용된 뒤 홍문관 정자를 거쳤다.
1490년(성종 21)에는 호당湖堂에서 사가독서 할 만큼 학문에 있어

재능을 인정받았다. 그는 여러 차례 천거되어 교리에 이르렀으며 연산군이 즉위한 1495년(연산 1), 외직을 청해 제천 현감이 되었다. 무오사화에 처참하게 죽었으나 중종반정 뒤 도승지에 추증되었다. 권경유의 자는 군요君饒와 자범子汎, 호는 치헌痴軒이다.

왕王씨에게 양자로 간 권權씨 혈계

안동安東 권씨의 본성은 신라의 종성宗姓인 김씨였다. 시조 김행金幸은 경순왕敬順王을 죽인 후백제後百濟 견훤甄萱의 비리를 규탄하고 고려 개국에 공을 세웠다. 이에 고려 태조太祖는 김행에게 권씨로 사성賜姓하고 그의 거주지인 고창古昌(현 안동安東)을 식읍食邑으로 내렸다. 권행은 삼한벽상공신三韓壁上功臣, 삼중대광三重大匡, 태사太師의 벼슬을 지냈다.

　권행의 9세손은 추밀부사 권수평權守平, 권수평의 동생은 좌복사 권수홍權守洪, 권수평의 아들은 태사 권위權韙이며 권위의 아들은 충

견훤왕릉.
충청남도 논산시.

안동 권씨 시조 권행(김행) 묘소 안내석. 능동 권 태사 묘소라 쓰여 있다. 경북 안동시.

렬왕 때의 명신으로 찬성사에 이른 권단權旰이다. 권단은 속세를 버릴 마음을 먹었으나 아버지의 강권으로 입사하여 권한공權漢功, 최한지崔漢之, 백이정白頤正 등 명상을 천거하는 안목으로 높은 평가를 받았다.

또한 권단은 입사入仕 중에도 불도에 신심이 깊어 40년간 고기를 먹지 않았으며 아들들이 새 옷을 지어 바치면 헌옷은 그 자리에서 벗어 어려운 사람에 주었기에 그의 옷은 항상 단벌이었다. 권단은 만년에 가족에게 아무런 말없이 집을 나가 아들이 헤맨 끝에 찾으니 그는 어느 조용한 산사山寺에서 삭발하고 좌선坐禪 중이

추밀부사 권수평 신도비.
고려국 추밀원이라 쓰여 있다.
경기도 장단면 비무장지대 내.

었다 한다. 이에 아들은 아무 말도 건네지 못하고 통곡하며 돌아가 야 했다.

권단의 아들은 삼중대광과 대제학에 이른 권포權蒲로 그는 성리 학의 선구적 학자로서 『효행집孝行集』, 『사서집주四書集註』 등의 저 서를 낸 청백리이기도 했다.

권포의 아들은 충숙왕忠肅王 때 찬성사를 지낸 권준權準으로 그 는 조적曺頔의 난이 일어나자 은거하였다. 역시 권포의 아들로 시 중 권고權皐와 권재權載가 있다. 권재는 충선왕忠宣王 때의 공신으 로 벽상삼중대광壁上三重大匡, 우정승을 지냈으며 공민왕恭愍王 묘 정에 배향되었다. 권재는 충선왕의 양자로까지 입양되어 종실의 성 姓인 왕王씨로 바꾸고 이름마저도 왕후王煦라 하였다.

왕후의 아들은 대사헌과 상호군을 지낸 왕중귀王重貴, 왕중귀의 아들은 부윤 권숙權肅으로 왕씨 고려의 멸망과 더불어 안동 권씨로 복성復姓하였다.

안동 권씨의 명맥은 위에 열거한 고려 시대의 명맥 가운데 권수홍, 권포, 권준, 권고 등을 맥으로 한 네 갈래로 대별된다. 이 4대 명맥 이 외에 여섯 갈림의 중시조가 있는데 그 중시조인 권행의 8세손 권융 權融과 권행의 후손 호장 권황權晃 등 두 중시조가 명맥을 이끌었다.

이상의 6개 명맥을 차례로 가려보면 권수홍의 명맥으로 그 증손 시중 권한공이 있는데 그는 충선왕과 충숙왕 시절 원나라와의 외교 틈에서 다난한 정치 생활을 해낸 명신이다.

권한공의 동생은 평장사 권한유權漢有, 권한공의 아들은 조선 개

왕후 묘소(좌)와 옛 비문(우). 권재가 왕후로 개명한 묘소. 경기도 개풍군 비무장지대 내.
「고려 우정승 계림부원대군 시 정헌공 왕후 묘. 배 국대부인 당성(당나라) 홍씨 부좌.
12세손 권회경 근서」

국의 공신이자 태종조의 상신인 영의정 권중화權仲和이다.

무오사화에 김일손과 같이 죽음을 당한 권경유와 성종조의 명신 권경우는 권한공의 6세손이다.

원종元宗 추숭 문제로 화를 입은 대사간 권도權濤는 권한공의 10세손, 영조 때의 화가인 수사 권필칭權必稱은 권도의 5세손이다.

무오사화의 인물 22

연산군이 제일 두려워했던 인물 성준

연산군조의 상신 성준成俊은 1498년의 어느 날 연산군의 내연內宴에 초대되어 참석하게 되었다. 그 자리에서 술이 얼근해진 연산군이 요염하게 생긴 한 기생을 껴안자 노신 성준은 말하기를

"노인이 아직 죽지 않았사오니 전하는 결코 이러하지 못합니다."
하였다. 연산군이 마지막으로 두려워하는 자가 성준이었기에 왕은
기생을 안았던 손을 풀 수밖에 없었고, 연산군은 그 후부터 성준을
대하기를 겉으로는 존경을 보였으나 속으로는 더욱 꺼려했다.

그러던 성준은 결국 화를 입고 말았는데 성난 연산군은 그의 자
손까지 남겨두지 않겠다 공언하였다. 이 말을 전해 들은 성준의 아
들 정랑 성경온成景溫은,

"나의 생명을 남의 손에 더럽힐 수는 없다."
유언하고 독약을 마시고 죽음을 택했다.

1436년(세종 18) 태어난 성준은 1456년(세조 2) 사마시에 합격하
고 1458년 식년 문과에 병과로 급제하였으며 1469년(예종 1) 필선,
사섬시 첨정을 거쳐 대사간이 되었다. 이어 1479년(성종 10) 전라도
관찰사와 1481년 이조참의, 우부승지, 좌부승지를 거치고 이듬해
우승지, 형조 참판, 동지중추부사를 지냈다. 그는 1485년(성종 16)

성준 묘소. 경기도 연천군. 「영의정 창녕성공준. 정경부인 성주이씨 단묘」

에는 장령, 이듬해에는 영안도 관찰사를 거쳐 1488년 대사헌, 이조
판서, 우참찬을 지냈으며 1490년(성종 21)에는 성절사가 되어 명나
라에 다녀왔다. 성준은 다음 해 영안도 절도사로 나아가 북정北征
부원수로서 도내에 침략한 야인을 정벌하였다.

1495년(연산 1) 병조판서를 거쳐 우찬성이 되고, 1498년 우의정
에 오른 그는 이듬해 삼수군三水郡에 야인들이 침범하자 서정西征
장수가 되었다. 성준은 이어 1500년(연산 6) 좌의정에 올라 영의정
한치형, 우의정 이극균과 함께 시폐時弊 10조를 주청하며 연산군의
난정亂政을 바로잡으려 하였으나 이루지 못했다. 또한 우의정으로
있으면서는 연산군이 올바른 판단을 하도록 『국조보감國朝寶鑑』을
진심으로 읽이볼 것을 권히기도 했다.

성준은 1503년(연산 9) 영의정에 올라 세자사世子師를 겸하였으

성순조 묘소.
「창녕성공 8세손 증 의정부 영의정 순조지하 묘.
증 정경부인 전주이씨 지상묘 시 참판공」

나 갑자사화에 앞서 성종의 비 윤씨의 폐위와 사사에 관여한 죄로 직산稷山에 유배되었다가 1504년(연산 10) 잡혀와 교살되었다. 중종 때 복관되었다.

성준의 본관은 창녕昌寧으로 아버지는 참판 성순조順祖, 성준의 동생은 참찬 성건成健이다. 성준의 자는 시좌時佐, 시호는 명숙明肅이다.

남효온이 암말을 타고 다닌 이유

남효온南孝溫은 고양 출신으로 김시습과 김종직을 스승으로 삼아 김시습으로부터는 저항적인 방랑의 철학을, 김종직으로부터는 의로움에 대한 지조를 영향 받아 개성 있는 삶을 산 역사상 보기 드문 인물이었다.

세조 치하 당시 열여덟 살이었던 남효온은 억울하게 죽음을 당한 단종 능의 복위를 청하는 소를 올렸고 그 후 『육신전六臣傳』을 지어 세조의 정권에 대한 야욕에 저항하는 충신들의 행실을 기렸다. 너무도 대담한 남효온의 행동에 세상 사람들은 오히려 외면했으며 남효온 역시 그것을 원하지 않았다. 그는 고양에 살면서 당시 신학문인 성리학과 그 가르침대로 행한 소장학자 김굉필, 정여창, 이심원李深源, 안응세安應世, 조신曺伸 등과 교우하며 여생을 보냈다.

자신의 이상이나 철학과 실제 행
실 사이에서 얼마나 일치된 언행을
보이느냐에 따라 그 인물의 진정한
가치는 평가되게 마련이다. 자신이
옳다고 믿는 가치는 당세의 정치나
사회 속에서 방해를 받기 일쑤이며
각자의 선택에 따라 현실 속에서 희
생을 당하거나 일신상의 영화를 누
리기도 했다.

생육신 추강 남효온 묘비.
경기도 김포시 하성면.
「조선조 생육신 증 자헌대부 이조판서
시 문정공 추강 남효온 선생지묘.
배 증 정부인 파평윤씨 부좌」

그러나 남효온은 나라의 사직에
관한 큰 생각에서부터 술을 끊는 개
인적인 생각에 이르기까지 생각과
행동 사이의 틈을 용납하지 않았다.

그는 남포에서 손에 낚싯대를 들고 고기를 잡으며, 대낮의 해가 환
하게 비치는 것을 보고 탄식했다.

"사람이 사람을 속이기도 힘든 법인데 어찌 저토록 환한 하늘을
속일 수 있을 것인가."

평소 남효온은 열두 글자로 삼갈 것을 마음에 새기며 스스로의
행동과 생각을 엄히 경계하였다.

日月昭昭頭上 일월소소두상

鬼神鑑臨左右 귀신감임좌우

해와 달은 머리 위에 환하고,

귀신은 좌우를 굽어 살핀다.

남효온은 이렇듯 재주와 행실이 뛰어났으나 옷과 음식은 누추하였고, 항상 암말을 타고 다녔으므로 아이들과 부녀들은 그를 볼 때면 키득키득 비웃었다. 이 일화는 그가 실질적으로 추구하는 자신의 이상과 철학은 중하게 여겼지만 차림새는 소박하게 하며 무관심했다는 것을 엿보게 한다.

관습적인 사회는 사대부가 암말을 타는 것을 보며 웃어댔으나, 말은 운반수단일 뿐 남효온에게는 그것이 수말이건 암말이건 상관이 없었던 것이다.

남효온은 천성적으로 술을 즐겼으나 어머니가 꾸짖으므로 자신의 행실을 다잡을 필요성을 느끼고 벽에 〈지주부명止酒賦銘〉이라는 글귀를 지어 붙이고 10년 동안 금주를 했다. 그 후 중풍을 앓게 되면서 조금씩 술을 마시다가 병이 그치자 다시 「복지주부명復止酒賦銘」을 짓고 5년 동안 술을 마시지 않았다.

한편 남효온은 재야에서 은둔하며 마지막 여생을 마쳤는데 초현실적인 선도仙道의 세계로 사상이 전환되는 양상을 볼 수 있다. 그가 한 스님에게 써준 시에서 그 점을 확인할 수 있다.

관계에 명성을 구하니

풍파가 사납고

추강에 낚시를 잡으니
장기瘴氣가 침노하네.
성정性情을 수양하려고 하니
세간의 도리를 떠나야 하고
산업을 경영하려고 하니
처음 먹은 마음을 저버리게 되네.
손에 참동계參同契*를 잡고
소소한 단풍나무 숲에 돌아가
눕는 것만 못하구나.

남효온은 미치광이 소리까지 들으며 자신의 여생을 『참동계』대
로 살다가 죽은 것이었다.
연산군 대의 갑자사화 때 그가 문종의 비 현덕 왕후의 소릉 회복을
위한 소를 올렸다는 이유로 고양에 있던 그의 무덤은 파헤쳐져 관이
쪼개지고 시체는 양화도楊花渡 나룻가 모래밭에 널리게 되었다.

남효온의 아내와 며느리

『쇄문쇄록瑣聞鎖錄』에 보면 남효온의 시체에 가해진 추죄가 끝
났음에도 그의 처, 그리고 네 명의 사위와 딸은 남편과 아버지의 시

---

* 참동계參同契: 신선이 되는 도가道家의 수양서

체가 어디에 널려 있는지조차도 알려 하지 않았다. 아울러 장사를 지내지도 않아 그 시체는 썩을 대로 썩다가 여름 장마에 떠내려가 무덤마저 없어지게 되었다. 정치적 상황에 따른 두려움 때문인지도 모르나 잘 이해되지 않는 대목이다.

갑자사화는 남효온의 아들 남충세南忠世에게까지 영향을 미쳤다. 남충세는 미친 것으로 기록에 적혀 있는데, 정말 미쳤는지 거짓으로 미친 척 했는지 여부는 확인할 길이 없다. 당시 남충세에게 죄를 주려 했던 추관이

"본래 미친병이 들었으니 인간으로 칠 것도 못 됩니다."

하며 연산군에게 살려둘 것을 아뢰니 임금이 말했다.

"미친 자가 세상에 있으면 뭣 하겠느냐. 죽여 버리라."

연산군다운 잔인하고도 합리적인 결정이었다.

남충세의 아내는 호군 조견지趙見知의 딸이었는데 남효온의 아내와 시어머니는 대조적이었다. 끝까지 남편의 시체를 모른 체 한 남효온의 아내와 달래 남충세의 아내 조씨는 남편의 처형 현장에서 사흘간 시체를 지키다가 밤에 몰래 시체를 업고 집에 돌아왔다. 그리고 날씨가 추워 시체가 꽁꽁 얼어 있자 조씨는 그 시체를 안고 자신의 체온으로 녹인 다음 염습하여 관에 넣었다.

그 애틋함에 사람들 모두가 울면서 탄복하였으나 유독 그 시어머니만은

"며늘아기가 성품이 거세어 시체를 겁내지 않는다."

고 나무랬다. 남씨 일가는 연산군 시대 처참하게 사멸하고 말았다.

남효온이 좋아했던 소장학자 조신

서얼로 태어난 조신曹伸은 신분으로 인해 관직에 오르지는 못했으나 당대의 석학이자 대문장가로서 이름을 떨쳤다. 성종은 조신을 불러 직접 글을 시험하였고, 그 시문이 뛰어나자 감탄하여 사역원 정의 벼슬을 특별히 제수했다.

조신은 역관으로서 명나라에 7번, 일본에 3번이나 다녀왔으며 명에 갔을 때는 안남국安南國 사신과 시를 주고받음에 있어 그 시재가 뛰어나 국위를 크게 떨쳤다.

중종의 명으로 김안국金安國이 시작한『이륜행실도二倫行實圖』를 편찬하였다. 이는 후일『삼강행실도三綱行實圖』도 합본하여 오늘날『오륜행실도五倫行實圖』로 널리 알려지고 있다. 조신의 저서로『적암시고適庵詩稿』5권,『소문쇄록謏聞鎖錄 』1권이 있으며 그가 쓴 일기『백년록百年錄』은 전하지 않는다.

적암 조위 선생 유허비. 경북 김천시.

무오사화로 형 매계梅溪 조위曹偉가 유배당하자 조신도 봉계에 은거하였다. 그가 당대 교류한 석학들은 정여창, 박상, 이행, 권민수, 이항, 홍언필, 남효온 등으로 이행이나 권민수 등은 조신의 서실인 적암을 자주 찾아 많은 시들을 수창酬唱하였다.

문장, 특히 시재에 뛰어난 조신

이 죽자 서출이었음에도 불구하고 공조판서 증직과 시호를 하사받았다. 아래는 조신의 시 「직지사直指寺」로 교리 표表모, 개령 현감과 함께 직지사에 갔다 지은 시라고 한다.

직지사

그윽한 숲속 직지사는 큰 도량인데
성쇠를 생각하니 일마다 이는 감상.
고승 있을 때엔 승려도 많더니만
은혜 입고 늙어 돌아가니 보광전도 황량하다.
송죽은 빈 하늘을 찔러 섰고
구름 산만 우뚝 솟아 창창하도다.
현감 모신 이 자리
잔 기울여 도연명의 국화주를 들도다.

무오사화의 인물 24

환관 김처선의 처절한 이야기

환관宦官은 대체로 명관名官이 없다. 그보다 명관일 수 없다는 표현이 옳을 것이다. 환관의 직책 자체가 상전이 불편함 없도록 보좌하는 자리로서 임금이 기분 상하지 않도록 어느 정도의 비굴함을 필요로 한 때문이다. 그런 환관들은 임금의 총애를 입으면 그 총애를 미끼로 횡포를 부리거나, 간신의 앞잡이가 되어 놀아나는 것이 보통이었다.

환관 사회에 있어서 교훈적인 처세술은 어떻게 해서 보다 빨리, 보다 많이 임금의 총애를 입느냐 하는 것이었다. 그랬기에 환관들 사회에서 이상으로 삼고 추구하는 인물은 보통의 사람들이 존경하는 것과는 판이하게 달랐다.

환관 사회의 다음과 같은 전통적 격언이 그들 세계의 이질성을 잘 표현해 주고 있다.

"처선處善을 하지 말고 처악處惡을 하라."

이 말은 일반 사회에서 공경하는 김처선金處善과 같은 그런 환관이 되지 말라는 뜻이다. 김처선은 효자동孝子洞 환관촌에 살던 정2품 환관이었다. 요즘으로 치면 장관급이다.

연산군의 잔인함과 폭력성, 음란함이 날로 심해지자 김처선은 진심을 다해 매번 간언을 하였고, 솔직한 김처선의 말은 연산군의 심기를 건드렸다. 연산군은 김처선의 말이 못마땅해도 늙은 환관의 말이라 생각하고 노여움을 굳이 밖으로 드러내지는 않았다.

그러나 연산군의 자신만을 위한 행태는 점점 심해졌고 처용處容놀이를 하는 연산군의 음란함은 극에 이르렀다. 어느 날 김처선은 집을 나서면서 집안사람에게

"오늘 나는 반드시 죽을 것이다."

라고 말한 뒤 출사하였다. 임금 앞으로 나간 김처선은 다음과 같은 극언으로 간하였다.

"늙은 놈이 역대 네 임금을 섬겼고 경서經書와 사서史書에 대강 통하지만, 고금에 상감님의 하는 짓과 같은 이는 없었습니다."

이윽고 성이 치민 연산군은 당장에 활을 가져오라 하여 간하는 늙은 김처선을 향해 쏘았다. 활은 그의 갈빗대에 꽂혔으나 고통에도 김처선은 계속해서 말했다.

"조정의 대신들도 죽음을 두려워하지 않는데 늙은 내시가 어찌 감히 죽음을 아끼겠습니까. 다만 상감께서 오래도록 임금 노릇을 할 수 없는 것이 한스러울 뿐입니다."

남을 괴롭히며 상대의 고통쯤은 아무렇지도 않게 생각하는 연산군은 화살 하나를 더 쏘아 김처선을 땅에 쓰러지게 하고는 그의 다리를 자르라 명하였다. 장사가 손으로 김처선의 다리를 부러뜨리자 연산군은 이번에는 일어나 걸으라고 시켰다. 이에 김처선은

"상감님은 다리가 부러져도 다닐 수 있으십니까."

하였고, 끝까지 자신에게 간언하는 김처선을 향해 연산군은 이제 그의 혀를 잘라내라 하였다. 연산군은 혀가 끊어진 김처선을 향해 스스로 칼을 잡고 그의 배를 갈라 창자를 끄집어냈다. 그럼에도 김처선은 마지막까지 연산군에게 행실을 고치라고 간하다 숨겨갔다.

그러고도 분이 풀리지 않은 연산군은 김처선의 시체를 묻지 못하게 하고 호랑이의 먹이가 되도록 하였다.

역사에 있어 어려운 고비에 용기 있는 간언을 한 사람은 여럿 있었고, 또 수많은 사람들이 정의를 위해 목숨을 잃기도 했지만 이같이 처참하게 죽은 경우는 없을 것이다.

연산군은 김처선을 그렇게 처절하게 죽이고도 다시 민간에 널리 포고문을 내려 '처處' 자와 '선善' 자를 쓰지 못하도록 하는 금문령禁文令을 내렸다. 옛날부터 대역을 범한 역적의 죄악을 널리, 오래도록 백성에게 주지시키는 뜻에서 이 같은 이름자의 금자령을 내린 일은 이따금 있었으나 충신의 이름에 금자령을 내린 것은 전무후무한 일이었다.

갑자사화가 있던 1504년에 과거에 합격한 권벌權橃의 시험 답안지(시권試券)가 문제가 되어 그의 합격이 취소된 일이 있었다. 한 시관試官이 권벌이 쓴 시험지에 연산군이 금자령을 내린 '처處' 자가 쓰인 것을 발견했기 때문이었다.

참혹하게 죽은 김처선을 두고 당시 선비 사회에서는 '환관만도 못한 선비'라는 자조적 격언이 번졌고 또 환관 사회에서는 '처선處善하지 말고 처악處惡하라'는 역설적 격언이 생겨났던 것이다.

권벌 사당. 경북 봉화군 닭실 마을.

연산군의 손아귀에서 벗어나지 못한 최부

최부崔溥는 김종직의 문인이자 연산군의 잘못을 극간하고 대신
들을 통렬히 비판한 죄로 무오사화 때 화를 입은 인물이다. 그는 함
경도 단천端川으로 유배되어 그곳에서 6년을 지내다가 갑자사화 때
처형되었다.

1454년(단종 2) 진사 최택崔澤의 아들로 태어난 최부는 1478년
(성종 9) 성균관에 들어가 신종호와 함께 문명을 떨치고, 김굉필 등
과 우정을 두텁게 가졌다. 1482년 친시 문과에 을과로 급제하여 곧
교서관 저작, 박사, 군자감 주부 등을 역임하고, 1485년(성종 16) 서
거정 등과『동국통감』편찬에 참여하였다.

최부는 그중『동국통감』의 논論 120편을 집필하였는데 논지가 명
확하여 칭송을 받았으며 이듬해에는『동국여지승람』의 편찬 완성
단계에 참여하였다. 이해 문과 중시에 을과로 급제하였으며 이어서
홍문관 교리로 임명되고 사가독서하였다.

1487년(성종 18) 제주 등 세 읍의 추쇄경차관推刷敬差官으로 임
명되어 제주로 건너간 최부는 이듬해 초 부친상의 기별을 받고 고
향으로 급히 오는 도중 풍랑을 만나게 된다. 43명이 탄 이 배는 14
일 동안 동중국해를 표류하다 해적선을 만나 물건을 빼앗기는 등
곤혹을 치르다가 명나라의 태주부台州府 임해현臨海縣에 당도했다.
최부 일행은 처음에는 왜구로 오인되어 몰살당할 뻔했으나 어두운

밤 몰래 빠져나와 조선 관원이라는 것을 간신히 인정받아 일행 모두 북경으로 보내졌다가 조선으로 돌아올 수 있었다.

그 사이 최부는 자신은 상을 당한 몸으로서 어떠한 경우에도 상복을 벗을 수 없다고 고집하였고, 많은 어려움을 겪으면서도 유가의 예와 윤리의 원칙을 지키며 타협을 거부했다.

최부가 귀국하자 성종은 중국에서의 견문과 8천 리 길을 거쳐 온 과정을 기술해 바치도록 명하였고 그는 숭례문 밖에서 8일간 머무르면서 저술에 임했다. 이것이 『금남표해록錦南漂海錄』 세 권이다.

이후 고향으로 급하게 향한 최부는 여막에서 아버지의 묘를 지키다가 또 다시 모친상을 당하여 다시 삼년상을 지냈다. 1491년(성종 22) 지평에 임명되었으나 사헌부에서 승인을 거부하였고, 1년 뒤 홍문관 교리로서 경연관에 임명되었을 때도 말썽이 많아 결국 승문원 교리로 자리가 결정되고 말았다.

사헌부가 서경署經에 있어 반대를 표한 이유는 다음과 같다.

〈최부는 부친상을 당한 사람으로서 중국에서 돌아오는 길로 곧장 고향으로 달려가야 함에도, 한가하게 기행문이나 쓰고 있었음은 도리에 어긋나는 일이다. 아무리 군명君命이라 할지라도 그와 같은 최부에게 관직을 맡길 수가 없다.〉

이 문제에 대해 찬성과 반대가 들끓었는데, 성종의 두둔에도 불구하고 그의 임명은 관철되지 못했다. 이것은 단지 효를 중시하던 유교적 전통에서 비롯되었다기보다 사헌부와 사간원을 중심으로 한 세력이 행정부와 홍문관 세력과 대립한 데에서 불거진 일이었다.

그 뒤 최부는 연산군 때 일찍이 중국에서 배워온 수차水車 제도를 관개灌漑에 응용하는 시도를 하였으며, 질정관質正官으로서 명나라에 다녀오기도 했다.

한편 최부의 표류기『금남표해록』은 우리나라에서뿐만 아니라 일본에서도 널리 읽혀졌는데, 도쿠가와 막부德川幕府(에도막부)에 여러 가지 판본과 사본이 통용되며 일본어 번역본까지 나왔다. 우리나라에서는『당토행정기唐土行程記』라는 이름으로 1769년(영조 45) 간행된 바 있다.

1504년(연산 10) 사망한 최부의 본관은 나주羅州, 자는 연연淵淵, 호는 금남錦南이다.

그물을 벗어난 학자 강경서

강경서姜景叙는 김종직의 문인으로 1477년(성종 8) 식년 문과에 병과로 급제하여 정자가 되고, 1489년(성종 20) 홍문관 교리로서 전라도 암행어사가 되었다. 1497년(연산 3) 중시에 병과로 급제한 그는 사헌부 집의가 되고 이듬해 무오사화에 장 1백 대를 맞고 회령에 유배되었다. 1501년 방환되어 직첩은 환급되었으나 당시에는 대간, 홍문관에는 서용敍用될 수 없었다. 그러나 강경서는 그 뒤 대사간으로서 사간 김당金璫, 헌납 김숭조金崇祖와 함께 시정을 논하면서 납

강경서 신도비. 경기도 파주시.
「증 자헌대부 이조판서 행 통정대부
승정원 좌승지 진주강공 신도비」

김당 묘비. 경기도 고양시.
「숭정대부 의정부 좌찬성 경주김공
시 공절 휘당지묘비」

간納諫, 친현사親賢士, 흥학교興學校 등 12개 항을 건의하였다.

강경서는 남효온, 권경유 등과 함께 사장詞章, 정사政事, 절의, 효행 등으로 이름이 높았다. 1443년(세종 25) 강순민姜舜民의 아들로 태어난 강경서의 본관은 진주晉州, 자는 자문子文, 호는 초당草堂이다. 1510년(중종 5) 사망하였으며 그의 저서로『초당집』이 있다.

무오사화의 희생자 박한주

박한주朴漢柱는 김종직의 문하로 무오사화에 장형에 처해진 뒤 벽동碧潼으로 유배를 떠나야 했다. 그리고 갑자사화에 결국 능지처참을 당하고 만다.

박한주가 무오사화에 화를 입은 것은, 그가 대간으로 있을 때 연산군에게 다음과 같은 직언을 한 것이 화근이었다.

"후원에서 말을 달리고 공을 치며 용봉龍鳳이 아로새긴 장막을 펼쳐 놓고 잔치 놀음을 하는 때가 많으니 임금께서 어찌 이러한 정사를 하십니까."

면전에서 이와 같은 말을 들은 연산군이 조용히 넘어갈 리 없었다. 성난 연산군이 말했다.

"용봉 장막이 네 물건이냐."

"이것은 모두 백성의 재력에서 나온 것이니 신의 장막이라 해도 틀린 말은 아닙니다. 어찌 임금님의 사사로운 물건입니까."

연산군 치하의 분위기 속에서 위와 같이 직언할 수 있었던 박한주의 대담한 용기라 아니할 수 없다.

무오사화의 인물 28

연산군의 10가지 폐단을 지적한 홍귀달

홍귀달洪貴達은 1438년(세종 20) 증 판서 홍효손洪孝孫과 노집盧緝의 딸 사이에서 태어났다. 1460년(세조 6) 강릉 별시 문과에 을과로 급제하고, 1464년 겸예문兼藝文에 등용되었다가 예문관 봉교로 승직하였다. 그는 이어 1466년(세조 12) 설서가 되고 선전관을 겸하

였으며 이듬해 이시애의 난을 평정하는 데 공을 세워 공조 정랑에
승직하였다. 예문관 응교를 겸하던 홍귀달은 1469년(예종 1) 교리가
되었다가 장령이 되었다.

　조정의 글은 모두 그의 손으로 만들어질 만큼 재능이 있었는데
홍귀달이 사예가 되었을 때 그를 외직인 영천永川 군수로 내려 보내
려고 했다. 그러자 대제학 서거정이

　"그는 글을 잘하여 조정에 없어서는 안 될 사람입니다."

하여 그의 전출이 취소되고 홍문관 전한과 예문관 전한이 되었다.
그는 이어 춘추관 편수관이 되어『세조실록』편찬에 참여하였으며
그 뒤 직제학, 동부승지를 거쳐 충청 감사로 임명되었다. 홍귀달은
그러나 병으로 사직하고 부임하지 않았으며 이어 도승지로 복직하
였으나 연산군의 생모 폐출에 반대하여 한때 투옥되기도 했다.

　1481년(성종 12) 천추사가 되어 명나라에 다녀온 홍귀달은 1483

홍귀달 신도비. 지방유형문화재 제122호.. 경북 문경시.

홍귀달의 위패를 모신 임호서원. 경북 상주군 공검면 역곡리.

년(성종 14) 『국조오례의주國朝五禮儀註』를 개정하고 충청도 관찰
사로 나갔다. 그 뒤 그는 형조와 이조의 참판을 거쳐 경주 부윤, 대
사성, 지중추부사, 대제학, 대사헌, 우참찬, 이조판서, 호조판서 겸
동지경연춘추관사를 역임한 뒤 좌참찬이 되었다.

홍귀달은 1498년(연산 4) 무오사화 직전에 10가지 폐단을 지적한
글을 올려 왕에게 간하다가 사화가 일어나자 좌천되었다. 1500년
왕명에 의해 『속국조보감續國朝寶鑑』, 『역대명감歷代名鑑』을 편찬
하고, 경기도 관찰사가 되었다. 1504년 아들 홍언국洪彦國의 딸이
자, 자신의 손녀를 궁중에 들이라는 왕명을 거역하여 장형을 받고
경원으로 유배되던 도중 교살되었다.

홍귀달은 문장이 뛰어나고 글씨에도 능하였으며, 성격이 강직하
여 부정한 권력에 굴하지 않았다. 그에게 모두들 몸을 조심하라 하
였으나 태연히 말하기를

"내가 국은을 두터이 입고 이제 늙었으니 죽어도 원통할 것이 없다."

하였다. 중종반정 후 신원되었다.

홍귀달의 본관은 부계缶溪, 자는 겸선兼善, 호는 허백당虛白堂과 함허정涵虛亭, 시호는 문광文匡이다. 함창의 임호서원臨湖書院에 제향되었으며 그의 저서로『허백정문집虛白亭文集』이 있다.

무오사화의 인물 29

결국 지는 해처럼 몰락한 연산군의 장인 신승선과 그 아들들

신수근慎守勤, 신수영慎守英, 신수겸慎守謙은 연산군의 처남으로서 영화를 누렸으나 중종반정으로 인해 집안은 몰락하고 만다.

이들와 아버지는 신승선慎承善으로 그는 조선 성종 때의 재상이자, 세종의 넷째 아들 임영臨瀛 대군의 사위이기도 하다. 18세에 사마시에 합격한 신승선은 1466년(세조 12) 문과에 장원급제한 데 이어 발영시拔英試에 장원하여 이조참판으로 예문관 제학을 겸하였다. 성종 때에 익대翊戴 · 좌리佐理의 두 가지 공신호를 받고 거창부원군에 봉군되었으며, 벼슬이 영의정에 이르렀다.

연산군이 세자였던 때 신승선의 딸이 연산군의 빈이 됨으로써 그의 집안은 왕의 외척이 되었다. 그러나 신승선은 연산군이 즉위하자

벼슬을 사퇴하고 일체 정치에 관여
하지 않았으며, 왕이 많은 토지를 하
사하였음에도 전부 사절하고 받지
않았다. 신승선은 감사 신전愼詮의
아들로서 본관은 거창居昌이며 자는
자계子繼와 원지元之, 시호는 장성章
成이다.

1450년(세종 32) 태어난 신승선의
큰아들 신수근은 1506년(연산 12) 좌
의정이 되었으나 그해 일어난 중종
반정으로 인해 피살되었으며 임금이
된 중종이 신수근의 딸을 왕비로 책

신승선 신도비. 경기도 양주시 일영.
「대광보국숭록대부 의정부 영의정
거창부원군 장성공 신 휘 승선 신도비」

봉하였으나 뒷날 화를 당할 것을 염려한 박원종 등에 의해 폐출되고
말았다. 신수근의 자는 근중勤仲과 경지敬之, 호는 소한당所閑堂, 시

세종의 제3왕자 임영 대군 묘소. 경기도 의왕시.

호는 신도信度이다.

신수겸은 형조판서를 지내고 개성 유수로 있던 도중, 신수영은 형조판서를 지내는 도중 중종반정이 일어나자 유자광 일파에게 피살되었다.

한편 신승선의 족친으로서 연산군 즉위시 악정을 펴던 인물도 있다. 그는 신극성愼克成으로 삼맹호三猛虎의 한 사람으로 불렸는데, 신수근의 도움으로 2품의 자리까지 올랐으며, 상주尙州 목사로 있으면서 가혹하게

신수근 신도비. 경기도 양주시 일영.
「대광보국숭록대부 의정부 좌의정 익창부원군 신도공 신 휘 수근 신도비」

많은 세금을 징수하였다. 결국 대간 민효증閔孝曾이 탄핵하여 역시 1506년(중종 1) 파직되었다.

무오사화의 인물 30

왕위를 빼앗긴 제안 대군

제안家婢 대군은 예종의 둘째 아들로서, 어머니는 안순安順 왕후 한韓씨이다. 왕위 계승에 있어 서열 1위였으나 4세 때 부왕인 예종이 죽자, 세조 비인 정희 왕후의 반대로 인해 대신 성종이 예종을 이어 왕위에 즉위하였다.

1470년(성종 1) 5세의 나이로 제안 대군에 봉해져 녹봉과 직전職
田을 지급받았으며, 후일 세종의 다섯째 아들 평원平原 대군 이임李
琳의 후사로 입양되었다. 12세에 사도시정 김수말金守末의 딸과 혼
인했으나 안순 왕후에 의해 며느리 김씨는 내쫓김을 당했고, 제안
대군은 14세에 다시 박중선朴仲善의 딸과 혼인하였다. 그러나 제안
대군이 김씨를 잊지 못하자 성종은 1485년(성종 16) 김씨를 다시 맞
이할 것을 허락하였다.

제안 대군은 1498년(연산 4) 어머니 안순 왕후가 세상을 떠난 뒤
부터는 홀로 거처하였으며, 평생 여색을 가까이하지 않았다고 한다.

제안 대군은 조용히 성악聲樂을 즐기거나 관현管絃을 연주하기를
좋아하였다. 그래서 연산군이 네 차례나 음률音律을 아는 여인을 궁
중으로 맞아들여 그에게 내렸으나 제안 대군은 받아들이지 않았다.

예종의 아들 제안 대군 이현 묘소. 경기도 포천시.
배위는 상주(상산)김씨 증 좌의정 김수말의 딸과 순천박씨 판서 평양부원군 증 영의정
박중선의 딸이다. 제안 대군은 월산 대군과 종형제이면서 처가로는 동서가 된다.

세종의 제5왕자 평원 대군 이임의 묘비.
경기도 포천시에 양자 제안 대군과 같은 위치에
자리하고 있다.

『패관잡기稗官雜記』에서는 제안 대군을 평하기를

<그는 성품이 어리석다.… 그 어리석음은 진실로 어리석은 것이 아

니라 몸을 보전하기 위하여 스스로를 감춘 것이다.>

라고 했다. 제안 대군은 왕위 계승을 둘러싼 왕실 세력과 훈신勳臣

의 각축 속에서 희생된 인물로서 조용한 일생을 보내며 자신을 보

박원종의 아버지 박중선 묘소. 경기도 남양주시.

전하였다. 1466년(세조 12) 태어나 1525년(중종 20) 세상을 떠난 그의 자는 국보國寶, 이름은 현珝이다.

명현들의 무고함을 변호한 성중엄

어려서부터 시문에 뛰어났던 성중엄成重淹은 생원, 진사가 되어 성균관에 들어가 공부할 때에는 하루에 시 30여 편을 지어 함께 공부하던 김일손, 조위 등을 놀라게 했다.

1494년(성종 25) 별시 문과에 병과로 급제하여 검열이 되고 사가독서한 성중엄은 다시 1497년(연산 3) 홍문관 저작으로 승진하였다. 그 뒤 박사에 이르러 경연 사경 및 춘추관 사관을 겸하며『성종실록』편찬에 참여하였다.

1498년 무오사화가 일어나자 그는 경연관으로서 죄 없는 명현들이 무고하게 화를 당하자 이를 변호하다가 인산麟山으로 유배되고 1500년에는 하동으로 이배되었다. 1504년 갑자사화가 일어나자 성중엄은 과거 홍문관에 있을 당시 후원에서 왕이 참관한 활쏘기 행사를 논계했던 죄로 원배遠配된 뒤 능지처참을 당하였다.

성중엄은 성팽로成彭老의 아들로 1474년(성종 5) 태어났으며 본관은 창녕昌寧, 자는 계문季文, 호는 청호晴湖이며 부안의 도동서원道東書院, 창녕의 물계서원勿溪書院에 제향되었다.

성녕 대군 장인 성억 묘소. 경기도 고양시.

그는 좌찬성 성억成抑의 6대 후손으로 성억의 딸은 태종의 넷째
왕자 성녕誠寧 대군에게 출가하여 성씨 일족은 공신功臣의 대우를
받았다.

무오사화의 인물 32

무오사화의 원혼이 된 홍한

홍한洪瀚은 무오사화가 일어나자 김종직의 문인이라는 이유로
장형을 당한 뒤 경흥으로 유배를 가던 도중 죽임을 당했다. 그 뒤 갑
자사화가 일어나자, 지난날 홍문관에 있을 때 연산군의 활쏘기 행
사를 논계한 일로 인해 부관참시를 당하였다가 중종 때 신원되고

이조참판에 추증되었다.

홍한은 1451년(문종 1) 수군절도사 홍귀해洪貴海와 민효열閔孝悅의 딸 사이에서 태어났다. 그는 1485년(성종 16) 별시 문과에 병과로 급제하고 1490년 지평을 거쳐 1493년(성종 24) 헌납이 되었다. 1495년(연산 1) 응교가 된 뒤 전한, 부제학을 역임하였으며 무오사화가 일어나던 1498년에는 이조참의가 되었다. 홍한의 본관은 남양南陽, 자는 온진蘊珍이다.

홍한 신도비. 경기도 화성시.
「무오명현비 무오명현 증 가선대부 이조참판 행 통정대부 이조참의 남양홍공 신도비」

무오사화의 인물 33

거학巨學 김종직의 억울함을 항론한 유정수

유정수柳廷秀는 1451년(문종 1) 현감 유주柳霔의 아들로 태어나 1474년(성종 5) 진사에 오르고, 1488년 식년 문과에 병과로 급제하여 전교서 부정자가 되었다. 다음 해 교서관校書館으로 옮겨 와 박사로 승진된 유정수는 1490년(성종 21) 정언, 형조좌랑을 거쳐 이듬해 영안도 도사에 제수되어 연변延邊 읍성을 쌓는 데 진력하였다. 1494년 봉상시 판관, 이조정랑을 지내고 1497년(연산 3) 봉상시 첨정을 거쳐 이듬해 장령이 되었다.

유정수는 이때 김종직이 사옥으로 죽임을 당하게 되자 여러 동료들과 거세게 항론하였으나, 연산군의 분노를 사서 장형을 당하고 이산군理山郡으로 유배를 가야 했다. 그는 다음 해 방면되었으나 돌아온 지 3년 만인 1501년(연산 7) 세상을 떠났다. 1533년(중종 28) 이조판서에 추증된 유정수의 본관은 문화文化, 자는 국준國俊이다.

연산군의 비위를 맞추며 벼슬을 얻은 민효증

민효증閔孝曾은 연산군 재위시 연산군의 명에 기꺼이 복종했다는 비난을 받은 인물이다. 1476년(성종 7) 별시 문과에 병과로 급제하며 관직 생활을 시작한 민효증은 초기에는 언사가 매우 격할 정도로 성품이 강개하고 청백하였으나, 만년에는 조급하고 관용심이 없으며 불의에 항복했다는 평을 들었다.

그는 1477년 경연 전경典經, 1479년(성종 10) 예문관 봉교를 거쳐 1487년 이조 정랑을 역임하고, 1489년(성종 20) 장령이 되었다. 민효종은 이듬해 사간원을 임명함에 있어 박숭질朴崇質이 적합한 자가 아님을 적극적으로 주장하다가 도리어 해임을 당하였다.

1491년에는 서북면 도원수 이극균의 종사관으로 활약하며 야인을 토벌하는데 공을 세우고 1493년(성종 24) 사간, 집의를 거쳐 성천成

川 부사로 나가 바른 정치를 펼쳤다.

민효증은 이어 1497년(연산 3)에
는 왕에게 상소문 10개항을 올려 경
연의 필요성과 간언을 중히 여길
것, 옳은 것과 바르지 못한 것의 구
분을 밝힐 것, 절약과 검소함에 힘
쓰고 백성을 사랑으로 다스릴 것 등
을 건의하였다.

그는 1501년 형조참의, 이듬해
공조참판을 거쳐 함경도 관찰사를
역임할 때는 함경도 내에 사창社倉
을 설치해 민폐를 없앨 것을 주장하

박숭질 묘비.
「대광보국숭록대부 의정부 우의정
증시 공순공 반남 박숭질지묘.
정경부인 밀양박씨
정경부인 하동정씨 부좌 3합분」

였다. 1504년에는 한성부 판윤을 지내고 공조판서로 재임 중에는
정조사로 명나라에 다녀왔으며 이듬해 춘추관당상을 지냈다.

민효증은 이어 1506년 지의금부사와 좌·우참찬에 이르렀으며,
같은 해 중종반정이 일어나자 정국공신靖國功臣 3등에 녹훈되고 여
평군驪平君에 봉해졌다.

그는 연산군 때에는 선공감 제조로 있으면서 건축물을 새로 짓거
나 수리하는 일을 많이 벌였으며 1507년(중종 2)에는 판의금부사를
겸하였다.

이렇듯 무오사화와 갑자사화에 많은 선비들이 무고하게 희생당
했지만 민효증은 안정된 벼슬자리를 지켰다.

1513년(중종 8) 세상을 떠난 민효증의 본관은 여흥驪興, 자는 희
삼希參, 시호는 공목恭穆이며 아버지는 민오閔悟이다.

무오사화의 인물 35

보고 들은 것은 모두 고자질한 제2의 유자광 박경

박경朴耕은 1477년(성종 8) 사경寫經을 위해 봉선사奉先寺에 간
일이 있다. 그런 그가 돌아오는 길, 동대문에 영응 대군의 부인 송
씨가 학조 스님과 사통했다는 방문이 붙어 있는 것을 보고는 그 이
야기를 김일손에게 전했다. 그리고 이 일은 김일손에 의해 사초에
기록되었다.

박경 또한 무오사화 때 옥에 갇혔으나, 김일손이 박경이 송씨에
대해서 고했던 일이 사실임을 자백한 뒤, 풀려나게 되었다.

1507년(중종 2)에는 공조 참의 유숭조柳崇祖, 호군 심정沈貞과 남
곤 등이

<서얼 박경 일당이 유자광, 박원종 등 왕의 측근을 제거하고 정미수
를 영의정에, 김감金勘을 병조판서에 추대하려는 역모를 꾀하고 있
다.>

고 밀고하여 옥사가 일어났다.

이 사건으로 박경과 김공저金公著는 대신을 모해하고 조정을 어
지럽혔다는 죄로 참형에 처해졌다. 박경은 나주 사람으로 정붕鄭鵬

영응 대군 묘비. 경기도 시흥시.
「세종대왕 제8왕자 현록대부 영응대군 경효공 휘 담지묘.
배 춘성부부인 해주정씨 부좌 배 대방부부인 여산송씨 부우
배 연성부부인 연안 김씨 쌍분」

과 박영朴英에게서 수업하였으며, 집이 가난하여 교수청校讐廳의
사자생寫字生으로 있었다. 박경의 자는 백우伯牛이다.

무오사화의 인물 36

문종의 외손자 정미수

정미수鄭眉壽는 문종의 딸 경혜 공주의 아들로 전라도 광주光州
에서 태어났다. 아버지 형조참판 정종鄭悰이 사사되자 어머니와 함
께 한양으로 불려 올라가 세조의 양육 아래 성장했다.

잠저 때의 성종을 시중하던 그는 1473년(성종 4) 돈령부 직장, 형
조 정랑을 지냈다. 죄인의 자손으로 임관되었다 하여 여러 차례 탄

핵을 받았으나 성종의 보호로 무사할 수 있었다.

그는 1476년 중부 참봉中部參奉에 이어 이듬해 선전관, 1489년 (성종 20) 사헌부 장령, 사섬시 첨정, 한성부 서윤, 인천仁川 부사 등을 지냈다.

정미수는 연산군이 즉위하자 당상관으로 올라 장례원 판결사에 임명되고, 1496년(연산 2) 충청도 관찰사가 되었으며 1498년 동부 승지, 우승지, 좌승지, 도승지를 거쳤다. 1502년(연산 8)에는 공조 참판, 지돈령부사, 한성부판윤을 지내고, 1504년 의정부참찬으로 판의금부사를 겸하였다.

그는 1506년(중종 1)에는 우찬성이 되어 중종반정 때의 공으로 정국공신靖國功臣 3등이 되고 보국숭록대부輔國崇祿大夫에 올랐으며, 해평부원군海平府院君에 봉해졌다.

정미수 묘소. 문종의 외손자이자 경혜 공주와 정종의 아들. 경기도 사릉 내.

경혜 공주 묘소와 정종의 단비.

영양위 정종 제단.
문종의 부마. 경기도 고양시.

정미수는 이듬해 박경의 옥사에 연루되어 경상도 울진으로 유배되었으나 곧 풀려났다.

1456년(세조 2) 태어나 1512년(중종 7) 세상을 떠난 그의 본관은 해주海州, 자는 기수耆叟, 호는 우재愚齋, 시호는 소평昭平이다.

폭군에게 금표석을 바친 간신 김감

연산군은 도성 주변에 금표禁標를 세워 가며 백성을 멀리 이주시키고 사냥을 일삼았다. 이때 금표 안내문을 지은 자가 바로 김감金勘으로서, 그는 「추천시鞦韆詩」를 지으며 연산군에게 아첨하였다. 그 뒤 의정부 우찬성을 거친 그는 판중추부사로 경상도 관찰사를 겸임하였으며 연산군에 충성을 서약하는 「경서문敬誓文」을 찬진하기도 했다.

그러나 중종반정 당시에는 중종 편에 협력하여 정국공신靖國功臣 2등에 책록되고, 연창부원군延昌府院君에 봉해진 간신이었다. 이어 감춘추관사監春秋館事가 된 김감은 『연산군일기』를 편찬하는 데도 참여하였다.

그러나 그는 1507년(중종 2) 박경 등이 박원종 등을 제거하려는 모의에 연좌되어 금산에 유배되기도 했다. 곧 혐의가 풀려 연창부 원군으로서 영경연사領經筵事를 담당했으나, 1509년(중종 4) 죽음 을 맞이했다. 김감은 중종반정 이후에는 줄곧 연산군 때의 총신이 었다는 이유로 사림에 의해 지탄을 받았다.

그는 1466년(세조 12) 안동대도호부시 김원신金元臣의 아들로 대 어나 1489년(성종 20) 진사가 되고, 이어 식년 문과에 을과로 급제

김감의 증조부 김자지 묘소. 경기도 양평군.
「정헌대부 형조판서 증시 문정김공자지지묘. 쌍절 정부인 평양조씨 부좌」

하여 승문원 정자에 임용되었다. 1492년(성종 23)에는 유숭조, 정여창 등과 함께 호당湖堂에서 천문과 역법을 연구하였다. 1498년 홍문관 부교리에 오른데 교리, 응교, 전한, 직제학을 역임하였으며, 1501년(연산 4)에는 부제학이 되었다.

이어 병조판서가 된 김감은 동부승지, 우부승지, 좌부승지, 우승지를 거쳐 도승지에 임명되었다. 이어 호조참판에 임명된 그는 동지성균관사, 지의금부사, 홍문관 대제학, 추쇄도감 제조 등을 겸하였다. 한편 김감은 갑자사화에 임사홍과 함께 일을 처리한 공으로 예조판서에 임명되었다.

김감의 본관은 연안延安, 자는 자헌子獻, 호는 일재一齋와 선동仙洞이며, 시호는 문경文敬이다. 문정공文靖公 김자지金自知의 증손이다.

무오사화의 인물 38

귀양에서 풀려난 정승조

정승조鄭承祖는 조선 연산군 때의 문관으로 1498년(연산 4) 무오사화에, 김종직 등이 난삽한 말을 하며 세상을 어지럽힌다는 사실을 알고도 고하지 않았다는 죄로 곽산郭山으로 귀양을 갔다. 3년 뒤인 1501년(연산 7) 사면되었다.

세조의 수족 신숙주의 아들 신준,
연산군에게 시무10조를 진언하다

영의정 신숙주申叔舟의 아들 신준申浚은 1470년(성종 1) 별시 문
과에 장원하여 병조참지에 특별히 발탁되었으며, 1477년(성종 8)
동부승지가 되었다. 성종의 특별한 아낌을 받은 신준은 같은 해에
우승지와 좌승지를 거쳐 도승지에 승진하였으며, 이듬해에 호조 참
판을 역임하고 1480년(성종 11) 고양군高陽君에 봉해졌다.

이어 이조참판이 된 신준은 천추사로서 명나라에 다녀온 뒤 다시
예조 참판을 거쳐 1486년 한성부판윤이 되었다. 이듬해에는 이조판
서, 공조판서를 거친 뒤 우참찬, 평안도 관찰사, 한성부판윤 등 내
외의 요직을 역임하였다.

그는 1495년(연산 1)에는 사은사
로서 명나라에 다녀와 다시 공조판
서가 되고 이어 형조판서가 되어
지경연사知經筵事를 겸임하였다.
그 뒤 대사헌을 거쳐 세 번째로 공
조판서와 한성부판윤을 역임하였
으며 우참찬, 좌참찬을 지내면서
언로의 개방 등 시무 10조를 연산
군에게 진언하였다.

신숙주 초상

신준은 1506년 박원종, 성희안 등이 중종반정을 단행하자 이에 가담하여 정국공신靖國功臣 3등에 책록되고 고양부원군高陽府院君에 진봉되었으며, 품계가 숭록대부崇祿大夫에 오르고 벼슬은 좌찬성에 이르렀다.

1444년(세종 26) 태어나 1509년(중종 4) 세상을 떠난 신준의 본관은 고령高靈, 자는 언시彦施, 호는 나헌懶軒, 시호는 소안昭安이다. 그의 어머니는 증영의정부사 윤경연尹景淵의 딸이다.

무오사화의 인물 40

임사홍의 간사함을 폭로한 안침

안침安琛은 1444년(세종 26) 태어나 1465년(세조 11) 문과에 급제한 뒤 승문원 정자, 의정부 사록史錄, 사헌부 감찰을 역임하였다.

왕조가 바뀐 뒤 예문관藝文館을 신설한 성종이 모집한 당대의 명사名士에 안침 또한 선발되었으며 부수찬, 사간원 정언, 평안 도사, 이조 정랑, 예문관 교리를 거쳤다.

응교에 이른 안침은 도승지 임사홍의 간사함을 폭로하였고, 이를 믿지 않던 성종의 노여움을 받아 파면되고 만다. 그러나 자신의 판단이 잘못됐음을 깨달은 성종은 임사홍을 몰아 낸 뒤 다시 안침을 복직시켰고 그는 장령, 사성, 군기시정, 부제학을 지내고 우승지에 이르렀다. 도중에 다시 파면되었으나 곧 복직해 관압사管押使로 명나라에 다녀온 뒤 양주 목사, 예조 참의, 부제학, 이조참의를 거쳤다.

이후 안침은 동지중추부사에 이르러 천추사로서 연경燕京을 왕래하였으며 대사성을 지냈다. 이후 이조참판을 지낸 그는 성종이 하세하자 『성종실록』을 편찬하였다. 다시 전라 관찰사, 한성부 우윤, 경상우도 병마절도사 등을 거쳐 호조 참판, 지중추부사, 지돈령부사를 역임하고 공조판서로 있다가 사임하였다.

1515년(중종 10) 세상을 떠난 안침의 성품은 단정하였으며 문장과 글씨에 모두 능하였다고 한다. 그의 자는 자진子珍, 호는 죽창竹窓과 죽계竹溪, 시호는 공평恭平, 본관은 순흥順興이며 부윤 안지귀安知歸의 아들이다.

무오사화의 인물 41
남이의 옥사를 책임진 조익정

조익정趙益貞은 특히 문장이 뛰어나 성종 대의 문학과 예술의 발전에 있어 큰 공헌을 했다. 그는 1436년(세종 18) 한산군漢山君 조온지趙溫之의 아들로 태어나 1453년(단종 1) 진사시에 합격하며 벼슬길에 들어섰다.

1465년(세조 11) 식년 문과에 급제한 조익정은 『동국통감』 편찬에 수찬 낭관으로서 참여하고 1467년 예문관 봉교, 승정원 주서를 지냈으며, 1468년(예종 즉위) 남이의 옥사를 다스린 공으로 익대공신익대공신翊戴功臣 3등에 책록 되었다. 사헌부 지평, 행세자시강원문학을 거쳐 춘추관 수찬으로 『세조실록』의 편수에 참여하였으며 1470년 (성종 1) 형조참의가 되었다.

1481년(성종 12)에 한성부 좌윤으로 한평군漢平君에 봉해진 조익정은 이듬해 이조참판이 되었으며, 1489년(성종 20) 호조 참판으로 성절사가 되어 명에 다녀온 뒤 대사헌, 강원도 관찰사를 역임하였다. 그는 이어서 대사헌, 예조 참판, 경상우도 병마절도사 등을 거쳐 1495년(연산 1) 한성부 좌윤이 되었다. 1498(연산 4)무오사화가 일어나자 공조 참판으로 좌천되었다가 죽었다.

예조판서에 추증된 조익정의 자는 이원而元, 본관은 풍양豊壤, 시호는 공숙恭肅이다. 그의 묘는 당시 주내면이었던 광사리, 현재의 양주시 광사동廣沙洞에 있다.

무오사화의 인물 42
주경야독한 소년 유순의 일생

유순柳洵은 조선 초기의 문신으로 어린 시절 가난으로 인해 집에 책이 없었기 때문에 남의 것을 빌려 밤을 새워가며 공부하였다. 책을 가까이 하는 것은 어른이 되어서도 한결같았으며 시부詩賦에도 뛰어났던 유순은 성종의 명으로 서거정, 노사신 등과 함께 『연주시격聯珠詩格』을 우리말로 번역하기도 했다. 이외에 의약과 지리 등에도 깊은 조예가 있었다.

1441년(세종 23) 세마 유사공柳思恭의 아들로 태어난 유순은 1459년(세조 5) 사마시에 합격하여 생원이 되고, 1462년 식년 문과에 급제하였다. 다시 1466년(세조 12) 문과중시에 급제하여 주부, 응교, 전한, 우부승지 등을 거쳐 1478년(성종 9) 부제학에 올랐으며, 1487년(성종 18)에는 형조 참판으로 천추사가 되어 명에 다녀왔다.

무오사화 당시 잠시 파직되었던 유순은 곧 등용되어 호조판서에 임명되었으며 1503년(연산 9) 우의정을 거쳐 이듬해 좌의정에 이어 영의정으로 승진하였다.

1506년(중종 1) 중종반정에 크게 공을 세운 유순은 정국공신靖國功臣 2등으로 책록이 되고, 문성부원군文城府院君에 봉해졌다. 그러나 1509년(중종 4) 연산군 때의 중신重臣이었다는 이유로 면직당기도 했다. 1514년 다시 영의정에 복직하였으나 2년 뒤 나이가 들어 사직하고 이듬해인 1517년(중종 12) 세상을 떠났다.

유순의 자는 희명希明, 호는 노포老圃, 본관은 문화文化, 시호는 문희文僖이다. 그의 묘는 남양주시 진접읍榛接邑 팔야리에 있다.

무오사화의 인물 43

귀양가는 이를 송별한 벽서로 화를 당한 이종준

이종준李宗準은 조선 시대 글, 그림, 시에 능하던 선비로 그림은 특히 매梅와 죽竹을 잘 그렸다고 한다. 현재 전하는 유작은 없으나 국립중앙박물관에 소장된 장식화풍으로 그려진 〈송학도松鶴圖〉 1점이 그의 작품으로 추정되고 있다.

이종준의 본관은 경주慶州로 할아버지는 대사헌 이승직繩直, 아버지는 진사 이시민李詩敏, 어머니는 안동安東 권씨 권계경權啓經의 딸이며 동생으로 이홍준弘準이 있다.

그는 김종직의 문인으로 1485년(성종 16) 별시 문과에 급제하여 의성義城 현령으로 있으면서 〈경상도 지도〉를 만들었다. 1493년(성종 24)에는 사헌부 지평이 되었으며, 서장관으로 명나라에 다녀왔다. 당시 이종준은 글과 그림으로 명성이 높았기에 일본 호송관 또는 북평사北評事 등의 직책에 임명되었고, 의정부 사인에 이르렀다.

무오사화 때 김종직의 문인으로 몰린 이종준은 함경도 부령富寧으로 귀양을 가게 되었는데 그는 도중에 단천군 마곡역磨谷驛을 지나게 되었을 때 벽에 시 한 수를 써놓고 갔다. 그 시는 송나라 이사중李師中이 바른말을 하다 귀양 가는 당개唐介를 송별하면서 지은 시로, 이 시를 읽은 함경도 관찰사 이승건李承健은 이는 나라를 비방하고 왕을 기롱譏弄한 것이라고 조정에 고하게 된다.

마침내 연산군은 이종준이 왕을 원망하는 뜻을 가졌다 하여 한양으로 압송해 국문을 하기 이르렀고, 그의 몸은 견디지 못한 채 죽음에 이르고 말았다. 홍귀달이 이종준을 구하려 했으나 결국 실패했다. 1499년(연산 5)의 일로 이후 이종준은 부제학으로 추증되고, 안동의 경광서원鏡光書院, 백록리사栢麓里祠에 제향되었다.

이종준의 자는 중균仲鈞, 호는 용재慵齋, 용헌慵軒, 부휴자浮休子, 상우당尙友堂, 태정일민太庭逸民, 장육거사藏六居士이다. 그의 저서로『용재유고』가 있다.

무오사화의 인물 44

무난한 관료 생활을 한 안호

안호安瑚는 서릿발 푸른 연산군 시대에도 별 탈 없이 관직 생활을 한 인물이다. 그는 1437년(세종 19) 전주 부윤 안지귀安知歸와 형조 참판 박이창朴以昌의 딸 사이에서 태어났으며 안향安珦의 후손이다.

1459년(세조 5) 진사가 되고, 1466년 별시 문과에 급제한 뒤 이듬해 사관史官으로 양성지, 박안성朴安性, 이극기李克基 등과 함께 여러 문적 가운데 표시된 중요한 지명을 뽑아『북정록北征錄』을 편찬하였다. 안호는 1473년(성종 4)에는 사헌부 지평, 1479년 의정부 사인, 1483년(성종 14) 사재감 부정, 1487년 홍문관 부제학, 1488년(성종 19) 대사간, 1489년 좌부승지, 1490년(성종 21) 병조 참의로 승진하였다. 그 뒤 1492년 중추부사, 대사간, 수전주부윤守全州府尹을 지냈다. 1497년(연산 3)에는 예조 참의, 1498년 형조 참의를 거쳐 황해도 관찰사로 나갔다가 병조 참의, 대사간을 지내고 1502년 예조 참의가 되었다.

시류에 큰 상관없는 무난한 승진을 하며 벼슬 생활을 하던 안호는 1503년(연산 9) 갑자사화가 일어나기 한 해 전 세상을 떠났다. 그의 본관은 순흥順興, 자는 가헌可獻이다.

매부의 재산을 탈취한 이창신

이창신李昌臣은 중국어와 특히 중국과 주고받던 공문에 쓰이던 이문吏文에 있어서 당대 일인자였다. 이로 인해 그는 승문원 참교를 거쳐 1493년(성종 24) 종부시정宗簿寺正을 지냈으며, 1494년(성종 25)에는 유구琉球의 사신이 오자 선위사가 되어 이를 맞이하였다. 이후 승문원 판교, 공조 참의를 거쳐 1498년에는 형조와 예조의 참의가 되었다.

1501년(연산 7) 동지중추부사로 정조사가 되어 명나라에 다녀온 이창신은 그 뒤 한성부 우윤, 호조 참판을 지냈다.

1449년(세종 31) 이양李亮의 아들로 태어난 이창신은 1465년(세조 11) 생원으로 벼슬길에 올랐다. 이후 1474년(성종 5) 식년 문과에 을과로 급제하여 홍문관 수찬, 교리, 경연 시독관을 역임하고, 1486년(성종 17) 홍문관 응교로 경기도 여주와 파주 지역 수령들의 치적을 조사해 보고하였다. 중국어가 뛰어난 이창신은 이즈음 성절사의 질정관으로 명나라에 다녀오면서 시강관을 거쳤으며 이때부터 더욱 자신의 재능을 활발히 발휘하기 시작했다.

그러나 벼슬길에서 승승장구하던 이창신은 1489년 직제학에 재
임 중 처형된 매부 이륜李掄의 재산을 탈취해 삭직되기도 했다.
1492년(성종 23) 다시 기용되었으며, 1504년 갑자사화 때 섬으로
유배되어 정확한 사망 연도를 확인할 수 없다. 이창신의 본관은 전
의全義, 자는 국이國耳, 호는 극암克庵이다.

무오사화의 인물 46

억울한 신하 이극균의 종손자 이수공

1464년(세조 10) 태어난 이수공李守恭은 김종직의 문인으로 23
세인 1486년(성종 17) 진사에 오르고, 1488년 별시 문과에 장원으
로 급제하여 사축서 사축司畜署司畜, 전적, 정언이 되었다. 그는
1490년 외방 사사전寺社田을 향교에 급여하도록 하였으며 1494년
형조정랑, 교리, 문학, 봉상시 첨정을 거쳐 1497년(연산 3) 장령, 응
교 그리고 사성을 역임하였다.

이수공은 이듬해 무오사화를 만나 〈조의제문〉을 알고도 고하지 않
았다는 이유로 경상도 창성昌城으로 유배되고, 이어 전라도 광양에
이배되었다. 1501년(연산 7) 풀려 나왔으나 1504년 갑자사화를 만나
폐비 윤씨의 묘를 이장할 당시 도감의 설치를 반대했다는 죄로 참살
되었다.

영의정 이극배 묘소. 이극균과 이극돈의 맏형이자 이세좌의 백부. 서울시 강동구.

1508년(중종 3) 도승지에 추증되었다. 이수공의 본관은 광주廣州, 자는 중평仲平으로 영의정 이극배李克培의 손자이다.

무오사화의 인물 47

충신 박팽년의 혈통을 이어 받은 외손자 이원

이원李黿은 충직했던 박팽년의 외손자이다. 현령 이공린李公麟의 셋째 아들로 태어난 이원은 1480년(성종 11) 진사에 합격하고 1489년(성종 20) 문과에 급제하였으며 괴원槐院을 거쳐 예랑禮郎이 되었다. 이원이 예랑으로 있을 당시 광포한 연산군은 김종직을 비롯한 많은 신진 사류들은 피살하거나 귀양을 보내 버렸다.

박팽년 집터. 서울시 중구 충무로.

후일 태상太常에 오른 이원은 김종직에게 문충文忠의 시호를 줄 것을 주장하다가 곽산으로 귀양 가서 4년 동안 있었으며 다시 나주로 이송되었다. 1504년의 갑자사화에서는 죄가 더해져 사형을 선고받았다.

이에 이원의 종은 울면서 함께 도망가기를 간청했으나 수긍하지 않았고, 형을 받을 때에도 얼굴빛이 변하지 않은 채 오히려 자신의 주장을 똑똑히 하였다. 이에 연산군은 더욱 노하며 형벌을 무겁게 적용해 이원의 아버지와 여러 자식들도 함께 먼 곳으로 귀양을 보내 버렸다. 중종 초기에 설원雪冤되어 도승지가 추증되었다.

평생에 걸쳐 성현들의 글을 널리 읽었던 이원의 문장은 우아하고 시 또한 고상했으며 누구를 원망하거나 그 일로 상심하는 일이 없었다고 한다. 이원의 유고로 『금강록金剛錄』이 있으며 본관은 경주慶州, 자는 낭옹浪翁, 호는 재사당再思堂이다.

광인 연산군에게 목을 내놓은 이주

이주李胄는 1498년(연산 4)의 무오사화에 김종직의 문인으로 몰려 진도로 귀양 갔다가, 1504년 갑자사화 때 전에 궐내에 대간청을 설치할 것을 청한 일이 있다는 이유로 김굉필 등과 함께 사형되었다.

1468년(세조 14) 현감 이평李泙과 허추許樞의 딸 사이에서 태어난 이주는 어렸을 때부터 성품이 어질었다. 글 또한 잘하였으며 그의 시에는 성당盛唐의 품격이 있었다. 성당은 당나라 시가 가장 융성했던 713년(당 현종 2)에서 761년(당 숙종 2)까지로 이백李白, 두보杜甫, 왕유王維, 맹호연孟浩然과 같은 위대한 시인이 나온 시기이다.

이주는 1488년(성종 19) 별시에 을과로 급제하여 검열을 거쳐 정언을 지냈는데, 정언으로 있을 당시 직언하는 벼슬아치로 유명하였다. 이주의 태생지는 김일손과 같은 경상도 청도이며 사후 그의 시신을 찾지 못했기에, 이주의 고향인 청도에 세운 명계서원明溪書院에 향사 되고 유호연지柳湖蓮池 앞 산기슭에 제단을 설치하여 봉사奉祀하고 있다.

이주의 외조부 허추 묘비.
경기도 장단 비무장지대 내.
「가정대부 병조참판 겸 동지의금부사
양천허공지묘.
정부인 전주최씨 부후」

도승지에 추증된 이주의 본관은 고

성固城, 자는 주지冑之, 호는 망헌忘軒이며 좌의정 이원李原의 증손
이다.

무오사화의 인물 49
가세가 늘 청빈하였던 이의무

이의무李宜茂는 조정에 출사한 30여 년 동안 바르지 않은 재산은
탐하지 않았고, 그런 만큼 가세는 늘 청빈하였다.

그는 1467년(세조 13) 사마시를 거쳐 1477년(성종 8) 식년 문과에
병과로 급제하여 승문원 정자, 박사, 장례원 사평을 역임하였다.
1487년(성종 18)에는 성균관 전적으로 『동국여지승람』 편찬에 참여
하여 녹피鹿皮를 하사받았다. 그는
이해 홍문관 교리로 밀양에 파견되어
학문 진흥에 관한 일을 조사해 보고
하였으며 이듬해 사헌부 지평, 1492
년 사헌부 장령을 지냈다.

평탄한 관리의 길을 걷던 이의무
는 1493년(성종 24) 홍문관 응교로
있으면서 형벌을 남용해 임실 현감
노처리盧處利를 치사하게 한 사건으
로 파직되기도 했다.

충남 당진군.
「중종대왕 위 이의무 치제문」

그러나 2년 뒤인 1495년(연산 1) 사간원 사간, 이듬해 사헌부 집의와 상의원정尙衣院正을 역임하였다. 그는 1498년의 무오사화로 평안도 어천역魚川驛에 유배되었으나 이듬해 풀려났고 1502년(연산 8) 성균관 사성, 군기시정에 보직되었으나 정치가 손쓸 수 없이 문란해지자 외직을 청하였다.

이후 홍주 목사로 나간 이의무는 기한 내에 조세를 수납하지 않아 한때 투옥되기도 했으나, 1507년(중종 2) 선정을 펼쳐 표리表裏를 하사받았다.

1449년(세종 31) 온양 군사 이추李抽와 예문관 대제학 윤회尹淮의 딸 사이에서 태어난 이의무는 시문에 능하고 기개와 도량이 매우 넓었다. 윤회는 신숙주의 장인이기도 하다. 1507년(중종 2) 사망한 이의무의 본관은 덕수德水, 자는 형지馨之, 호는 연헌蓮軒이다.

강직함으로 죽음을 맞이한 충신 강겸

강겸姜謙은 무오사화에 이목, 허반과 함께 김일손과 내통했다는 죄목으로 국문을 받은 뒤 장 1백 대에 가산을 적몰당하고 강계로 유배되었다가 1504년 능지처사당하였다. 강겸은 1480년(성종 11) 식년 문과에 병과로 급제하여 여러 관직을 거쳤으며, 1485년 호조 좌랑이 되어 진휼에 힘쓰지 않는 경기도 내 수령을 적발하였다. 그 뒤 예조 좌랑을 거쳐 1489년(성종 20) 직강이 된 강겸은 이어서 지평, 경연시독관, 병조 정랑, 장령을 역임하였다. 1506년의 중종반정으로 신원되고 가산이 환급되었다. 강겸의 본관은 진주晉州, 아버지는 대사간 강형姜詗이며 강겸의 자는 겸지謙之이다.

무오사화의 인물 51

김종직의 사위라는 이유로 능지처참을 당한 강백진

강백진康伯珍은 김종직의 사위로서 무오사화 때 김일손, 권오복, 권경유 등이 대역죄로 능지처사를 당할 때 상 80대에 정주井州로 귀양 가서 봉수烽燧 건설 공사에 동원되었다. 1504년의 무오사화에 외방으로 부처된 이들에 대한 처리안에 따라 강백진은 결국 능지처참되었으며, 아들과 형제들도 곤장을 맞고 외방으로 축출당하였다.

1472년(성종 3) 생원시에 합격하며 벼슬길에 들어선 강백진은 1477년(성종 8) 문과에 올랐으며, 1490년(성종 21) 사헌부 지평이 되었다가 같은 해 10월 함안咸安 군수가 되었다. 강백진은 함안 군수로 재직 중 선정을 베풀어 1493년 경상도 관찰사 이극균이 선정 사실에 대한 장계를 성종에게 올려 가자加資되기도 했다. 이듬해 다시 내직으로 들어와 사헌부 장령, 사간원 사간을 지냈으며, 1506년 (중종 1) 대사간에 추증되었다.

강백진의 본관은 신천信川, 자는 자온子韞, 호는 무명재無名齋이며 그의 아버지는 강척康惕, 강중진康仲珍은 그의 동생이다.

무인으로서 군자를 꿈꾼 박영

박영朴英은 어릴 때부터 무예에 뛰어나 담 너머 물건을 쏘아도 반드시 맞혔기에, 아버지 이조참판 박수종朴壽宗은 이를 기이하게 여기며 이름을 영英이라 했다.

1471년(성종 2) 태어난 박영은 1487년(성종 18) 이세필李世弼 막하에 있을 때 명나라에 다녀왔으며, 1491년 원수 이극균을 따라 건주위를 정벌하였다. 이듬해 돌아온 박영은 겸사복兼司僕이 되고, 9월에 무과에 급제한 뒤 선전관이 되었다.

항상 자신이 무인으로서 군자君子가 되지 못함을 한탄하던 그는 1494년 성종이 별세하자 가솔들을 거느리고 고향으로 가서 낙동강 변에 집을 짓고 송당松堂이라는 편액을 걸었다. 박영은

"나는 기린각麒麟閣 위에 이름을 남길 생각은 없으나 낙동강 언덕 마을에 내 집이 있도다."

하며 송당 선생이란 존앙을 받으며 늙어갔다. 그리고 그곳에서 정붕, 박경 등을 사우師友로 삼아 『대학』과 경전을 배우며 학문 연구에 힘써 깨닫는 바가 많았다.

박영은 1509년(중종 4) 선전관으로 임명되었으나 나가지 않고 이

듬해 삼포三浦에 왜구가 침입하자 조방장助防將으로 창원昌原에 부임하였다. 그는 1514년에는 황간 현감이 되어 훌륭한 치적을 남겼으며 1516년 강계 부사, 1518년(중종 13) 의주 목사를 거쳐 동부승지와 내의원 제조를 역임하였다.

1519년 병조 참판에 임명된 박영은 병을 핑계로 사직하였다가 그 해 5월에 성절사로 명나라에 다녀옴으로써 기묘사화를 모면할 수 있었다. 이듬해 김해 부사가 되었다가 곧 사직한 박영은 유인숙柳仁淑의 모함으로 혹형을 받았으나 무고임을 극력하게 주장하여 풀려났다.

뒤에 영남좌절도사로 임명되었으나 얼마 지나지 않은 1540년(중종 35) 곧 죽고 만다. 박영은 황간의 송계서원松溪書院, 선산의 금오서원金烏書院에 제향되었으며 본관은 밀양密陽이다. 그의 자는 자실子實, 호는 송당松堂, 시호는 문목文穆이며 어머니는 양녕讓寧 대군 제禔의 딸이다. 박영의 저서로『송당집』,『경험방經驗方』,『활인신방活人新方』,『백록동규해白鹿洞規解』등이 있으며 그는 의술에도 뛰어났다.

자락 잘린 두루마기를 가보로 물린 뜻

양녕 대군의 외손자인 박영은 용맹으로 뿐만 아니라 주역, 의술 그리고 식산殖産에도 이름난 명인이었다. 그런 박영의 후손들은 대대로 옷자락이 잘린 두루마기 한 벌을 유물로 물려받는 가통이 있었다. 그 옷자락 없는 두루마기에는 박영이 후손들에게 경계하는 마음을 심어주고자 한 깊은 뜻이 담겨 있다.

박영은 어느 저녁 무렵 화려한 옷차림에 준마를 탄 채 남소문을 지나고 있었다. 그런데 골목 어귀에서 미색이 유별나게 눈을 끄는 한 여인이 자신에게 손짓을 하는 것이었다. 혹한 박영은 결국 말에서 내려 그 여인을 따라 깊숙한 골목으로 따라 들어갔고, 한 집에 이르렀을 때는 이미 날이 어두워져 있었다.

양녕 대군 묘비. 서울시 상도동. 「양녕 대군 증시 강강정공 휘 제지묘. 수성부부인 광산김씨지묘」

박영을 향해 돌아선 여인은 갑자기 그 앞에서 눈물을 흘리기 시작했다. 그가 까닭을 물으니 여인은 나지막한 말로

남소문 터. 서울시 장충체육관 뒤쪽.

"공의 풍채를 보니 여느 사람이 아닌데 나 때문에 비명에 죽게 되었으니 그러합니다." 하였다. 그게 무슨 뜻인지 따져 묻는 박영에게 그 여인은 자신이

살인을 저지르는 강도 일단의 미끼라는 사실을 고하였다.

"도적의 무리가 나를 미끼로 사람들을 유인하여 죽이고 그들의 옷과 타고 온 말과 안장을 나누어 갖고 살아온 지 해를 넘겼습니다. 매일 이곳에서 탈출할 것을 생각해 봤으나 도둑의 일당에게 잡혀 죽을까 두려워 망설이며 이 짓을 하고 있습니다."

박영은 만반의 준비를 마친 뒤, 강도 일당을 기다리기 시작했다. 밤중이 되자 방의 위쪽 다락으로부터 여인을 부르는 소리가 나며 큰 밧줄이 내려왔다. 지붕에서 줄을 타고 들어오기 시작한 도적 무리가 다락에 이르자, 박영은 다락의 벽을 발로 차 무너뜨려 강도 일당이 짓눌리도록 했다. 박영은 그리고는 급히 여인을 업고 몇 겹의 담을 뛰어넘어 나왔다. 여인을 안전한 곳에 데려다 놓자 여인은 박영의 두루마기 자락을 붙들고 자신을 버리지 말 것을 끈질기게 청하였다. 그러나 박영은 칼을 빼어 그 잡힌 옷자락을 자른 뒤 담을 뛰어넘어 나왔다. 박영은 이후 그 두루마기를 대대로 물려 여색을 경계하도록 한 것이다.

한편 박영의 비범한 통찰력에 관한 일화도 전한다. 그가 김해 부사로 있을 때의 일이다. 동헌東軒의 이웃에서 여인의 곡성이 들려오자, 그 울음소리에서 이상한 점을 느낀 박영은 형리刑吏로 하여금 데려다가 국문을 하도록 했다.

통곡하는 여인의 말인즉, 아무런 병이 없던 남편이 급사했다는 것이었다. 박영은 어떤 의혹이 없는지 여인을 추궁하였고, 여인은 자신들 부부는 불평 없이 살아온 사람들이라 적극적으로 간하였고,

뜰아래 있던 이웃 사람들도 이 여인의 내외 관계에 대해 의심할 나위가 없다고 했다.

박영은 남편의 시체를 갖고 오게 해 검시를 하였으나 아무런 흔적도 발견하지 못했다. 여인은 박영이 자신을 의심하는 것을 두고, 하늘이나 내 속을 알 것이라면서 땅을 치며 울었고 형리들도 모두 동정하며 눈물을 흘리는 자까지 있었다.

그러나 박영은 사건을 마무리하지 않은 채, 억센 군교軍校를 시켜 시체를 골고루 누르게 했다. 그러자 남편의 배꼽 부분에서 손가락만한 가시가 뚫고 나왔다. 결박된 여인은 드디어 정부情夫의 이름을 밝혔고, 잡혀온 정부는 남편이 모살謀殺되었음을 진술하였다.

형리들이 박영에게 어떻게 그 여인이 이상하다는 것을 눈치챘는지 묻자 그는

"처음에 곡성을 들으니 슬퍼서 우는 곡소리가 아니었고, 관청에 와서 땅을 치고 울부짖었으나 그 울음소리에는 두려움이 깃든 기미가 역력하였기로 안 것이다."

하였다.

박영은 중국에 사신으로 가더라도 생산물을 불리는 데 도움이 될 만한 희귀한 씨앗이나 가축 같은 것을 가져와 시험 삼아 배양하거나 길러 보는 등 탐구적이었다. 또한 주역, 천문, 지리, 산술 등 실생활에 도움이 되는 실학實學을 추구하였고, 특히 의학에 능해 왕의 시의侍醫를 겸하기도 했으며 『경험방經驗方』, 『활인신방活人新方』 같은 의서도 저술하였다.

문무에 능했던 큰 그릇 유순정

유순정柳順汀은 1459년(세조 5) 증 영의정 상의원정공尙衣院正公 유양柳壤과 집현전 부수찬 정즙鄭楫의 딸 청주淸州 정씨 사이의 4남 4녀 중 셋째 아들로 태어났다.

유순정의 조부는 증 좌찬성 동부지돈령부사 진천군晉川君 유자해柳子偕, 증조부는 증 이조판서 이판공吏判公 유이柳怡, 고조부는 보문각 직제학 청백리공淸白吏公 유겸柳謙, 5대조는 예문춘추관 대제학 정평공靖平公 유구柳珣이다. 유겸과 유구는 부자 사이로 청백리에 녹선되었다.

유순정 아버지 유양 묘비.
서울시 도봉구.
「증 순충적덕병의 보상공신 대광보국숭록대부 의정부 영의정 겸영경연 홍문관 예문관 춘추관 감상감사 청천부원군 행 통훈대부 상의원정 유공지묘.
정경부인 청성(청주)정씨지묘」

유순정은 박원종, 성희안과 함께 중종반정의 주역으로서 연산군의 혼탁한 정치를 종식시키고 위기의 국란으로부터 사직을 구해낸 공신이다. 그는 나라를 바로 세우기 위해 힘을 쏟고 삼포왜란 등의 전투에서 외적을 물리쳐 나라를 지킨 명실상부 문무를 겸한 큰 인물이었다.

유순정 5대조 유구 묘소. 경기도 고양시 덕양구 행신동.

유순정 고조부 유겸 묘소. 경기도 고양시 덕양구 행신동.

유순정은 일찍이 사림의 조종祖宗으로 추앙받는 점필재 김종직의 문하에서 글을 배웠으며, 김종직과 유순정의 부친은 서로 시를 주고받을 정도로 친분이 깊었다.

그는 젊은 시절부터 의연한 풍채와 침착한 품격, 너그러운 도량 그리고 호방한 문장으로 대신大臣의 재목으로 주목을 받았다.

그러나 무엇보다 유순정이 다른 문신들과 달리 뚜렷이 구별되는

유순정 증조부 유이 묘소. 경기도 파주시 교하면.

유순정 조부 유자해 묘소. 경기도 남양주시 진접면 주리동.

특징은 문무를 겸비한 탁월한 능력이라 하겠다. 유순정은 학문과 병법에 조예가 깊었을 뿐만 아니라 무예에 있어서도 출중하였다. 특히 활쏘기 실력이 뛰어나 1백 근이 넘는 강궁強弓을 쏘아 맞추는 그의 활 솜씨는 견줄 사람이 없었다.

유순정의 배위는 벌좌 긴효충權孝忠의 딸 안동安東 권씨로, 권씨와의 사이에서 훈련도정과 오위도총부 부총관을 지낸 진산군晉山君

유홍柳泓과 황간 현감을 지낸 유자柳滋 두 아들을 두었다. 그밖에 유연柳漣, 유위柳湋, 유원柳沅, 유변柳汴 네 아들이 있다.

유순정의 묘소는 서울 구로구九老區 오류동梧柳洞 종산宗山 자좌子坐에 정경부인 안동 권씨와 상하분으로 모셔져 있으며 아들 진산군 유홍의 묘소도 곁에 있다.

유순정 부부의 묘소와 유홍의 묘소는 서울 지역에서 유일하게 현존하는 부자 공신 묘역父子功臣墓域으로서 서울특별시 기념물 제22호이다. 신도비명은 좌찬성 진천군晉川君 강혼姜渾이 지었고, 중종의 사위인 여성위礪城尉 이암頤庵 송인宋寅이 글씨를 썼다. 강혼은 김종직의 문인이었으나 문장으로써 연산군의 총애를 받으며 사가독서를 얻은 인물로 그만큼 문명을 떨쳤다.

유순정의 자는 지옹智翁이며, 그에게 처음 내려진 시호는 무안武安이었다가 문정文定으로 바뀌었고 명종 때에 다시 문성文成으로 고쳐졌으며 중종의 묘정에 배향되었다. 시호가 바뀐 이유는 명종의 모후인 문정 왕후의 시호를 피하기 위해 왕명에 따른 것이다.

진산군 유홍 영정

문무 모두가 뛰어났던 유순정의 공은 북방의 야인과 남쪽 일본인들이 침입하는 외환과 연산

군의 혼탁한 정치라는 내우가 겹치는 시대 상황 속에서 더욱 돋보였다. 문과에 장원급제를 하고 영의정에 오른 사실이 말해주듯 유순정의 문재는 탁월했고 학문 또한 높았으며 시문時文은 웅건하고 호방하였다. 그의 시문 중 사륙문四六文이 특히 훌륭하다.

죽음의 문턱까지 간 김종직의 제자

유순정은 22세가 되던 1408년(성종 11) 형 유첨정柳添汀과 함께 사마시에 합격하였다. 진사가 되어 성균관에 들어간 유순정이 학문에 정진하고 있을 때 그의 뛰어난 무예 실력을 눈여겨 본 이가 선전관으로 천거하겠다고 나섰으나 유순정은 거절하고 받아들이지 않았다. 29세가 되던 1487년(성종 18) 별시 알성문과 갑과에 장원으로 합격하여 성균관 전적을 시작으로 관직에 출사하였다.

유순정의 탁월한 무예는 다른 문신들과 뚜렷이 구별되었고 이로 인해 그는 함경도 평사를 시작으로 여러 차례 무반직인 변장邊將에 임명되었는데 이는 매번 추천에 의한 것이었다. 함경도 평사 시절 야인들의 침범을 막지

유순정 맏형 유첨정 묘비. 서울시 도봉구.
「승 대광보국숭록대부 의정부 좌의정 겸 영경연사 진양부원군 행 통정대부 남원부사 진주유공첨정지묘. 정경부인 남양홍씨지묘」

못한 데 연루되어 한때 의주로 유배되기도 했으나 곧 사복시 주부에 임명되어 한양으로 올라왔으며 뒤이어 홍문관 부수찬이 되었다.

문성공 유순정 영정

이때 전라도에서 해적들의 출몰로 어지러워지자 조정에서는 유순정을 전라도 수적추포경차관水賊追捕敬差官에 임명하여 사태를 수습하게 했다. 당시 대사헌 이계동李季仝은

"무재가 있기는 합니다만 신진 인물이므로 방략方略을 조치함에 있어 소홀한 점이 있을까 염려스럽습니다."

하며 유순정을 기용하는데 대해 우려를 나타냈으나 그는 보란 듯이 해적을 소탕하였고 그 공로로 홍문관 수찬으로 승진하였다.

1491년(성종 25)에는 북방이 소란스럽게 되자 성종은 영돈령부사 이상, 의정부 육조 참판 이상, 그리고 변방의 일을 잘 아는 재상과 당하관을 소집해 대책 수립과 함께 적임자를 물색해 추천하도록 했다. 신하들은 두 편으로 나뉘어 논의한 뒤 각각 천거 명단을 올렸는데 유순정은 한 편에서는 첫 번째로, 다른 한편에서는 두 번째로 이름이 올랐다. 두 편 모두로부터 추천받은 이는 유순정 한 사람뿐이었다. 이로써 북변 오랑캐의 소란을 수습하도록 북정도원수에 임명된 충정공忠貞公 허종은 유순정을 종사관으로 삼았다.

허종은 일찍이 유순정을 두고 이르기를

"후일에 반드시 경국제세經國濟世할 재상宰相감이다."

라고 하였다.

이후 유순정은 의영고義盈庫의 수장을 거쳐 평안도 평사에 임명되었다. 그는 보기 드문 무재를 갖추고 있었기에 중신들은 서열에 구애받지 말고 그를 발탁해 변장의 직책을 맡겨야 한다고 건의하였다. 이에 성종은

"하루아침에 발탁하여 중임을 맡긴다면 혹 교만하고 오만한 폐단이 있을 것이다."

라고 우려하였으나 유순정의 기량을 인정해 결국 그를 변장으로 임명하였다. 이때 유순정이 연로한 부친을 두고 다시 외직으로 나가는 것을 안타까워하자 성종은 그를 직접 불러

"지금은 그대가 반드시 가야겠기에 그대를 보내는 것이다. 내가 앞으로 그대를 크게 쓸 것이니 그대는 사양하지 말라."

고 하며 유순정의 성명을 벼룻집에 써 두었다고 한다.

연산군 즉위 후에는 종묘령宗廟令을 거쳐 사간원 헌납에 임명되었으며, 이때 유순정은 훗날 연산군을 혼정으로 이끈 주역 임사홍의 간악함을 왕에게 논박하였다. 또한 평안도 병마절도사 전림田霖의 권력 남용을 추궁하는가 하면 북방 야인 문제에 대한 대책을 진언하기도 했다.

유순정이 훈련원 첨정으로 있을 때는 북방의 관서關西 지방이 소

란스러워지자 여기에 대처할 적임자는 유순정뿐이라는 공론에 따라 평안도 경차관으로 출정하였다.

그 사이 김종직의 〈조의제문〉을 김일손이 사초에 올린 것이 발단이 되어 무오사화가 일어나 대학살이 벌어졌다. 김일손은 유순정이 평안도 평사로 부임할 때는 그를 송나라 한기韓崎와 범중엄范仲淹에 비유하는 시를 지어 전송할 정도로 가까운 사이였다. 한기는 북송北宋의 정치가로 사신邪臣들을 탄핵하는데 힘썼으며, 체량안무사體量按撫使로서 사천四川의 기아에 시달리는 190만 명을 구제하고, 30세에는 서하西夏의 이원호李元昊가 침입하자 격퇴하여 문무의 명성을 떨쳤던 인물이다. 범중엄 역시 북송 때의 정치가로서 송나라 선비의 기풍을 만들어 낸 유명한 신하로서 존경받았다. 그가 쓴 「악양루岳陽樓의 기記」에서 〈천하의 근심을 앞서 걱정하고, 천하의 기쁨은 나중에 기뻐한다〉라고 한 말은 유명하다. 저서로 『범문정공집范文正公集』이 있다.

한편 유순정에 대한 신뢰에도 불구하고 김일손은 김종직의 제자들이 누구냐는 문초에

"유순정은 김종직으로부터 글을 배웠다."

라며 유순정을 김종직의 제자 중 중요 인물로 진술하였다. 그러나 멀리 외직에 나가 있던 관계로 유순정은 김종직의 제자이자 김일손과 가까운 사이였음에도 다행히 화를 면할 수 있었다. 그의 뛰어난 재주로 인해 본인의 뜻과는 달리 자주 외직을 나가야 했지만 이것이 전화위복이 되어 결국 유순정을 죽음의 위기에서 구한 것이다.

연산군의 비호를 받기도 한 유순정

무오사화에서 죽음을 면한 유순정은 홍문관 교리에 임명되었는데 이때 그의 뛰어난 활 솜씨가 연산군의 눈에 들어 김종직의 제자임에도 불구하고 살아남을 수 있었다. 연산군이 활터에 행차했을 때 왕은 호종 문신들로 하여금 활 솜씨를 겨루게 했는데 유순정은 3발 중 2발을 명중시켰다. 이를 본 연산군은 크게 기뻐하고 앞서 관서 지방에서의 공을 거론하며 품계를 올려 유순정을 홍문관 부응교에 임명하였다.

이후 유순정은 홍문관 응교, 사헌부 집의, 성균관 사성, 봉상시 부정, 의주 목사, 평안 병마절도사, 형조 참판 겸 예문관 제학, 그리고 공조 참판을 역임하였다.

그가 사헌부 집의로 있을 때 북방이 다시 소란스러워지자 종사관으로 출정하여 적들의 사정을 탐지하는데 큰 공을 세웠으며, 의주 목사와 평안 병마절도사로 있으면서는 군의 장비 확보와 성곽 수축을 통해 국경의 방비를 튼튼히 했다. 공조 참판 시절에는 하정사賀正使가 되어 명나라를 다녀온 뒤 평안도 관찰사, 지중추부사와 이조 참판을 역임하였다.

이조 참판 당시 유순정의 직속 상사는 바로 권신 임사홍이었다. 이조판서 임사홍은 연산군 즉위 초 사간원 헌납이던 유순정이 자신을 탄핵한 데 앙심을 품고 그를 중상하여 잠시 벼슬에서 물러나 있기도 했다. 왕의 야간 사냥을 삼세해야 함을 산언한 섯이 빌미가 되어 연산군에게 문책을 당한 것이다.

그러나 연산군은 유순정에 대한 신임이 두터웠기에, 임사홍의 후임으로 이조 판서에 임명하고 오위도총관을 겸임하게 했다.

중종반정과 삼포왜란의 명장 유순정

연산군의 문란함이 극에 달하고 개선의 여지가 없자 유순정은 박원종, 성희안 등과 함께 중종반정을 일으켰다. 거사하는 날 유순정은 직접 군사의 지휘를 주도하였고, 대비大妃의 전지를 받들어 진성대군을 직접 호종하였다. 이렇게 경복궁 근정전에서 백관의 하례를 받아 즉위한 왕이 바로 조선 11대 중종이다.

처음 박원종이 반정을 주모할 당시 성희안과 상의하기를

"이조 판서 유순정이 덕망과 지략이 있어 거사를 함께 할 수 있는 인물이니 반드시 참여시켜야 된다."

하였다 한다. 박원종 역시도 무예에 뛰어나고 용맹하기로 알려진 사람이었으나 그로서도 성공을 자신하지 못했기에 반드시 유순정을 거사에 참여하도록 한 것이다. 실록에는 그때 만약 유순정이 참여하지 않았다면 반정은 성공하지 못했을 것이라고 기록하고 있다.

유순정은 반정이 성공한 뒤 정국공신靖國功臣 1등에 녹훈되어 청천부원군菁川府院君에 봉해졌으며 숭정대부가 되었다.

중종이 등극한 뒤 그가 가장 먼저 한 일은 연산군이 폐지했던 경연經筵을 부활한 것으로 이를 위해 유순정은 직접 영경연사領經筵事를 겸임하였다.

성종의 제7서왕자 견성군 이돈 묘소. 경기도 남양주시 배 밭 내.

곧이어 대광보국숭록대부 우의정 겸 병조판서가 된 유순정은 1507년(중종 2) 이과李顆 등이 견성군甄城君을 추대하여 일으킨 역모를 사전에 진입한 공로로 정난공신定難功臣 1등에 책록되었다.

이듬해인 1508년(중종 3)에는 소란이 잦았던 북방 지역의 장기적인 안정을 도모하기 위해 평안도 인산麟山, 강계江界 등지에 둔전屯田을 마련해 군수軍需 준비 태세를 한층 강화하였다.

중종반정 공신 박영문 묘비. 경기도 파주시.
「정국훈 숭정대부 호조판서 우찬성 봉조하
함양부원군 휘 영문.
배 정경부인 양성이씨 위상
배 정경부인 상산황씨 위하 지묘」

이어 1509년(중종 4) 좌의정으로 승진한 유순정은 당시 경기도 인천, 김포金浦, 통진通津 일대에 횡행하는 도적들을 박영문朴永文과 유담년柳耼年을 포도대장으로 삼아 진압하고 유민의 안정책을 마련했다.

유순정이 말년에 이룩한 큰 업적은 삼포왜란을 진압한 것이다. 좌의정이던 그는 도체찰사로서 군을 총지휘하며 다시 도원수가 되어 현지에 직접 출동하였다. 삼포왜란은 1510년(중종 5)에 삼포에서 일어난 일본 거류민들의 대 폭동 사건으로서, 경오庚午년에 일어났으므로 경오왜변庚午倭變이라고도 한다.

조선은 왜인들을 통제하기 위해 1407년(태종 7)에 부산포釜山浦와 제포薺浦, 1426년(세종 8) 염포鹽浦(현 울산) 등 삼포를 개항하고 왜관倭館을 설치하여 교역과 접대의 장소로 삼았다.

그리고 조선은 삼포에 한해 일본 무역선의 내왕을 허락하고, 무역과 어로가 끝나면 60명 이상은 본국으로 돌아가도록 했다. 그러나 일본인들은 이를 지키지 않아 분쟁의 불씨가 되곤 했다. 그러던 1510년(중종 5) 4월, 제포에 거주하던 일본인 우두머리 대조마도大趙馬道와 노고수장奴古守長 등이 대마도주의 아들 종성홍宗盛弘을 대장으로 약 5천여 명의 무리와 함께 부산포와 제포를 공격하기에 이른 것이다.

유순정은 왜란을 진압하고 재발을 막기 위한 방책을 각 포마다 실시하도록 한 뒤 돌아왔다. 유순정이 돌아오자 중종은 좌우 부승지를 마중 보내 그의 노고를 대신 위로하고 치하하도록 했다.

중종의 유순정에 대한 신임은 각별해 재산 문제로 대간의 탄핵을
받았음에도 이를 개의치 않고 삼포왜란 당시의 군공을 들어 1512년
(중종 7) 10월에 영의정으로 임명하였다. 그러나 유순정은 2개월 뒤
인 12월 20일 향년 54세로 세상을 떠났다.

본격적으로 경륜을 펴 보일 나이에 유순정이 세상을 떠나자 중종
과 많은 사람들은 애석하게 여겼다. 중종은 그가 타계하자 부평도
호부富平都護府 수탄면水呑面(현 구로구 오류동, 온수동溫水洞, 부
천시富川市 작동鵲洞 등) 일대 30여 만 평에 이르는 땅을 묘역으로
하사하였다.

신용개가 유순정에게 바친 만사 세 편

**좌의정 신용개 신도비.
경기도 동두천시.**

신용개申用漑는 김종직의 문인으
로서 학덕이 높고 인품이 꿋꿋하여
당시 선비들의 중심에 있었다.
1488년(성종 19) 별시문과에 급제
한 신용개는 대제학, 우참찬, 대사
헌을 거쳐 이조·병조·예조 판서
를 지내고 우찬성이 되었으며,
1518년(중종 13) 좌의정에 이르렀
다. 신용개는 신숙주의 손자로 본관
은 고령高靈, 자는 개지漑之, 호는

이요정二樂亭, 송계松溪, 수옹睡翁이며 시호는 문경文景이다. 1463
년(세조 9) 태어나 1519년(중종 14) 세상을 떠났다.

만사輓詞 세 편은 세상을 떠난 유순정을 애도하며 신용개가 지은
글로서 유순정의 일생을 잘 요약하고 있는 한편 그의 이른 타계를
애석해 하는 조야의 마음이 절절이 배어 있다. 이 만사 세 편은 신용
개의 시문집『이요정집二樂亭集』에 실려 있다.

도량이 강과 바다처럼 넓고
공훈은 솥과 그릇에 새겼다.
위태로운 시기에 국가를 안정시키고
어진 임금 보좌하여 위기를 구했네.
다스리는 도가 커서 바로 태평성대 이루었는데
대들보가 무너지듯 갑자기 큰 인물 가버렸다오.
임금께서 빨리 떠나간 것을 슬퍼하니
달구소리 그치자 백성들 마음 또 슬퍼지네.

만백성 잘 살도록 하니 귀신도 응당 돌봐주고
집안이 영화로우니 쌓은 경사 넉넉하네.
조정에서 벼슬과 녹이 높았고
많은 자손이 뜰 안에 가득 찼다오.
하늘의 뜻 도리어 헤아리기 어려워
먼 저승길이 갑자기 앞에 닥쳤네.

누린 나이는 겨우 반백이었는데

세상만사 모두 허망하구나.

내가 어린 나이에 모시고 공부할 때

향기 풍기는 방 안에서 많은 가르침 받았었네.

자기를 알아주는 친구 만난 것처럼

항상 훌륭한 이름 우러르며 살았네.

어찌하여 유명의 길이 달라져서

갑자기 저 봉분이 이루어졌을까.

통곡하여 지금 길이 이별하니

이승과 정승이 그만 길이 막혔네.

제자 유순정의 시와 스승 김종직의 화답 시

유순정의 스승 김종직은 조령 고개 교귀정 정자 벽에 제자의 시가 걸려 있는 것을 보고 이에 화답하는 시 한 수를 지었다. 제자 유순정은 세월의 무상함을 안타까워하는 천년 선비의 고뇌를, 그리고 스승 김종직은 다가올 국가의 위난을 경계하여 성취를 독려하는 시를 지은 것으로 사제지간의 지성知性을 엿볼 수 있다.

유순정　호산湖山 만 리에 들러 보니

　　　　신세身世는 20년 전 그대로구나.

　　　　두어 마을의 물가에 있는 대나무 옆에는 소가 울고

한 덩어리 구름 아지랑이 가에는 새가 날아가네.

꿈은 꽃잎 지는 강가 집에 내리는 비에 깨어나고

시는 해질 무렵 버드나무가 다리에

연기가 피어오르는 때쯤에서 다 지어졌네.

늙은 사객詞客이 옛 생각에 쏠리는데

어쩌랴, 잔이 기울고 달빛이 자리에 차는고.

김종직 교귀정 위에서 세상을 바라보니

흰머리 서릿발 같음을 깨닫지 못 했는데

한 구비 강물은 바람이 스쳐갈 때 음악소리 일어나고

일천 바위는 저녁 무렵에 그림처럼 걸려 있네.

읊은 시는 경치에 따라 날아가는 새를 묘사하고

흐르는 눈물에 마음 상해 원숭이 간장이 끊어지는 듯하네.

남쪽엔 이미 길가에 쌓은 토성이 무너졌는데

달 밝은 오늘 밤을 어디에서 지낼 건가?

참고문헌

이태진, 『조선 유교 사회사론』, 지식산업사, 1989.
이태진, 『한국 사회사 연구』, 지식산업사, 1986.
이수건, 『영남 사림파의 형성』, 영남대학교출판부, 1986.
「인천직할시 · 경기도편」 『문화재 안내 문안집』, 문화재관리국문화재연구소, 1986.
이병휴, 『조선 전기 기호 사림파의 연구』, 일조각, 1984.
이봉춘, 「조선 전기 불전 언해와 그 사상」 『한국불교학 5』, 한국불교학회, 1979.
『교남지』, 경인문화사, 1973.
「금남표해록」 『연행록선집燕行錄選集 하』, 성균관대학교 대동문화연구원, 1962.
이상백, 『이조 건국의 연구』, 을유문화사, 1949.
강효석, 『전고대방典故大方』, 1924.
이능화, 『조선불교통사』, 신문관, 1918.
가쓰라기 스에하루葛城末治, 『조선금석총람朝鮮金石總覽』, 1913~1919.
안종화, 『국조인물지國朝人物志』, 1909(조선 순종 3).
이건창, 『당의통략黨議通略』, 조선 고종.
『청선고淸選考』, 조선 고종.
길재, 『야은속집』, 1858(조선 철종 9).
황경원, 『강한집江漢集』, 1790(조선 정조 14).
오두인, 『양곡집陽谷集』, 1762(조선 영조 38).
이익진 등, 『명신록名臣錄』, 조선 정조.
이존중 엮음, 『국조명신록國朝名臣錄』, 조선 영조.
김굉필, 『경현록景賢錄』, 1719(조선 숙종 45).
『금릉지』, 1718(조선 숙종 44).
김육, 『해동명신전海東名臣傳』, 1696(조선 숙종 22).
김종직, 『점필재집』, 1640(조선 인조 18).
최현, 『일선지一善誌』, 1618(조선 광해 10).
이수광 편찬, 『지봉유설』, 1614년(조선 광해 6).
김정국, 『사재집思齋集』, 1591(소선 선조 24).
이준경, 『동고유고東皐遺稿』, 1586(조선 선조 19).
권오복, 『수헌집睡軒集』, 1585(조선 선조 18).
길재, 『야은집』, 1573(조선 선조 6).
이정형, 『동각잡기東閣雜記』, 조선 선조.
이행 · 홍언필, 『신증동국여지승람新增東國輿地勝覽』, 1530(조선 중종 25).
신용개 등 편집, 『속동문선續東文選』, 1518(조선 중종 13).
서거정, 『사가집四佳集』, 1488(조선 성종 19).
서거정 등 편찬, 『동문선東文選』, 1478(조선 성종 9).
김종서 등 편찬, 『고려사절요高麗史節要』, 1452(조선 문종 2).
저자 미상, 『소대기년昭代紀年』, 조선 후기.
이긍익, 『연려실기술燃藜室記述』, 조선 후기.
강혼, 『목계집木溪集』, 조선 중기.
김시양, 『부계기문涪溪記聞』, 조선 중기.
김시양, 『하담파적록荷潭破寂錄』, 조선 중기.
허봉, 『해동야언海東野言』, 조선 중기.
이이, 『경연일기經筵日記』, 조선.
정인지 · 김종서 등 편찬, 『고려사』, 조선.
정재륜, 『공사견문록公私見聞錄』, 조선.
『국조방목國朝榜目』, 조선.
『국조인물고國朝人物考』, 조선.
박동량, 『기재잡기寄齋雜記』, 조선.
『대동야승大東野乘』, 조선.
권문해 편저, 『대동운부군옥大同韻府群玉』, 조선.
박세채 · 이세환, 『동유사우록東儒師友錄』, 조선.
『선원계보기략璿源系譜記略』, 조선.
『조선왕조실록』, 조선.
심진현, 『인물고人物考』, 조선.
김안로, 『용천담적기龍泉談寂記』, 조선.
『해동잡록海東雜錄』, 조선.
『진주 유씨 세보』, 조선.

문밖에서 부르는 조선의 노래 이은식 저 /12,000원
노비, 궁녀, 서얼… 엄격한 신분 사회의 굴레 속에서 외면당한 자들이 노래하는 또
다른 조선의 역사.

불륜의 한국사 이은식 저 /13,000원
베개 밑에서 찾아낸 뜻밖의 한국사! 역사 속에 감춰졌던 애정 비사들의 실체가 낱낱이
드러난다.

불륜의 왕실사 이은식 저 /14,000원
고려와 조선을 넘나들며 펼쳐지는 왕실 불륜사! 엄숙한 왕실의 장막 속에 가려진
욕망의 군상들이 적나라하게 그 모습을 드러낸다.

이야기 고려왕조실록 (상),(하) 한국인물사연구원 편저 / 상15,500원, 하18,500원
고려사의 모든 것을 한눈에 살펴볼 수 있는 최고의 역사 해설서! 다양하고 풍부한
문헌 자료를 바탕으로 재미있고 쉽게 읽히는 새로운 고려 왕조의 역사가 펼쳐진다.

우리가 몰랐던 한국사 이은식 저 /16,000원
제한된 신분의 굴레 속에서도 자신의 삶을 숙명으로 받아들이지 않고 꿈을 이루기
위해 노력한 선현들의 진실된 이야기.

모정의 한국사 이은식 저 /14,000원 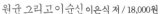 **2009 문화체육관광부 우수교양도서 선정**
위인들의 찬란한 생애 뒤에 말없이 존재했던 큰 그림자, 어머니! 진정한 영웅이었던
역사 속 어머니들이 들려주는 시대를 뛰어넘는 교훈과 감동을 만나본다.

읽기 쉬운 고려왕 이야기
한국인물사연구원 편저 /23,000원
쉽고 재미있게 읽히는 새로운 고려 왕조의 역사. 500여 년 동안 34명의 왕들이 지
배했던 고려 왕조의 화려하고도 찬란한 기록들.

원균 그리고 이순신 이은식 저 / 18,000원
417년 동안 짓밟혔던 원균의 억울함이 벗겨진다. 이순신의 거짓 장계에서 발단한 원
균의 오명과 임진왜란을 둘러싼 오해의 역사를 드디어 밝힌다.

신라 천년사 한국인물사연구원 편저 /13,000원
고구려와 백제를 멸망시킨 작은 나라 신라! 전설과도 같은 992년 신라의 역사를 혁
거세 거서간의 탄생 신화부터 제56대 마지막 왕조의 이야기까지 연대별로 풀어냈다.

풍수의 한국사 이은식 저 /14,500원
풍수와 무관한 터는 없다. 인문학과 풍수학은 빛과 그림자와 같다. 각각의 터에서 태
어난 역사적 인물에 얽힌 사건을 통해 삶의 뿌리에 닿게 될 것이다.

기생, 작품으로 말하다 이은식 저 /14,500원
기생은 몸을 파는 노리개가 아니었다. 기생의 연원을 통해 그들의 역사를 돌아보고,
예술성 풍부한 기생들이 남긴 작품을 통해 인간 본연의 삶을 들여다본다.

여인, 시대를 품다 이은식 저 /13,000원
제한된 시대 환경 속에서도 자신들의 재능과 삶의 열정을 포기하거나 방관하지 않았
던 여인들. 조선의 한비야 김금원과 조선의 힐러리 클린턴 동정월을 비롯한 여인들
이 우리들의 삶을 북돋아 줄 것이다.

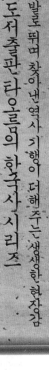

도서출판 타오름의 한국사 시리즈
발로 뛰며 찾아낸 역사 기행이 더해주는 생생한 현장감

미친 나비 날아가다　이은식 저／13,000원
정의를 꿈꾼 혁명가 홍경래와 방랑 시인 김삿갓 탄생기. 시대마다 반복되는 위정자들의
부패, 그 결과로 폭발하는 민중의 울분, 역사 속 수많은 인간 군상들이 현재의 우리를 되
돌아보게 한다.

지명이 품은 한국사 - 1,2,3,4,5,6　이은식 저／15,000원~19,800원
지명의 정의와 변천 과정, 지명의 소재 등 지명의 기본을 확실히 정리하고, 1천여 년 역사의 현장이 도처에
남긴 독특한 고유 지명을 알아보자.

핏빛 조선 4대 사화 첫 번째 무오사화　한국인물사연구원 저／19,800원
사림파와 훈구파의 대립은 부조리한 연산군 통치와 맞물리면서 수많은 희생자를 만들게
된다. 사회, 경제적 변동기의 상세한 일화를 수록함으로써 혼란한 시대를 구체적으로 그
려냈다.

핏빛 조선 4대 사화 두 번째 갑자사화　한국인물사연구원 저／19,800원
임사홍의 밀고로 어머니가 사사된 배경을 알게 된 연산군의 잔인한 살상. 그리고 왕의
분노를 이용해 자신들의 세력을 확고히 하려던 왕실 세력과 훈구 사림파의 암투!

핏빛 조선 4대 사화 세 번째 기묘사화　한국인물사연구원 저／17,000원
조광조를 필두로 한 사림파가 급진적 왕도 정치를 추구하면서 중종과 소외받던 훈구파는
반발하게 되고, 또 한 번의 개혁은 멀어져 간다.

핏빛 조선 4대 사화 네 번째 을사사화　한국인물사연구원 저／19,000원
왕실의 외척 대윤과 소윤은 권력을 차지하기 위해 극렬한 투쟁을 벌였다. 이때 그간 정권에 참
여하지 못했던 사림들도 대윤과 소윤으로 갈리면서, 조선 시대 붕당 정치의 시작을 예고한다.

계유년의 역신들　한국인물사연구원 저／23,000원
세조의 왕위 찬탈 배경과 숙청되는 단종, 왕권의 정통성을 보전하려던 사육신과 생육신
사건부터 김문기가 정사의 사육신인 이유를 분명히 밝힌 역사서!

한국사의 희망 부모와 청소년 이야기　한국인물사연구원 저／19,800원
문제 청소년 뒤에는 반드시 문제의 가정과 부모가 있다는 사실을 우리 모두 자각해야 할
것이다. 따라서 전인적 교육의 필요성은 매우 시급하다. 전인적 교육의 장으로 가정만한
곳은 없다고 본다. 누가 이 세상에서 제일 어려운 것이 무어냐고 묻는다면 본인은 단연코
자녀교육이라 답하고 싶다.

피바람 인수대비 (상),(하)　이은식 저／19,800원
세상의 모든 원리는 질서와 양보와 용서를 요구하고 있다. 오직 자기 중심으로 되어
주길 바라는 것은 결코 그 열매가 달지 못하듯, 정해진 선을 넘나드는 사람은 참인
격자라 평가하지 않는다. 장독안에든 쥐를 잡기위해 그독을 깨었다면 무엇이 남았겠
는가. 한사람의 지나친 욕망으로 인하여 피바람의 역사는 기록되고 있다. 이는 바람
직한 역사도 유산도 될 수 없다.